KB109967

느낌,

축복인가 수렁인가

느낌,

축복인가 수렁인가

박찬욱·**윤희조** 기획, **한자경** 편집 | **권석만**·**양선이**·**이필원**·**자현**·**한형조** 집필

운주사

기획자 서문

바른 이해를 바탕으로 느낌을 향유하길 기원하며

오늘 하루도 우리 모두 각자 나름대로 열심히 살고 있습니다. 남녀노소 할 것 없이 목전의 과제를 해결하고 각자 설정한 목표를 성취하기 위하여 매일을 분주하게 보내지만, 많은 경우 우리의 관심과 노력은 밖을 향하고 있습니다. 우리가 하는 모든 행위가 궁극적으로 각자 생각하는 안락한 삶을 지향하고 있지만, 모순되게도 인간의 삶 내지 자신의 삶을 이해하고 잘 살아가는 방법과 기술을 습득하는 데 필요한 시간과 노력은 충분히 투자하지 않는 경우가 많은 것 같습니다.

우리는 삶 속에서 내면적으로 다양한 경험을 하며 살아갑니다. 시시각각 떠오르는 생각들과 욕구들도 우리가 잘 파악하고 이해해야 할 현상들이지만, 느낌 내지 감정 또한 우리 삶에 있어서 매우 중요한 기능과 역할을 하고 있습니다. 모든 사람들이 의식적 무의식적으로 추구하는 행복도 감(感, 느낌)을 통해 경험된다고 볼 때, 우리 삶은 느낌을 추구하는 과정이라고 할 수 있으며, 순간순간 경험하는 느낌이 삶의 질을 결정한다고 볼 수 있습니다.

성숙하고 행복한 삶을 위하여, 우리는 삶의 주요 현상 중의 하나인 느낌을 제대로 이해하고 적절히 가꿀 수 있어야 합니다. 이러한 취지에서 이번 제18회 학술연찬회에서는 '느낌'을 주제로 초기불교, 선불교, 동양철학, 서양철학, 심리학의 연구 결과들을 종합적으로 살펴봄으로써, 우리의 삶에 도움을 주고자 합니다.

2006년부터 매년 한두 차례 개최해 온 '밝은사람들 학술연찬회'는 논의되는 내용을 학술연찬회 개최 전에 '밝은사람들총서'로 출간하고 있습니다. 2012년부터는 밝은사람들연구소와 서울불교대학원대학교 불교와심리연구원이 협력하고 있으며, 학술연찬회와 총서 내용을 더욱 알차게 꾸리기 위하여 매번 1년 가까운 기간 동안 성실하게 준비하고 있습니다.

올해 초 주제 발표자로 확정된 이후 각자 전문분야의 관점과 연구 성과를 일목요연하게 정리하신 이필원 교수님, 자현 스님, 한형조 교수님, 양선이 교수님, 권석만 교수님, 그리고 다섯 분의 주제발표 원고를 조율하시고 학술연찬회 좌장 역할을 하시는 한자경 교수님께 진심으로 감사드립니다. 그리고 옥고를 단행본으로 출간해 주시는 운주사 김시열 사장님과 직원 여러분의 노고에도 감사드립니다.

특히 2006년 초 밝은사람들연구소 발족 이래 지금까지 불교와 사회의 상생적 발전을 촉진하는 연구소 사업을 물심양면으로 적극 지원해 주고 계신 수불 스님과 안국선원에 깊이 감사드립니다.

일상에서 늘 행복하시길 기원하며

2019년 11월

박찬욱, 윤희조

편집자 서문

느낌과 감정과 생각, 그 순환 너머의 마음

한자경(이화여자대학교 철학과 교수)

1. 느낌, 무엇이 문제인가?

느낌이란 무엇인가? 그 답을 우리는 느낌으로 알지만 그것을 개념적으로 명확하게 설명하기는 쉽지 않다. 이처럼 느낌으로 아는 것을 우리는 '감으로 안다'고 말한다. 느낌은 인지차원에서 '감感'을 뜻하며, 감은 개념적·명제적 생각 내지 인식과 대비된다. 나아가 느낌은 정서차원에서 우리가 느끼는 편안함 또는 불편함, 쾌 또는 불쾌, 즐거움(락) 또는 괴로움(고) 등의 느낌을 뜻한다. 불교는 이러한 정서적 느낌을 '받아들임'이라는 의미에서 '수(受, vedanā)'라고 말한다. 우리는 대개 느낌을 감정과 등치시키지만, 순수하게 수동적인 느낌 수受는 알게 모르게 능동적 마음작용이 개입된 애증의 감정과는 구분된다. 이와 같이 인지차원의 느낌 감感은 개념적 인식과 대비되고, 정서차원의 느낌 수受는 애증의 감정과 대비된다.

느낌 수受:[1]

1. 인지적 느낌: 감(感, 감각) ↔ 생각 내지 인식(개념적 분별적 앎)
2. 정서적 느낌: 수(受, 고락의 신수) ↔ 감정(희우의 심수 + 애증의 감정)

느낌에 대한 이러한 대비가 갖는 의미는 무엇인가? 인지적 느낌인 감感에 대해 우리는 묻게 된다. 느낌도 생각인가? 느낌으로 아는 것도 과연 아는 것, 인식인가? 어떤 것이 마음속에 떠오르지만 그 정체와 내용을 명확하게 분별하거나 개념적으로 설명하기 어려울 때, 우리는 그것을 '생각이 아니고 단지 느낌일 뿐'이라고 말한다. 느낌으로 아는 것, 감感으로 아는 것은 사실은 생각, 인식이 아니라고 여기는 것이다. 느낌에는 명료한 개념적 생각과 참 거짓의 진리치를 갖는 판단이 빠져 있기 때문이다. 그렇지만 실제로 우리는 또 많은 것을 느낌으로, 감感으로 '안다'고, 즉 '감지感知' 한다고 여긴다. 한자 '감感'은 모두 '함咸'이 마음 '심心' 위에 놓인 것이다. 특정한 하나의 대상에 의식을 집중하여 생각하고 판단하여 인식하기 이전, 마음은 그 특정 대상을 둘러싼 주변 배경과 전체 맥락 등 마음에 담긴 모든 것을 이미 감으로 안다. 배경이 있어야 전경이 드러나듯, 마음이 전체를 이미 알고 있어야 그 지평 위에서 의식의 선별과 집중, 대상화와 개념화, 생각과 판단이 가능하기 때문이다. 이렇게 보면 느낌은 인식인

---

1 일상용어에서 느낌은 인지적 느낌인 감感과 정서적 느낌인 수受를 모두 포함한다. 불교에서 느낌 수受도 이 둘을 포괄하는 개념이다. 감과 수를 포괄하여 수受라고 부르는 것은 느낌에서는 인지적 느낌과 정서적 느낌이 서로 분리되지 않으며, 감感에도 항상 고락사의 수受가 동반되기 때문일 것이다.

것 같기도 하고, 아닌 것 같기도 하다. 느낌은 과연 인식인가, 아닌가?

정서적 느낌인 수受에 대해서도 우리는 묻게 된다. 락수樂受 또는 고수苦受의 느낌이 곧 감정인가? 세상과의 부딪침(촉)으로부터 받아들여진 느낌 수受가 곧 우리 마음에서 일어나는 감정과 같은 차원의 것인가? 유가 경전 『예기』는 인간의 감정을 '희노애구애오욕喜怒哀懼愛惡欲' 7정情으로 정리하고, 성리학은 7정에다 본연지성이 발한 4단端, 측은·수오·겸양·시비의 감정을 덧붙여 논한다. 불교는 7정 대신 기쁨과 슬픔인 희喜와 우憂, 사랑과 증오인 애愛와 증憎을 기본 감정으로 논한다. 유학의 7정과 대비시켜 보면 다음과 같다.

유학: 희 노 애 구 애 오 욕(喜怒哀懼愛惡欲)
불교: 희 노 우 구 애 증 욕(喜怒憂懼愛憎欲)[2]
희 우 애 증

그런데 불교는 고락과 희우와 애증을 서로 구분되는 것으로 논한다. 고락은 몸의 느낌인 신수身受, 희우는 마음의 느낌인 심수心受이고, 애증은 마음의 활동이 개입한 감정에 해당한다. 그렇다면 느낌 수受와 감정 정情은 어떻게 다른가? 느낌 중에서 고락의 신수와 희우의 심수는 또 어떻게 다른가? 심수는 과연 고락과 같이 일종의 느낌인가, 아니면 애증과 같이 일종의 감정인가?

이상의 물음은 결국 느낌과 감정과 생각이 서로 어떤 관계인가를 묻게 한다. 불교는 이들이 어떻게 서로 구분되는지, 그리고 그럼에도

2 유학의 7정과 비교해 보면, 불교는 기쁨(희)의 짝인 슬픔을 애哀 아닌 우憂로, 사랑(애)의 짝인 미움을 오惡가 아닌 증憎으로 개념화했다고 볼 수 있다.

불구하고 이들이 어떻게 서로 순환하여 얽힌 관계를 형성하는지를 우리의 마음, 즉 식識의 복잡한 구조를 통해 밝혀내고 있다. 이하에서는 불교의 논리를 따라 느낌과 감정과 생각을 구분해 보고, 다시 그들의 얽힌 관계를 밝혀본다. 그렇게 함으로써 그런 얽힌 관계에서 느낌이 가지는 의미가 무엇인지, 느낌은 과연 생각으로 승화되기 위해 극복되어야 할 장애물인지, 아니면 오히려 허망한 생각 너머로 나아가기 위해 유지되어야 할 발판인지, 한마디로 수렁인지, 축복인지를 논해본다. 궁극적으로는 느낌과 감정과 생각의 순환을 순환으로 알아차리는 순환 너머의 마음에 주목해 보고자 한다.

2. 느낌(감)과 생각, 느낌(수)과 감정의 구분

1) 느낌(감)과 생각(인식)의 구분: 전5식과 제6의식

느낌(감)이 앎인 것 같기도 하고 또 앎이 아닌 것 같기도 한 것은 앎 자체가 여러 층위에서 성립하기 때문이다. 느낌까지도 포괄하는 앎은 '광의의 앎', 느낌을 배제한 앎은 '협의의 앎', 엄밀한 의미의 '인식'이라고 할 수 있다.

느낌과 인식의 대비는 우선 전5식前五識과 제6의식의 대비를 통해 드러난다. 전5식은 의식의 주의집중에 앞서 안·이·비·설·신 5근根이

그 각각에 상응하는 색·성·향·미·촉 5경境과 접촉(촉)함으로써 생겨나는 식識으로 소위 감각感覺이다. 감각을 통해 우리에게 주어지는 정보가 감각자료(sense-data)인 감각질(qualia)이며, 이로 인해 우리는 느낌, 감感을 갖게 된다. 예를 들어 눈앞의 사과를 보고 듣고 냄새 맡고 맛보고 만짐으로써 빨간색, 향기, 딱딱함 등의 다양한 감각질이 주어지는데, 우리가 그 감각질을 아는 방식이 바로 느낌 내지 감이다.

그런데 감각질의 정보를 갖는 전5식은 아직 엄밀한 의미의 인식이 아니다. 엄밀한 의미의 인식은 주어진 감각질, '감각자료'(x)를 특정한 '무엇'(y)으로 규정함으로써 성립한다. 예를 들어 내가 느끼는 감각질인 둥근 빨간색 덩어리(x)에 대해 그것을 '빨간색'(y)으로 또는 '사과'(y)로 규정할 때 비로소 인식이 성립한다. 따라서 인식은 '저것은 빨간색이다' 또는 '저것은 사과이다'와 같이 'x는 y이다'라는 판단형식 내지 명제형식으로 표현된다. 그러한 규정 내지 판단에 사용되는 무엇(y), '빨간색'이나 '사과'를 우리는 '개념'이라고 부른다. 감각기관을 통해 주어지는 감각내용(x)은 구체적 대상으로부터 주어지는 개별적 표상인 자상自相이지만, 그것을 규정하는 개념(y)은 개별적 표상을 비교하고 추상하여 얻어지는 일반적 표상인 공상共相이다. 개별적 표상으로부터 개념을, 자상으로부터 공상을 이끌어 내고, 그 공상을 따라 사유하는 인식기관은 감각기관인 5근이 아니라, 제6근인 의근意根이다. 이 의근에 의거한 식이 바로 여섯 번째 식인 제6의식意識이며, 제6경이 바로 개념에 해당하는 법경法境이다. 제6의식은 개념(공상)을 갖고 사유하고 판단하며 기억하고 예상한다. 그러므로 엄밀한 의미의 인식은 개념을 갖고 판단형식에 따라 진행되는 제6의식의 차원에서 성립한다고 할 수 있다.

인식:	x를	y로	앎
	감각내용(자상)을	개념(공상)으로	규정
	〈전5식의 감感〉	〈제6의식의 인식〉	

자상인 감각내용(x)을 수용하는 것이 감각이라면, 그 감각내용을 개념을 통해 '어떤 것'(y)으로 인지하는 것은 지각이다. 불교에서 '상(想, saññā)'은 개념적 인지로서의 지각을 의미한다. 그리고 '사(思, vitakka)'는 지각에 이어 일어나는 생각, 즉 말이나 행동을 일으키는 생각 내지 의도를 뜻한다. 『맛지마니까야』「마두핀다카경」은 전5식에서 제6의식으로, 수에서 상과 사로, 느낌에서 인식으로 진행되는 마음의 활동을 이렇게 설명한다.

> 안과 색을 인연하여 안식이 일어난다. 이 세 개(근·경·식)의 화합이 촉이다. 촉을 인연하여 수受가 있다. 자신이 느낀 것을 자신이 지각한다. 자신이 지각한 것을 자신이 생각한다.[3]

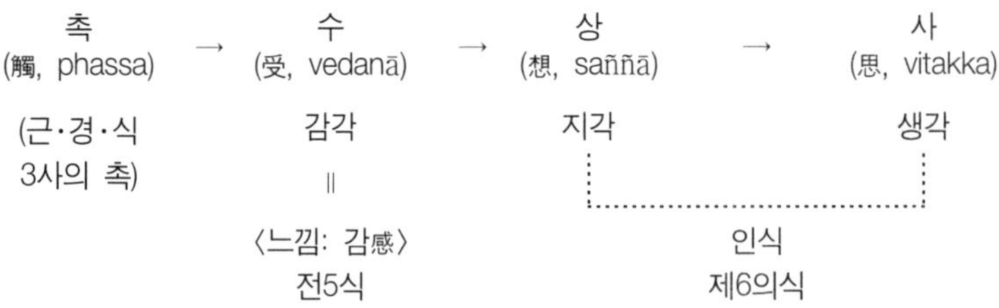

3 『맛지마니까야』「마두핀다카경」.

근·경·식의 부딪힘(촉)으로부터 느낌(감)이 일어나고, 느낌으로부터 지각이 일어나며, 지각으로부터 생각(사)이 일어난다고 하여, 느낌과 지각과 생각을 구분한다. 느낌은 전5식의 활동, 상과 사는 생각으로 제6의식의 활동에 속한다.

2) 고락과 희우와 애증의 구분: 신수身受와 심수心受와 감정感情

인지적 느낌이 감感이라면, 정서적 느낌은 수受다. 대상과 접하여 촉觸하면, 즉 무엇인가를 보고 듣고 만지면 바로 그 순간 우리는 정서적 느낌인 수受를 갖게 되는데, 수는 일차적으로 신체가 대상세계와 접촉함으로써, 즉 5근의 몸이 5경의 세계와 접촉함으로써 일어난다. 몸은 살아있는 생명체이므로, 생명을 살리는 방향으로 작용하는 대상과의 접촉은 즐거운 느낌인 '락수(樂受, sukha)'를, 생명을 해하는 방향으로 작용하는 대상과의 접촉은 괴로운 느낌인 '고수(苦受, dukkha)'를 불러일으킨다. 고수도 락수도 아닌 느낌이 불고불락의 '사수(捨受, upekkhā)'이다. 고락사의 느낌이 몸의 느낌, 신수(身受, kāyikā-vedanā)이다. 몸은 고수를 느낌으로써 생명을 해하는 상황을 벗어나려고 필사적으로 움직이므로, 신수는 곧 생명을 유지하는 바탕이 된다고 할 수 있다.

그런데 몸의 느낌이 있으면 그에 따라 마음의 느낌도 일어난다. 몸이 락수를 느낄 때 마음이 따라 느끼는 기쁜 느낌을 '희수(喜受, somanassa)'라고 하고, 몸이 고수를 느낄 때 마음이 따라 느끼는 슬픈 느낌을 '우수(憂受, domanassa)'라고 한다. 희와 우의 느낌이 곧 마음의 느낌, 심수(心受, cetasikā-vedanā)이다. 신수와 심수는 함께 느낌 수受

로 묶여 있지만, 불교는 처음부터 신수와 심수의 차이를 분명히 하는데, 그 차이를 명확하게 밝혀주는 대목이 다음 구절이다.

> 어리석고 무지한 범부는 고락사의 느낌을 낸다. 지혜롭고 거룩한 제자도 고락사의 느낌을 낸다. 그럼 어떤 차이가 있는가? 어리석고 무지한 범부는 몸의 촉으로 느낌이 생기고 고통이 더해 목숨까지 빼앗기게 되면, 슬퍼하고 원망하며 부르짖고 통곡하여 마음에 광란이 일어난다. 이는 두 가지 느낌을 증장시키는 것이니, 신수身受와 심수心受가 그것이다. 비유하면 두 개의 독화살에 맞는 것과 같다. 밝게 알지 못하기에 락수의 촉으로 인해 락수를 받으면 탐의 부림을 받고, 고수의 촉으로 인해 고수를 받으면 진의 부림을 받고, 사수가 생기면 치의 부림을 받는 것이다. 탐·진·치에 매어 생로병사 및 슬픔과 번뇌에 매이게 된다. 반면 지혜로운 거룩한 제자는 몸의 촉으로 인해 고수가 생기고 큰 고통이 닥쳐 목숨까지 빼앗기게 돼도 슬퍼하거나 원망하거나 울부짖고 통곡하여 마음의 광란을 일으키지 않는다. 신수 한 가지만 생기고 심수는 생기지 않는 것이다. 비유하면 하나의 독화살을 맞아도 두 번째의 독화살은 맞지 않는 것과 같다. 락수가 있어도 탐욕에 물들지 않고 고수에 대해서도 성내지 않고 사수에 대해서도 치의 부림을 당하지 않는다.[4]

범부: 고락의 신수 — (탐·진·치 개입) → 희우의 심수: 자동이행
성인: 고락의 신수 x 이행하지 않음

---

4 『잡아함경』, 470경(『대정신수대장경』, 2권, 119하-120상).

고락사의 신수는 5근과 5경의 촉으로부터 일어나는 것으로서 범부든 성인이든 몸을 가진 자는 누구나 갖게 되는 느낌이지만, 심수는 탐·진·치의 번뇌가 함께 작동하여 일어나는 느낌으로 번뇌에 휘둘리는 범부는 느끼지만 번뇌를 극복한 성인은 일으키지 않는다는 것이다. 탐·진·치의 번뇌는 '나는 나다'라는 아견我見과 아집我執의 자아식에 내재된 번뇌이다. 불교는 이러한 자아식을 제6근인 의(意, manas)의 자기식이라고 보며, 이를 의근이 그 대상인 6경을 인지하는 제6의식과 구분해서 '제7말나식末那識'이라고 부른다. 기쁨과 슬픔의 심수는 제7말나식인 의가 일으키기에 제6의식에게는 수동적 느낌처럼 여겨지지만, 사실은 말나식의 탐·진·치 번뇌가 능동적으로 작동하여 만들어진 느낌이다.

수受에 이어서 일어나는 마음의 정이 감정感情이다. 12지연기 중 〈촉 → 수 → 애 → 취〉에서 드러나듯 수 다음의 애愛, 애증愛憎이 대표적 감정이다. 우리는 몸이 즐거워지면(락: 신수) 마음이 기뻐지고(희: 심수), 그러면 결국 나를 즐겁고 기쁘게 만드는 대상을 좋아하게 된다(애). 그리고 반대로 몸이 괴로워지면(고: 신수) 마음이 슬퍼지고(우: 심수), 그러면 결국 나를 괴롭고 슬프게 만드는 대상을 싫어하게 된다(증). 이 좋아하고 싫어하는 마음, 애증이 대표적 감정이다. 좋아하고 싫어하는 애증의 감정이 일어나면 우리는 다시 그 감정에 따라 좋아하는 것을 가지려 하고(취), 싫어하는 것을 멀리하려는(사) 취사의 행위를 하게 된다.

불교는 느낌 수까지는 이전 업의 보報인 데 반해, 애증은 취사와 더불어 새로운 업을 짓는 조업造業에 해당한다고 본다. 업을 짓는다는 것은 마음속 번뇌가 함께 작동한다는 뜻이다. 이렇게 보면 신수와 달리 마음속 탐·진·치가 함께 작동하여 일어나는 심수는 보로서의 느낌이라기보다는 오히려 번뇌가 함께 작동하여 조업에 참여하는 감정이라고 할 수 있다. 즉 신수는 전5식의 느낌인 데 반해, 심수와 애증은 말나식의 번뇌가 함께 작동하는 제6의식의 활동이다.

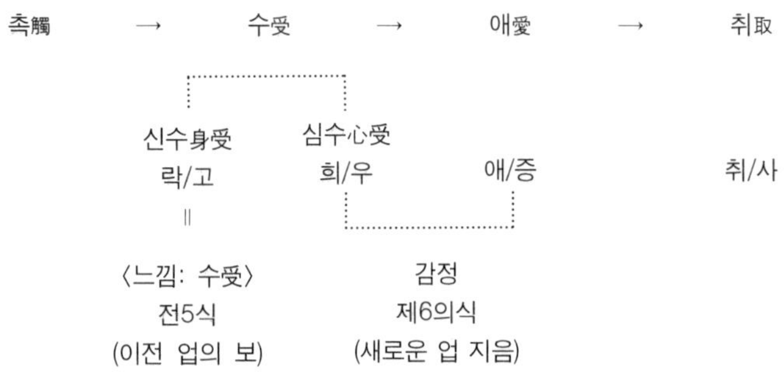

이상으로 인지적 느낌 감은 전5식의 느낌이며, 이는 개념적 앎인 제6의식의 생각이나 인식과 구분된다는 것, 정서적 느낌 수는 전5식의 신수이며, 이는 말나식의 탐·진·치의 번뇌에 의거한 제6의식의 심수나 애증의 감정과는 구분된다는 것을 밝혔다. 그러나 우리의 마음 안에서 느낌과 생각, 신수와 심수와 감정은 서로 분리된 채로 존재하지 않는다. 그들은 서로 순환하면서 서로에게 영향력을 발휘한다. 이하에서는 불교가 논하는 그들의 얽힌 관계를 밝혀본다.

3. 느낌(감)과 생각, 느낌(수)과 감정의 순환

1) 느낌과 생각의 순환: 생각(망상)의 자기 강화

감각으로부터 지각 및 생각이 일어나기에 우리는 대개 우리가 감각하는 대로 지각하고, 느끼는 대로 인식한다고 여긴다. 그럴 경우 우리는 주어진 것을 있는 그대로 여실하게 인식하는 것이 될 것이다. 그러나 실제 감각자료를 종합하여 대상을 인식하는 제6의식의 활동은 전5식만에 의해 규정되지 않는다. 불교는 감각(수)으로부터 지각(상)이 일어나고 또 생각(사)이 일어나지만, 그 생각이 부풀려지고 확장되면 그렇게 확장된 생각(망상) 자체가 다시 거꾸로 수와 상과 사에 영향을 미친다고 논한다. 앞서 인용한 『맛지마니까야』「마두핀다카경」의 구절(A)는 그 다음 구절(B)로 이어진다.

> (A) 안과 색을 인연하여 안식이 일어난다. 이 세 개의 화합이 촉이다. 촉을 인연하여 수가 있다. 자신이 느낀 것을 자신이 지각한다. 자신이 지각한 것을 자신이 사유한다. (B) 자신이 사유한 것을 자신이 망상한다. ①자신이 망상한 것에 의존하여 망상－상－수數(사)가 일어나고, ②이것은 과거 현재 미래에 걸쳐 색과 안식에 대해 그 사람을 구속하고 제한한다.[5]

---

5 『맛지마니까야』,「마두핀다카경」. 여기서 망상－상－수의 수數는 사思를 구성하는 개념을 뜻하므로 사思와 같은 의미로 읽어도 된다고 본다.

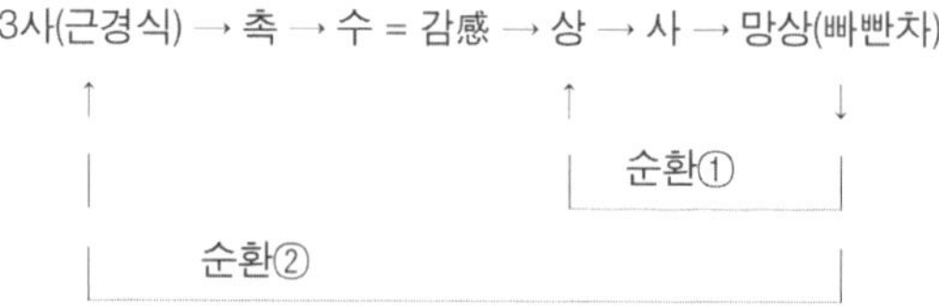

(A)에서는 근·경·식 3사의 촉에서 수, 수에서 상, 상에서 사로 나아간다고 말하고, (B)에서는 생각(사)이 결국 망상이 된다고 한다. 망상은 부풀려지고 확장된 생각, '빠빤차(papanca)'이다. 그런데 망상은 망상으로 그치지 않고 되돌아와 앞의 것들을 일으키고 영향을 미치므로 일종의 순환이 성립하는데, 여기서 순환은 두 가지 방식으로 일어난다. ①수 → 상 → 사를 거쳐 생겨난 망상이 다시 상 → 사를 일으킨다. ②근·경·식 3사의 촉으로부터 수 → 상 → 사가 진행되지만, 망상이 처음의 근과 경을 구속하고 제한하여 결국 촉 → 수에도 영향을 미친다.

여기서 확장된 생각 내지 망상으로 해석되는 빠빤차는 무엇을 의미하는가? 생각은 개념을 따라 진행되며, 개념은 수없이 반복되는 생각 속에서 서로 연결되고 고정되어 특정한 개념틀 내지 인식틀을 형성한다. 이렇게 확립되고 고정된 인식틀이 바로 확장된 생각인 빠빤차이다. 예를 들어 평면에 무수한 점들이 분포되어 있을 경우 각각의 점들이 어떻게 서로 연결되는가에 따라 원이 그려질 수도 있고 세모 또는 네모가 그려질 수도 있듯이, 우리 두뇌 속 무수한 신경회로도 어떤 방식으로 시냅스 연결을 이루는가에 따라 상이한 정보처리 시스템이 확립될 수 있다. 말하자면 우리가 일으키는 무수한 생각들이 반복되고 확장되고 고정됨으로써 우리 안에 일정한 정보처리 시스템이 확립되며, 우리는 그 틀을 따라 세계를 경험하게 된다.

①여기서 반복되는 생각을 인간 개인의 의식차원으로 한정하면, 정보처리 시스템인 인식틀은 곧 개인의 의식차원에서 확립되는 개인적 사유틀을 의미한다. 이렇게 개인적 인식틀로 확립된 빠빤차가 개인의 지각과 사유를 규정한다. ②반복되는 생각을 인간종의 진화과정으로까지 확장해서 보면, 정보처리 시스템인 인식틀은 곧 인간종의 인식체계를 의미한다. 이렇게 인간종의 인식틀로까지 확장된 빠빤차는 인간의 감각기관인 5근을 규정하며, 결국 근에 상응하는 5경까지도 규정하는 것이 된다. 유식唯識은 우리의 표층적인 분별적 생각이 우리의 심층마음인 제8아뢰야식에 생각의 흔적인 업력(정보 내지 종자)을 남기고(현행훈종자), 그렇게 심겨진 무수한 종자들이 아뢰야식 안에서 축적되고 성장하다가(종자생종자), 결국 다시 개별자의 몸(유근신)과 그 근에 상응하는 현상세계(기세간)로 구체화된다고(종자생현행) 논한다. 표층식과 심층식의 상호작용을 보여주는 것이다. 그리고 이러한 순환은 인식뿐 아니라 감정에 있어서도 마찬가지이다.

2) 느낌 – 감정의 순환: 업보業報와 업業의 순환

정서적 느낌 수受와 감정 내지 업과의 관계에도 마찬가지의 순환이 있는데, 이 순환과정을 잘 보여주는 것이 12지연기이다. 아뢰야식 안에 과거생이 포함되고, 유 안에 미래생이 포함되므로 여기에서는 3세를 한 생으로 나타내면서, 앞에서 구분한 신수와 심수를 구분한다.

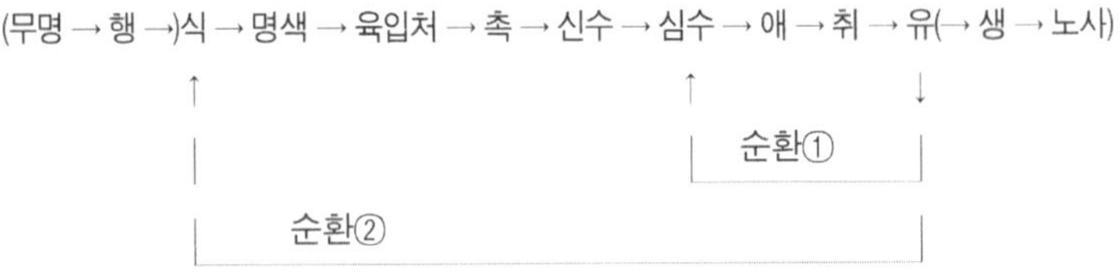

12지연기에서 드러나는 순환도 두 차원으로 구분된다. ①수로부터 애증의 감정이 일어나고, 애증의 감정으로부터 취사의 업이 일어나는데, 그 업으로부터 일어나는 탐진의 번뇌가 다시 희우의 심수를 일으키는 것이다. 앞에서 언급한 대로 수행하지 않은 범부가 신수에 촉발되어 탐·진·치에 의해 심수를 일으키는 것이 이런 경우에 해당한다. ②수에 이어지는 애와 취의 업으로부터 쌓인 업력(유)이 무명 속에서 윤회하면서 다시 명색을 낳고 그것이 결국 촉과 수를 이끈다. 그러므로 촉을 가능하게 하는 명색 자체가 이미 번뇌의 업력에 따라 형성된 것이 된다.

순환①은 왜 신수에서 심수로의 이행이 필연적인 이행이 아니고, 오히려 제7말나식의 탐심과 진심의 번뇌가 함께 작동함으로써 일어나는 것인지를 잘 보여준다. 심수는 신수로부터 저절로 생기는 것이 아니고, 애와 취의 업을 따라 강화된 탐심과 진심의 번뇌가 작동함으로써 비로소 일어나는 것이기 때문이다. 그러므로 신수와 심수를 구분해서 신수에서 심수로 자동적으로 이끌려가지 않는 것이 요구된다.

순환②는 신수를 일으키는 명색도 사실은 지난 업의 세력인 업력 내지 종자를 떠나 있지 않다는 것을 보여준다. 업과 보의 순환구조의 실상, 연기의 실상을 제대로 알지 못하는 무명이 있는 한 지난 업력이 명색을 형성하고, 그로부터 육입처의 유근신이 만들어지고 그에 상응하는 기세간과의 촉을 따라 신수가 일어난다. 그러므로 신수 자체도 실은 번뇌의 순환 안에 포함되어 있는 것이다. 몸의 느낌조차도 긴 역사를 통해 심층마음 안에 축적된 번뇌로부터 자유롭지 못한 것이다. 이상 느낌, 감정, 생각의 구분 및 순환에 대해 논한 것은 다음과 같이 정리된다.

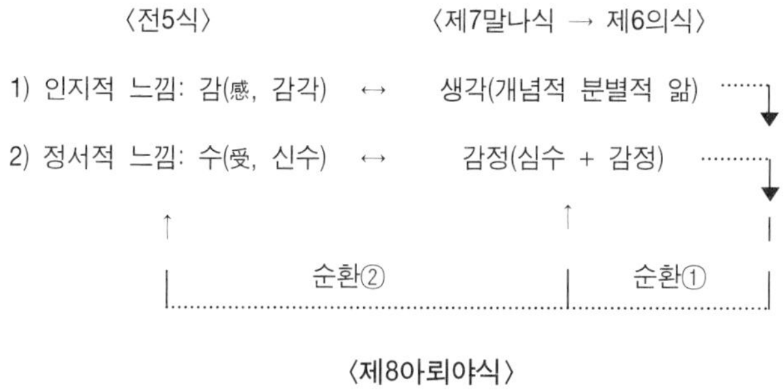

인지적 느낌인 감感은 우리 자신의 개념틀에 따른 생각 내지 인식과 구분되지만, 확장된 생각은 근과 경을 규정하여 다시 느낌을 규정하기도 한다. 정서적 느낌인 수受도 우리의 탐진 번뇌에서 비롯되는 감정과 구분되지만, 확장된 번뇌는 근과 경을 규정하여 다시 몸의 느낌까지도 규정한다. 이러한 끝없는 순환 속에서 우리가 할 수 있는 일은 과연 무엇일까? 생각 아닌 느낌, 감정 아닌 느낌을 찾으려 하지만, 결국 그 느낌이 이미 생각이나 번뇌에 물들어 있다면, 우리는 느낌에 대해 어떤 태도를 갖는 것이 옳을까?

4. 느낌을 대하는 다양한 길

현재 순간에서만 보면 감感 내지 수受의 느낌은 순수한 수동적 소여로서 개념적 생각이나 번뇌적 감정과 구분되지만, 무수한 과거의 시간을 통해 보면 느낌은 생각이나 감정과 별개의 것이 아니다. 수동적 업보와 능동적 조업이 구분되지만, 현재의 업보는 과거의 조업이었고 현재의 조업은 미래의 업보가 되니, 둘은 서로 별개의 것이 아니다. 그렇게 일체는 돌고 돌아 서로에게 영향을 미치는 순환관계 속에 있다. 그것이 연기緣起의 순환구조이다.

생각과 감정으로 업을 짓고 업력을 쌓아 보다 많은 정보로써 보다 복잡한 인식틀을 형성해 가는 것이 '연기의 유전문流轉門'이고, 느낌에 머물 뿐 생각과 감정으로 새로운 업을 짓지 않고 업력을 덜어나가 정보로 뭉친 인식틀을 해체해 나가는 것이 '연기의 환멸문還滅門'이다. 둘 다 순환구조 속에서 그 논리를 따라 움직이면서 업력을 더해가거나 덜어가는 것이다. 더해 가면 계속 새로운 항이 나타나지만, 즉 윤회하여 새로운 오온이 형성되지만, 덜어가면 업력도 다하고 탐·진·치도 다한다. 그럼 덜어감(환멸문)의 끝은 무엇인가? 그 덜어감의 끝이 단지 적멸(악취공)이 아니고 해탈한 마음의 경지이려면, 마음은 본래 처음부터 연기의 산물이 아니라 연기 너머의 마음, 느낌과 생각의 순환 너머의 마음이어야 한다. 즉 본래 마음은 유전문과 환멸문 너머 불이문不二門의 마음, 스스로를 진여로 자각하는 본각本覺, 공적영지空寂靈知의 마음이다. 이하에서는 느낌을 대하는 이러한 세 가지 다른 길을 살펴본다.

1) 유전문流轉門: 느낌 너머 생각으로 나아가기. 순환을 반복하기
2) 환멸문還滅門: 생각 이전의 느낌에 머물기. 순환을 멈춰가기
3) 불이문不二門: 느낌과 생각의 순환 너머, 본래 마음의 본각本覺을 자각하기

1) 느낌 너머 생각의 확장: 더 많이 생각하기/개념틀 확장하기: 유전문流轉門

전5식을 통해 주어지는 자극을 서로 연결하여 특정한 의미로 읽어내는 것은 제6의식이다. 의식은 무수한 지난 경험을 통해 형성된 개념틀 내지 인식틀을 따라 진행된다. 우리는 일정한 개념틀을 따라 지각하고 생각하며, 기쁨이나 슬픔, 좋음이나 싫음 등의 감정을 갖게 된다. 전5식 차원의 느낌 그대로는 우리에게 쉽게 의식되지 않으며, 우리가 의식하는 것은 결국 우리의 인식틀 내지 개념틀에 따라 규정되는 제6의식 차원의 인식과 감정이다. 전5식의 느낌 차원에서는 인지와 정서, 감感과 수受가 서로 별개의 것으로 구분되지 않지만, 제6의식 차원에서 우리는 감정과 생각을 서로 별개의 것처럼 구분한다. 의식은 주객분별의 구도를 따라 감정은 주관적인 것, 생각은 객관적인 것이라고 여기고, 따라서 감정은 느낌의 영역에 속하고 생각은 개념의 영역에 속하는 것으로 간주한다. 그래서 우리는 '감정을 느낀다'고 말하고, '개념으로 생각한다'고 말한다. 감정에 이미 개념과 생각이 포함되어 있고, 생각에 이미 감정이 들어 있음을 간과하는 것이다.

그렇게 해서 일상적 의식 차원에서 범부는 느낌(신수)과 감정(심수)을 쉽게 구분하지 못하며, 그 둘을 함께 개념적인 사유틀, 논리적 인식틀에 따라 잘 정리되지 않는 것, 생각으로 규제되기 어려운 것, 따라서 임의적이고 사적이며, 맹목적이고 위험한 것으로 간주하는

경향이 있다. 그러면서 느낌과 감정보다는 인식과 생각에 더 큰 가치를 부여한다. 느낌과 감정은 주관적이고 개인적 차원에 머무르며 객관성과 보편성에 이르지 못한다고 여기는 것이다. 게다가 감정은 의지와 상관없이 밀어닥치고 덮쳐와 인간을 수동적이고 나약한 존재로 느끼게 하는 반면, 사고나 인식은 의식적 집중과 개념화와 이론화 작업을 통해 대상을 파악하고 통제하고 조작함으로써 인간을 능동적이고 창의적 존재로 거듭나게 한다고 여기며, 사람들은 그러한 통제와 조작을 인간 정신의 승리로 간주한다.

이렇게 해서 사람들은 느낌과 감정을 한 부류로 놓고 그 대척점에 인식과 생각을 놓는다. 그러면서 전자를 감성感性의 활동으로, 후자를 이성理性의 활동으로 간주한다. 서양철학에서 오래된 감성과 이성의 대비, 파토스(pathos)와 로고스(logos)의 대비는 제6의식에서의 분별을 따라 만들어진 대비이다. 이러한 대비에서는 늘 감성보다는 이성, 파토스보다는 로고스, 느낌과 감정보다는 생각이 더 유의미한 것으로 간주된다. 느낌이나 감정은 배제되고, 더 많은 생각, 이성이 절대 가치로 간주된다.

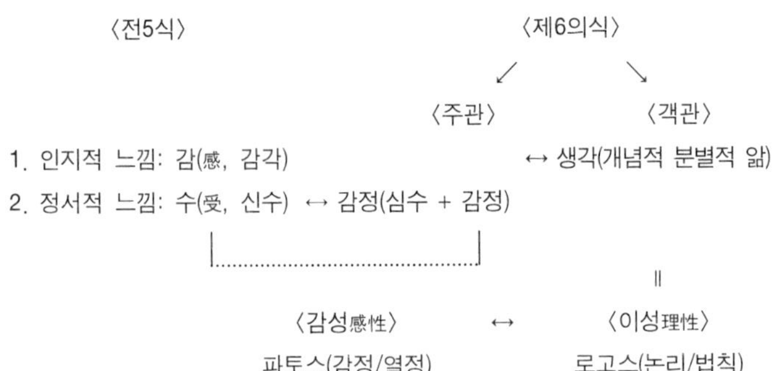

본격적인 서양철학의 장을 연 그리스 철학자 플라톤에 따르면 인간의 영혼은 머리, 가슴, 배 세 부분에서 활동하는데, 그 각각이 이성, 의지, 감성이라고 불리며, 각각이 실현해야 할 덕성이 지혜, 용기, 절제이다. 플라톤은 인간의 본질은 머리에서 활동하는 이성이라고 보며, 감성에서 비롯되는 여러 가지 느낌과 감정들은 이성에 의해 통제되고 절제되어야 한다고 논한다. 추상적 관념인 이데아를 대상으로 삼는 이성적 사유만이 인간을 절대적인 객관적 진리의 인식으로 인도하며, 인간을 가상의 현상이 아닌 진리의 실재계(이데아계)로 이끈다고 여긴 것이다. 에피쿠로스학파가 강조한 평정심(ataraxia)이나 스토아학파가 논하는 부동심(apatheia)도 모두 우리 마음에서 일어나는 다양한 느낌이나 감정에 휩쓸리지 않고 이성이 감성을 완전히 지배한 상태를 의미한다. 이성 중심, 로고스 중심적 사유의 연속이다.

현대 뇌과학에서 인간의 뇌를 3중 구도로 나누어, 생명작용을 담당하는 뇌간을 파충류의 뇌, 기억이나 감정을 담당하는 편도체를 포유류의 뇌, 사고나 인식을 담당하는 대뇌피질을 인간의 뇌라고 분류하는 것도 결국은 이성적 사고에 최고의 가치를 부여하면서 감정이나 느낌을 아직 진화하지 못한 하위의 마음작용으로 간주하는 이성 중심적 발상이라고 할 수 있다.

이처럼 서양철학이나 현대과학에서 이성과 감성, 생각과 감정, 개념과 느낌을 서로 대립되는 것으로 간주하며 그중에서 이성과 생각과 개념을 중시해 왔다면, 최근의 인지주의는 감정과 생각이 그렇게 서로 대립되는 것이 아니라는 것, 감정과 생각이 서로 상호작용하며 연관되어 있다는 것을 논한다. 즉 감정이 단지 개인의 신체 조건에 의해 일어나는 사적인 생리적 신체적 느낌에 국한된 것이 아니라, 객관세계의 인지에 기반을 두고 일어난다는 것이다. 인지주의 심리학의 결론은 감정이 생각과 독립적으로 일어나는 것이 아니라, 자아나 세계에 대한 본인의 생각, 본인의 인지도식에 의해 영향을 받는다는 것이다. 그러므로 감정을 긍정적 감정으로 바꾸려면 우선 생각을 긍정적 생각으로 바꾸어야 한다고 한다. 우리의 감정이 순환①의 구조를 따라 일어난다는 것을 제대로 간파한 것이라고 볼 수 있다.

인지주의가 논하는 생각의 규정성을 더 넓게 확장한 것이 광의의 인지주의이다. 이는 곧 순환①을 넘어 순환②도 고려한 것으로서, 이에 따르면 생각은 다른 생각이나 감정을 규정할 뿐 아니라 생각이나 감정과 무관하다고 여겨지는 감각과 느낌에도 영향을 미친다. 감각과 느낌을 느끼는 인간의 신체 자체가 무수한 세월 동안 세계의 인지를 통해 쌓이고 체화된 정보들의 산물이기 때문이다. 신체 자체가 무한히 긴 진화과정을 거쳐 입력되고 체화된 정보의 총합인 것이다. 결국 신체의 느낌도 생각, 인지, 개념, 정보의 산물인 것이다. 현대의 인공지능과학의 연구는 이러한 통찰 위에서 진행된다. 인간의 몸 자체가 인지적 정보의 총합이듯이, 인간이 만든 기계에다 인지적 정보, 개념적 자료를 무한히 주입하면 결국 그 정보의 자기조직을 통해 감정과 느낌을 갖는 존재(인공지능/로봇)가 만들어지며, 그 존재는 인간보다 더 많은 정보를 갖고서 더 잘 생각하고 더 정확하게 판단하는 존재, 인간보다 더 나은 포스트휴먼이 된다는 것이다.

현대 뇌과학이나 인공지능과학에 전제된 생각은 인간은 개념 내지 정보를 흡수하여 진화 발전한 정보처리 시스템에 불과하다는 것이다.

보다 많은 분별적 생각, 보다 많은 추상적 개념의 흡입을 통해 보다 나은 사유체계, 보다 뛰어난 정보처리 시스템으로 거듭 발전해 나가는 것이 진화의 방향이며, 인간의 의식이나 마음은 그러한 진화과정에서 생겨난 연기의 산물에 불과하다는 것이다.

2) 생각 이전 느낌의 발견: 생각 내려놓기/개념틀 해체하기: 환멸문還滅門

불교는 인간이 형성하는 인식틀 내지 정보처리 체계에 큰 의미부여를 하지 않는다. 오히려 그것을 인간 자신의 개념과 생각으로 부풀려진 확장된 생각(빠빤차), 망상 내지 망념일 뿐이라고 본다. 생각은 망상의 인지틀을 따라 일어나고 다시 또 그 다음의 망상을 키울 뿐이다. 우리는 현재 눈에 들어오는 것을 보고 현재 귀에 들어오는 것을 듣는다고 여기지만, 내가 실제로 보고 듣는 것은 순수하게 현재 내가 보고 듣는 것이 아니라 오히려 내가 보고자 하고 듣고자 한 것, 나의 욕망체계나 인식체계에 걸려든 것이다. 느낌(수)에서 지각(상)과 생각(사)으로 넘어가지만, 실제 지각과 생각을 결정하는 것은 현재의 느낌이기보다는 오히려 나 자신의 지난 경험의 축적물인 망상인 것이다. 나는 현재의 상황으로부터 감정이 일어난다고 여기지만, 실제 내가 느끼는 감정은 나의 무수한 지난 과거로부터 축적된 탐·진·치의 번뇌가 일으키는 감정이다. 결국 순수하게 있는 그대로를 감지하고 느끼려면 번뇌에 물든 생각을 좇지 말고 생각을 내려놓아야 한다. 이와 같이 불교는 순환①을 벗어나야 할 순환으로 간주한다.

현실을 여실하게 알기 위해서는 나의 마음에 쌓여 있는 과거의 축적물, 망상 번뇌를 덜어내야 한다. 그러기 위해서는 과거로부터 형성된 인지틀에 따라 생각하지 말고 현재 자체에 주목해야 한다. 즉 순수하게 현재 내게 주어진 것을 감각하고 현재 내가 느끼는 것을 알아차려야 한다. 불교의 위빠사나 수행은 나의 현재 순간의 몸과 느낌과 마음을 과거의 생각에 이끌리지 않고 여기 지금의 현재 상태 그대로를 주목하여 있는 그대로 여실하게 알아차리고자 한다. 제6의식 차원의 개념적 생각을 멈추고 느낌에 주목하는 것이다. 느낌으로 호흡을 알아차리고, 호흡을 따라 몸을 알아차린다. 몸에서 일어나는 느낌인 고와 락의 신수를 생각을 거치지 않고 직접 알아차리는 것이다. 그렇게 하여 탐심과 진심에 이끌려 일어나는 마음의 느낌으로 자동이 행해 가지 않도록 한다. 제1의 화살을 맞되 제2의 화살을 스스로 쏘고 맞지 않도록 하는 것이다. 즉 탐·진·치에 이끌려 새로운 업을 짓는 일을 멈추게 한다. 감각을 그 자체로 알아차림으로써 망상과 망념으로 생각을 확장하지 않고, 신수를 그 자체로 알아차림으로써 탐·진·치의 번뇌에 이끌려 심수를 일으키지 않으려는 것이다. 이렇게 해서 순환①을 벗어나게 된다.

그런데 확장된 생각인 망상(빠빤차)은 우리의 지각과 판단, 생각과 감정에만 영향을 끼치는 것이 아니라 우리의 느낌, 감각이나 신수도 규정한다. 느낌을 감지하는 근根 자체가 아뢰야식에 축적된 종자, 번뇌 망상(빠빤차)으로 형성된 것이기 때문이다. 따라서 일체의 번뇌를 넘어서자면 궁극적으로 근과 경을 규정하는 순환②를 벗어나야 한다. 즉 우리를 윤회하게 만드는 일체의 번뇌, 우리의 인식틀을 형성하는 망상(빠빤차), 우리의 근이 되어버린 정보처리 체계의 틀을 벗어나야 한다. 한마디로 인간의 유근신의 조건, 근根에의 매임을 넘어서야 하는 것이다. 무수한 전생의 업을 통해 형성된 근에의 매임을 넘어서야 한다. 그렇게 순환②를 넘어서야 한다.

순환②를 넘어서려면 망상의 업을 멈추고 생각의 확장을 그쳐서 더 이상 번뇌 종자를 심지 않아야 한다. 그렇게 업을 짓지 않아 업력(종자)을 남기지 않음으로써 내생의 오온을 형성하지 않아야 하고, 그래야 업력으로 인한 윤회가 끝나게 된다. 그러므로 새로운 업력을 쌓지 않는다는 것은 곧 순환①을 넘어서게 할 뿐 아니라 결국 업력을 다하게 함으로써 업력으로 새로운 근을 형성하는 순환②도 멈추게 한다. 불교가 지향하는 해탈, 일체 번뇌가 소멸한 열반, 부처의 마음이 바로 그 경지이다. 성문승은 수행을 통해 그 경지에 이르려고, 즉 부처가 되려고 한다. 성문승은 탐·진·치의 업을 짓지 않고 망상을 확장하지 않음으로써 순환①과 순환②를 벗어나 일체 번뇌가 멸한 부처가 되려고 한다.

3) 생각과 느낌 너머 본각本覺의 자각: 불이문不二門

성문승은 업을 짓지 않아 업력과 번뇌를 덜어감으로써 부처의 경지로 나아가려고 한다. 이것은 연기의 원리인 순환구조를 따라 부처가 되려고 하는 것이다. 순환구조에서 망분별을 더해가는 것이 유전문이고, 망분별을 덜어가는 것이 환멸문이다. 성문승은 환멸문을 따라 망분별을 덜어감으로써 분별 번뇌 없는 부처의 경지로 나아가려고 한다.

반면 대승은 부처는 환멸문을 따라 번뇌를 제거함으로써 비로소 되는 것이 아니라고 주장한다. 중생이 유전문을 따르든 환멸문을 따르든 상관없이 중생은 본래 부처이며, 중생심이 곧 부처의 마음인 여래심, 진여심이라는 것이다. 중생의 본래 마음은 처음부터 순환적 연기고리 너머에 있으며, 망상에 물들지 않는 '자성청정심'으로 존재한다. 다시 말해 인간의 마음은 진화론(유전문)이 주장하듯 분별적 망상, 생각, 정보를 통해 비로소 형성되는 것이 아닌 것이다. 그럴 경우 환멸문을 따라 분별적 망상, 생각, 정보를 모두 걷어내면 인간의 마음은 결국 허공으로 해체되어 무無가 되고 말 것이다. 일체가 적멸(악취공)에 빠져들며, 환멸문을 통해 부처가 된다는 것도 불가능할 것이다. 처음부터 중생의 본래 마음이 자성청정심의 부처 마음이 아니라면 환멸문을 통해 부처가 되는 것이 가능하지 않은 것이다.

이와 같이 대승은 인간 마음의 본래 자리가 순환적 연기고리 너머이며, 우리의 본래 마음은 한순간도 그 자리를 벗어난 적이 없음을 강조한다. 중생심 안에 이미 부처의 마음이 본래의 마음으로 함께 작동하고 있는 것이다. 이처럼 인간의 본래 마음, 본심本心은 일체의 순환 너머에 있으며, 마음으로서의 본래적 각성, 본각本覺을 갖고 있다. 본각은 순환①을 따라 일어나는 '생각'도 아니고, 순환②를 따라 일어나는 '느낌'도 아니다. 마음이 마음 본래 자리에서 스스로를 아는 '각성'이다. 이 각성이 본래적 각성인 본각이며, 이것이 곧 원효가 말한 '성자신해性自神解'이고 지눌이 강조한 '공적영지空寂靈知'이다. 인간에게 이러한 본각이 있기에 인간은 자신을 얽어매는 순환을 알아차리고 그 번뇌 너머로 나아가려는 수행의 마음을 일으킬 수 있다. 아뢰야식 자체가 불생불멸의 진여심인 것이다. 유전문과 환멸문을 포함한 생멸문生滅門의 바탕에 본각의 진여문眞如門이 있는 것이다.

대승의 수행은 인간이 본래 일체 순환 너머의 존재라는 것, 본래 부처라는 것을 확인하는 수행이며, 그 대표적인 것이 간화선看話禪이다. 간화선은 마음의 본래 자리에서 마음의 눈을 뜸으로써 우리의 마음이 본래 우리를 얽어매는 일체 망상과 번뇌, 일체의 인식틀 너머에 있다는 것, 우리에게 본래적 각성, 본각이 있다는 것을 확인하고자 하며, 이를 위해 화두話頭를 든다. '화두를 든다'는 것은 상식적 또는 합리적 사유로 이해되기 어려운 개념이나 문장 등 공안公案을 듣고 갑자기 일어나는 의심을 유지하고 관철하는 것이다. 화두를 들 때는 일상의 논리나 생각의 흐름을 따르지 않고, 일체 감각이나 느낌도 좇지 않는다. 생각도 넘어서고 느낌도 넘어서야 한다. 의식에 떠오르는 일체 내용을 좇아가지 않기 위해 오로지 의심에만 몰두한다. 화두로 일으켜진 의심은 우리의 일상의 삶을 지배하는 인식틀 바깥으로 나가려는 원동력이 된다. 화두의 답을 생각으로 찾지 않고, 오직 화두가 불러일으키는 의심에만 주목하면 우리의 일상의 인식틀은 그 틀 바깥으로 나가려는 나를 방해하고 옭아매는 단단한 벽으로 나타난다. 그것이 은산철벽銀山鐵壁이다. 그래도 끝까지 의심에 매달려 의단疑團으로 밀어붙이면 나를 가두던 벽은 드디어 무너진다. 은산철벽이 무너지고 화두가 타파되는 순간이다. 우리를 얽어매는 인식틀, 정보체계의 벽을 뚫고 나간 것이다. 인식틀 자체가 지난 습으로 만들어진 허망한 망상이기에, 의심으로 뭉친 의단은 그것을 뚫고 나갈 힘을 갖는 것이다.

인식틀 너머로 나아간다는 것은 순환의 틀 바깥으로 나아가는 것이다. 마음이 본래 인식틀 바깥의 마음이기에 그 마음 본래 자리에서 마음의 눈을 뜰 수 있다. 그때 비로소 우리는 인간이 본래 일체 순환 너머의 존재라는 것, 일체 번뇌 너머의 진여심이라는 것을 깨닫게 된다. 이것이 곧 인간의 본래 성품을 관한다는 의미에서 '견성見性'이고, 화두 타파의 순간은 찰나적으로 깨닫는다는 의미에서 '돈오頓悟'이다. 견성과 돈오는 생각과 느낌 너머의 깨달음이다. 물론 돈오를 통해 일체 번뇌가 모두 단박에 사라지거나 인간의 근인 인식틀 내지 정보처리 시스템이 모두 해체되는 것은 아니다. 번뇌가 있어도 그 번뇌 너머의 본래 마음을 자각할 수 있듯이, 본래 마음을 자각해도 번뇌는 그대로 남는다. 그래서 그 번뇌를 점진적으로 닦아나가는 점수漸修가 필요하다.

마음의 본래 자리를 확인하는 것은 번뇌가 일어나도 그 번뇌에 휩쓸리지 않는 확고한 한 지점, 견처見處를 확립하는 것일 뿐이다. 마음을 생각과 느낌 너머의 그 본래 자리에 두면 인연 따라 일어나는 생각과 느낌을 자유롭게 활용하며 사는 것이 가능할 것이다. 굳이 생각을 일으키거나 굳이 생각을 멈출 필요 없이, 굳이 느낌을 고수하거나 굳이 느낌을 억압할 필요 없이, 시절인연 따라 자유롭게 생각과 느낌을 활용하면서 중생의 고통을 덜어가는 요익중생饒益衆生의 길이 대승 보살이 지향하는 길일 것이다.

5. 이 책의 전개

이 책은 느낌의 문제를 다룬다. 지난번 책에서 〈생각〉을 다룬 데에 이어 이번에는 생각과 대비되는 〈느낌〉을 주제로 삼은 것이다. 느낌을 중점적으로 다루는 다섯 분야를 골라 다섯 분의 전문가에게 각 분야에서의 느낌에 관한 설명을 본인의 관점에서 정리해 주시기를 부탁드렸다. 그렇게 초기불교(이필원), 선불교(자현스님), 동양철학(한형조), 서양철학(양선이), 심리학(권석만), 이상 다섯 분야의 전문가들의 글을 모아 한 권의 책으로 엮었다.

1. 〈**느낌, 감정의 다양성을 여는 코드–느낌의 이중성을 중심으로–**〉라는 제목 아래 초기불교 분야에서의 느낌의 문제를 다룬 이필원은 우선 느낌이 능동적으로 '느끼는 것인가' 아니면 수동적으로 '느껴지는 것인가'의 물음을 던지며, 초기불교 니까야 경전을 중심으로 느낌이란 주체의 활동이 개입되어 '느끼는 것'이라기보다는 무아無我의 논리에 맞게 주체 없이 '느껴지는 것'이라고 강조한다. 이어 느낌을 수상행식과 결합된 5온의 차원에서 분석하고, 또 느낌이 그 한 항으로 들어 있는 12지연기 차원에서도 분석하여 논한다. 나아가 느낌에서 몸의 느낌(신수)과 마음의 느낌(심수)을 구분하고, 느낌을 정서(감정)와 연관 지어 논의한다. 느낌이 어떻게 정서(감정)로 이어지는가를 살펴본 후, 마지막으로 수행론의 관점에서 느낌에 잠재된 번뇌를 제거하는 방법, 느낌에 반응하는 방법을 논한다. 이필원에 따르면 느낌은 한편으로는 번뇌가 잠재된 부정적인 것이지만, 또 다른 한편으로는 해탈 내지 열반으로 나아가는 문의 역할을 하는 긍정적인 것이기도 하다. 결국 느낌은 그 자체 윤회도 아니고 열반도 아니고 그저 느낌일 뿐이라고 말한다.

2. 선불교에서의 느낌에 관한 글 〈**선불교의 감정 수용과 인간 행복의 문제**〉에서 자현스님은 우선 중국의 강북문화와 강남문화를 대비시킨

다. 강북문화가 전체의 질서와 도리, 예禮와 절제를 중시한다면, 강남문화는 기본적으로 개인의 자유를 중시하며 느낌과 감정을 긍정하고 현실을 인정한다는 것이다. 자현스님은 혜능의 남종선은 중국 강남문화의 특징을 그대로 반영한 것으로서 초기불교와는 완전히 다른 입장이라고 논한다. 초기불교는 감정이나 느낌을 부정적인 것으로 여겨 극복 대상으로 간주한 데 반해, 남종선은 '작용시성作用是性'을 주장하면서 작용으로서의 현상 자체를 긍정하며, 따라서 인간의 느낌과 감정 또한 긍정한다는 것이다. 이는 곧 인간 욕망의 긍정으로서 이 점에서 남종선은 서구 근세철학의 인욕긍정론과 비교될 수 있다고 논한다. 그는 미학을 '만족과 행복을 중시하는 학'으로 규정하면서, 감정을 깨달음의 현현으로 수용하는 남종선의 현실긍정의 정신은 '중국철학 전체를 통틀어 가장 미학적'이라고 말한다.

3. 이상 두 글이 느낌에 대한 불교사상을 다룬 것이라면, 이어지는 세 번째 글은 동양철학의 관점에서 불교와 유교를 함께 다룬다. 〈불교의 평정(평등平等), 그리고 주자학의 중화中和〉라는 제목의 글에서 한형조는 느낌 내지 감정에 대한 불교적 처방과 유교적 처방을 대비시킨다. 불교는 감정을 철저히 제압하여 감정의 격동을 벗어나는 '평정'을 주장한 데 반해, 주자학은 감정을 합리적으로 적절하게 발현하는 '중화'를 추구한다는 것이다. 한형조에 따르면 불교는 외부 사물의 자극과 격동으로부터 자유로운 평정을 얻기 위해 수행하며, 수행을 통해 얻은 깨달음은 바로 사물의 비실재성, 허상 내지 망상에 대한 깨달음이다. 반면 주자학은 현실을 허상으로 보지 않으며, 따라서 현실에 적절하게 반응하여 일어나는 감정을 허망한 것으로 간주하여

제압하거나 떠나려고 하지 않는다. 오히려 발현된 감정이 상황에 적합한지를 제대로 성찰하고, 자신의 구조화된 성격을 건전하게 고쳐나가면서, 자신의 본성을 자연스럽게 지켜나가는 것을 더 중요한 공부라고 여긴다.

4. 이상 세 글이 동양사상에서의 느낌을 논하였다면, 이어지는 글은 서양철학에서의 느낌 내지 감정의 문제를 다룬다. 〈**느낌과 인간의 행복**〉이라는 제목의 글에서 양선이는 우선 감정에 대한 서양 근현대 철학자들(데카르트, 흄, 윌리암 제임스)의 '느낌 이론'을 설명한 후, 그에 대한 비판으로 제기된 최근의 '인지주의적 관점'을 제시한다. 느낌 이론은 감정을 '내적인 신체적 느낌'으로 규정하여 감정을 대상 연관성이 없는 주관적 심리상태로만 간주하는 데 반해, 인지주의는 '사고나 믿음 등의 인지적 요소가 감정을 구성한다'고 간주하며, 따라서 감정을 '대상성 내지 지향성'을 갖는 '평가적 판단'과 동일한 것으로 보는 입장이다. 그렇지만 감정에 관한 가장 최근의 논의는 '신체적 느낌'과 '판단의 요소' 둘 다를 감정의 구성요소로 포함시킨다고 한다. 말하자면 이제야 비로소 감정을 느낌과 인지가 함께하는 것으로 파악한 것이다. 다시 말해 느낌 이론과 인지주의를 함께 포괄하는 방식으로 감정을 이해하기 시작한 것이다.

5. 이 책의 마지막 글은 심리학 분야에서의 느낌의 문제를 다룬다. 〈**느낌에 대한 심리학적 분석—감각, 직감, 그리고 감정의 이해—**〉라는 제목의 글에서 권석만은 느낌을 세 가지 차원으로 구분하여 설명한다. 첫째는 태아의 최초의 인식 차원에서의 느낌으로 이를 '감각적 느낌', 한마디로 '감각'이라고 부른다. 둘째는 통합적 인식 차원의 느낌으로

이를 '직관적 느낌', 한마디로 '직감'이라고 부른다. 셋째는 쾌-불쾌의 주관적 경험 차원에서의 느낌으로 이를 '정서적 느낌', 한마디로 '감정'이라고 부른다. 이 글은 이 각각의 느낌을 보다 세밀하게 분석한다. 첫 번째 감각은 '개념이나 언어가 개입되기 이전의 순수한 인식'으로서 마음의 원초적 근원을 이루며, 주로 태아나 영아기에서 작동하고, 성인이 되면 지각 내지 인식으로 전환된다고 한다. 두 번째 직감은 무의식적인 심리과정의 산물로서 마음에 떠오르는 수동적 인식이며, 이것은 의식 차원의 집중적 정보처리와는 구분된다. 세 번째 감정은 우리가 느끼는 행복과 불행의 근원이 되는 것이다. 감정에는 평온이나 환희, 사랑 등과 같이 우리가 향유할 만한 긍정적 정서도 있지만, 불안, 우울, 분노와 같이 우리의 삶을 무겁게 만드는 부정적 정서도 있다. 부정적 정서로 인한 정서장애를 극복하는 것이 심리치료의 중심 과제라고 할 수 있다.

이상 다섯 분야에 걸친 느낌에 대한 논의들이 이 책을 읽는 독자에게 느낌이 무엇인지에 대한 바른 이해를 제공할 수 있기를 바란다. 그리하여 구체적 삶에서 세상과의 부딪침으로 인해 끊임없이 일어나는 무수한 느낌을 스스로 자유롭게 활용하면서 살아갈 수 있기를 희망한다.

느낌, 감정의 다양성을 여는 코드

-느낌의 이중성을 중심으로-

이필원(동국대학교 경주캠퍼스 파라미타칼리지 교수)

불교에서는 느낌을 일반적으로 3가지로 분류한다. 고수(苦受, dukkha-vedanā), 락수(樂受, sukha-vedanā), 불고불락수(不苦不樂受, adukkhamsukha-vedanā)이다. 『앙굿따라니까야』에서는 이를 세간(sāmisa)과 출세간(nirāmisa)의 영역에 각각 배대해서 여섯 가지로 분류하기도 하지만, 기본적으로는 3가지이다.

이러한 느낌은 적어도 초기불교 전통에서는 육체와 밀접한 관련을 갖는다. 특히 오온론에 그것이 잘 나타나 있다. 오온에서 느낌은 육체(rūpa)를 기반으로 일어난다. 구체적으로는 육체의 감각기관을 통해 들어오는 정보를 3가지로 구분해서 받아들인다는 것으로 이해할 수 있다. 그런데 우리가 느낌을 논하면서 주목해야 할 것이 바로 느낌의 수동성과 능동성이다. 말하자면 '느끼는 것인가', 아니면 '느껴지는 것인가'이다. 이는 느낌의 왜곡 현상과 밀접한 관련을 갖는 문제이기도 하다.

한편 느낌은 감정의 문제를 이해하는 데 있어서도 중요하다. 느낌을 감정으로 볼 수 있는지, 아니면 느낌과 감정은 다른 것인지에 대한 논의도 일찍이 여러 학자들이 관심을 기울인 내용이다. 초기불교 경전에서는 느낌을 감정으로 보지는 않고, 감정을 발현시키는 토대로 이해한다. 이와 관련된 다양한 경증 가운데 MN의 Mahāsacca-kasutta, 그리고 SN의 Ākāsasutta 등에 보면 느낌이 감정과 어떻게 연결되고 어떠한 방식으로 확장되어 가는지를 잘 보여주고 있다. 감정연구가들은 감정을 '타고난 감정'과 '보편 감정'으로 구분하고, 맛과 같이 기본 감정이 있다는 점 등을 언급한다. 하지만 이러한 감정연구에서는 느낌을 감정과 동일시하거나 아니면 느낌에 크게 주목하지 않는다. 그렇기 때문에 감정연구에 있어서 초기불교의 느낌 이해는 감정의 메커니즘을 이해하는 데 많은 시사점을 줄 수 있다.

또한 느낌은 이중적 구조를 갖는다. 느낌은 윤회의 구조를 만들기도 하고, 해탈/열반의 세계로 나아가게 하는 열쇠가 되기도 한다. 이는 느낌을 단순하게 이분법적으로 이해하는 것을 허용하지 않는다는 의미이기도 하다.

이렇듯 느낌은 '감정의 다양성을 여는 코드'이기도 하며, 윤회와 해탈의 세계를 이해하는 핵심 키워드이기도 하다. 그래서 우리가 느낌에 대해 올바르게 이해(正見)할 수 있게 되면, 이분법적 사유의 틀에서 벗어나 해탈/열반으로 나아가는 '문'을 열게 될 것이다.

1. 느끼는 것인가, 느껴지는 것인가

느낌에 대한 빨리어는 Vedanā이다. 이를 영어로는 feeling으로, 한자어로는 受로 번역한다. 그런데 느낌을 어떻게 정의하면 좋을지 먼저 언급해 두는 것이 논의에 도움이 될 것 같다. 우선 느낌은 반응이다. 반응한다는 것은 생명의 특징이다. 무생물은 반응하지 않기 때문이다. 그래서 생명의 특징을 '자극에 대한 반응'[1]이라고 정의하기도 한다.

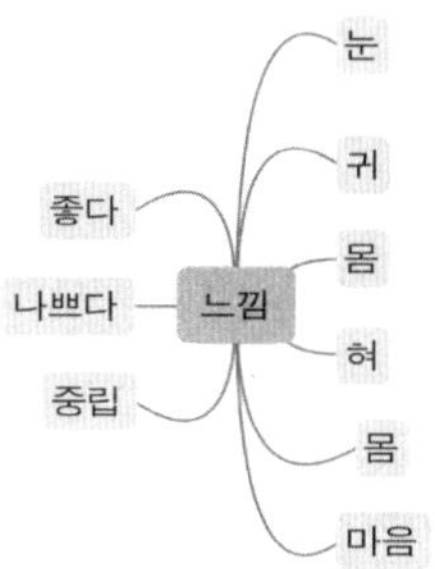

〈그림 1 : 느낌의 종류와 감각기관〉

---

1 카라플라토니, 박지선 옮김, 『감각의 미래』, 흐름출판, 2017, p.5. 이 말은 감수자인 이정모 교수의 말이다, 그는 '자극에 대한 반응'에 천착한 학문이 바로 인지과학(Cognitive Science)이라고 한다. 그는 인지를 '어떤 사실을 인정해서 안다'라고 기술하면서, 인지과학이란 세상의 자극을 우리의 뇌가 어떻게 받아들이고 반응하

불교에서 느낌을 이해하는 방식은 오히려 더 분명하게 제시된다. 불교 역시 생명의 가장 기본적 특징을 '반응'이라고 이해하는데, 이 반응을 가능케 하는 것을 '부딪힘', 즉 접촉이라고 설명한다. 이 부딪힘을 통해 우리는 어떤 대상의 정보를 수집하게 된다. 인간을 비롯한 대부분의 생명체는 기본적으로 다섯 가지 감각기관, 즉 '오감'을 갖고 있다. 오감이란 '안·이·비·설·신(눈·귀·코·혀·몸)'을 말한다. 불교는 여기에 '의(마음)'를 덧붙여 여섯 가지 감각기관(六根)을 제시한다. 이를 그림으로 나타내면 다음과 같다.

오른쪽 그림과 같이 느낌은 감각기관을 통해 발생되는 것이다. 그래서 뒤에서 논의하겠지만 오온에서 '색' 다음에 '수'가 위치한다고 이해할 수 있다. 감각기관(색)을 통해 들어온 정보는 느낌으로 일단 처리된다. 이 느낌은 세 가지로 분류된다. '좋다', '나쁘다', '좋지도 나쁘지도 않다(중립)'이다. '좋다'에는 그저 그런 좋음부터 죽을 만큼 좋음까지 그 스펙트럼은 매우 다양하다. 나쁨도 마찬가지이다. 여기에서 사람마다 생명마다 느낌의 다양성이 확보되는 것이다.

우리는 매 순간 어떤 것과의 접촉을 통해 느낌을 경험한다. 보고, 듣고, 냄새 맡고, 맛보며, 만지고, 회상하는 것을 통해서이다. 여기서 우리가 주목할 것은, 감각기관이 없다면 느낌도 발생하지 않는다는 것이다. 감각기관과 느낌은 어떤 관계인가. 그리고 이들은 어떻게 기능하는 것일까. 이러한 질문들도 가능하다. 하지만 이에 대한 답변은 쉽지 않다.[2] 왜냐하면 이 과정이 단순하지 않기 때문이다. 우리는

는지를 탐구하는 것이라고 설명하고 있다.

2 카라플라토니, 위의 책, p.5에서 이정모 교수는 "우리는 매일 보고, 듣고, 냄새

순수 느낌을 말하기도 한다. 그런데 순수 느낌이 과연 가능할까라는 점도 생각해 볼 필요가 있다. 오염되지 않은 느낌이 있다면 그것을 순수 느낌이라고 할 수 있다. 그런데 오염되지 않은 느낌이란 것이 가능할까?

바로 이 지점에서 '느끼는 것'과 '느껴지는 것'의 차이를 언급할 수 있다. '느끼는 것'은 능동이며, '느껴지는 것'은 수동이다. 느낌과 관련해서 능동과 수동(여기에 사역도 포함시킬 수 있다)을 간단하게 문장으로 표현하면 다음과 같이 나타낼 수 있다.

①A는 즐거움을 느꼈다.
②A에게 즐거움이 느껴졌다.
③A에게 즐거움이 느껴지도록 했다.

위 예문을 통해 알 수 있듯이, 능동문인 ①은 주체가 느낀다는 것이 강조되고 수동문과 사역문인 ②와 ③은 느낌의 내용이 주체에게 알려진다는 의미가 강조된다. 느낌의 주체가 강조될 때는 주체의 상황에 따라 느낌이 왜곡될 가능성이 매우 높아진다. 말하자면 느낌의 내용보다는 주체의 주관적 판단에 따라 느낌의 내용이 달라질 수 있다는 것이다. 반면에 수동/사역의 경우는 느낌의 내용이 왜곡될 가능성이 현저히 낮아진다. 이때 느낌의 내용은 있는 그대로 전달된다는 의미가 강하다. 이런 의미로 인해 불교수행론에서 느낌 관찰은

맡고, 맛보고, 뭔가를 만진다. 우리는 즉각 판단하고 반응한다. 매우 익숙한 과정이다. 그런데 정작 그 메커니즘은 잘 모른다."라고 말하고 있다.

후자의 입장이 강하게 반영된다고 할 수 있다. 하나의 경문을 통해 확인해 보자.

Idha, bhikkhave, bhikkhu sukhaṃ vā vedanaṃ vedayamāno 'sukhaṃ vedanaṃ vedayāmī'ti pajānāti.[3]
여기에서 비구들이여, 즐거운 느낌을 느끼고 있는 비구는 '나는 즐거운 느낌을 느끼고 있다'라고 분명하게 안다.

위 경문에서 웨다야마노(vedayamāno)는 동사 웨데띠(vedeti)의 현재분사 주격형이다. 웨데띠는 동사어근 √vid(알다, 느끼다)의 사역형이다. 한국어 번역으로는 분명하게 드러나지 않지만, 빨리 경문에서는 분명하게 사역형이 사용되고 있는 것이다. 이는 느낌이라는 것은 수동/사역의 형태로 우리에게 알려지는 것이지, 우리가 그것을 느끼는 것이 아님을 보여주는 한 예이다. 그런데 사실 관련된 경전에서 이러한 예는 어렵지 않게 확인된다.[4]

'느끼는 것'과 '느껴지는 것'의 구분이 어떤 의미가 있는지 반문할 수 있다. 이것은 불교의 관점에서 볼 때, 무아와 연관된다. 전자는 주체의 문제이며, 후자는 사태의 문제이다. 위 경문에서 웨다야마노(vedayamāno)는 지금 여기에서 일어나고 사태를 나타낸다. 경험하는 자의 관점이나 주관적 해석이 배제된 철저한 현장성의 드러남이다.

이러한 느낌의 배경에는 기본적으로 대상과의 접촉이 놓여 있다.

---

3 MN. I, p.59.

4 SN. 12.51; SN.54.8; SN. IV, p.69; MN. 140. Dhātuvibhaṅgasuttaṃ.

이 말은 내가 느끼고 싶다고 해서 느낌이 발생하는 것이 아니라는 것이다. 느낌은 대상과의 접촉을 통해 일어나는 수동적인 작용인 것이다. 좋다 혹은 싫다와 같은 느낌이 본래 있는 것이 아니라, 대상과의 접촉을 통해 발생한 느낌이 '좋거나 싫은 것'이 된다. 대상에 반응할 수 있는 능력을 갖춘 것은 생명체라면 당연한 것이지만, 느낌이 본래부터 있었던 것은 아니다. 내가 아무리 좋은 느낌을 '느끼고 싶다'고 해도, 그렇게 할 수는 없다. 왜냐하면 느낌은 '느끼는 것'이 아니라 '느껴지는 것'이기 때문이다. 이와 관련된 경문이 있다.

> Phuṭṭho bhikkhave vedeti, phuṭṭho sañjānāti, phuṭṭho ceteti.(SN. IV, p.69)
> 비구들이여, 접촉된 사람은 느껴지게 된다. 접촉된 사람은 (느낌에 대해) 지각한다. 접촉된 사람은 (느낌에 대해) 의식한다.

이것을 요한슨은 "접촉당한 사람은 느낀다. 접촉당한 사람은 생각한다. 접촉당한 사람은 마음의 이미지를 만든다."[5]라고 번역한다. 풋타(phuṭṭha)는 동사 푸사띠(phusati, 접촉하다)의 과거분사형태이다. 그래서 '접촉되어진', '접촉당한'이라고 번역된다. 여기서 vedeti는 앞서 언급했듯이 사역형 동사이다. 그래서 '(대상에) 접촉되어진 사람은 느껴지게 된다'라고 번역할 수 있다. 이후는 발생된 느낌이 어떻게 의식으로 일어나게 되는지에 대한 내용이라고 할 수 있다.

경문을 통해서 확인할 수 있듯이, 느낌은 대상과의 접촉을 통해서

---

5 루네, E.A. 요한슨, 박태섭 옮김, 『불교심리학』, 시공사, 1996, p.97.

일어난다. 이는 대상에 대한 정보처리의 일차단계가 바로 '느낌 작용'이란 의미라고 할 수 있다. 대상의 정보는 '주어지는 것'이냐 '파악하는 것'이냐의 문제에서, 적어도 초기불교적 관점에서는 '주어지는 것'의 의미가 강하다고 할 수 있다.

그럼 대상의 정보가 처리되는 것이 '느낌 작용'이라고 하면, 그리고 그것은 '주어지는 것' 혹은 '수동적인 것'이라고 하면, 언제나 느낌 작용은 수동적인 방식으로만 처리되는 것인가라는 질문도 가능할 것이다. 즉 '느끼는 것'이 아니라 '느껴지는 것'이 느낌 작용의 한결같은 방식인가라는 문제이다. 이는 보다 복잡한 논의가 필요한데, 오온의 체계가 요청되는 부분이기도 하다. 그래서 이 부분은 2장 1)절에서 다루기로 한다.

2. 오온과 연기체계에서의 느낌의 위상과 역할

느낌에 대한 전형적인 정의는 경전에서 세 가지로 제시된다.

> 비구들이여, 세 가지 종류의 느낌들이 있다. 어떤 것이 세 가지인가? 즐거운 느낌, 괴로운 느낌, 괴롭지도 즐겁지도 않은 느낌(이다). 이와 같은 세 가지 느낌들이 있다.[6]

그리고 이러한 느낌은 다시 육체적이며 정신적인 느낌으로 세분화되어 제시된다. 1) 육체적으로 즐거운 느낌(kāyikā sukhā-vedanā=su-

6 SN. IV, p.204.

kha), 2) 육체적으로 괴로운 느낌(kāyikā dukkhā-vedanā=dukkha), 3) 정신적으로 즐거운 느낌(cetasikā sukhā-vedanā=somanassa), 4) 정신적으로 괴로운 느낌(cetasikā dukkhā vedanā=domanassa), 그리고 5) 괴롭지도 즐겁지도 않은 느낌, 또는 중립의 느낌(adukkha-m-asukhā vedanā=upekkhā)[7]이다. 이를 다시 여섯 가지로 분류하면 안·이·비·설·신·의 육근이 접촉해서 생겨나는 느낌이 있다.[8]

그러면 이러한 기본적인 이해를 바탕으로 이 장에서는 느낌에 대한 체계적인 이해를 오온과 연기의 체계를 통해 고찰해 보고자 한다. 수행론적 측면은 사념처에서 다루어질 것이다. 오온과 연기는 공통적으로 무아와 관련된 교설이다.[9] 또한 이 둘은 발생과 소멸에 대한 분명한 자각으로 이끄는 체계이기도 하다. 오온과 연기는 각기 다른 체계가 아니라 서로 밀접하게 연관된 가르침이다. 이에 대한 내용을

---

7 SN. IV, p.232. 본문의 내용은 정준영, 「『대념처경(Mahāsatipaṭṭhāna sutta)』에서 보이는 수념처受念處의 실천과 이해」, 『불교학연구』 제7호, 2003, p.188을 인용함. 여기에서 정준영은 sukha vedanā는 육체적으로 즐거운 느낌, somanassa vedanā는 정신적으로 즐거운 느낌, dukkha vedanā는 육체적으로 괴로운 느낌을, domanassa vedanā는 정신적으로 괴로운 느낌으로 설명하고 있다. 이러한 분류는 DN.II, p.306에 나오는 경전에 근거한다. 자세한 내용은 정준영의 논문 각주 13번을 참조하면 좋다.

8 SN. IV, p.232.

9 연기가 반드시 무아와 관련되어서 이해되는 것은 아니다. 연기는 조건에 따른 성립/발생, 즉 인과적 관점에서 이해되거나, 고통의 발생과 해결이라는 관점에서 이해되는 체계이기도 하다. 이와 관련해서는 박태원, 「붓다의 연기법과 불교의 연기설」, 『철학논총』 제82집, 2015; 이필원, 「초기불교의 연기 이해」, 『불교학보』 72집, 2015를 참조하라.

본 장에서는 느낌에 주목해서 고찰해 보고자 한다.

1) 오온에서 느낌은 어떤 작용을 하는 것인가?

오온의 가르침에서 느낌은 두 번째 항목에 위치한다. '색-수-상-행-식'의 오온은 일반적으로 '색'과 '수상행식'으로 크게 구분하여 이해한다. 색(rūpa, 色)은 물질로 우리의 육체를 의미하고, 수상행식(vedanā, saññā, saṅkhara, viññāṇa, 受想行識)은 정신작용을 의미한다. 즉 이러한 이해는 우리 생명은 육체와 정신의 조합물이란 의미인데, 정신에 4가지 측면이 있다는 분석적 이해를 제공한다는 점에서 여타의 이해와 구별된다고 할 수 있다. 이를 도표로 나타내면 다음과 같다.

색	수	상	행	식
지수화풍	느낌	개념	의지	의식
육체	정신			

표에서와 같이 육체는 지수화풍地水火風이라는 사대四大으로 구성된다. 그리고 수상행식은 각각 느낌 작용, 개념작용, 의지작용, 의식작용으로 구별된다. 결국 단순히 육체와 정신의 복합체라는 관념보다는 보다 분석적으로 인간을 이해하고 있음을 볼 수 있다.

그런데 다만 이것뿐일까. 초기불교에서 오온은 자아관념의 투영이라고 할 수 있다. 오온을 자아라고 고집하기 때문에 여기에 집착하게 된다. 이를 오취온五取蘊이라고 한다. 그렇기에 오온의 가르침은 무아와 직접적으로 연결된다. 우리의 뿌리 깊은 자아에 대한 집착을 해체하기 위한 것이다.

이를 이해하기 위해서는 오온의 내적 관계를 알아야 한다. 오온의 다섯 가지가 각각 별도로 존재하는 것이 아니기 때문이다. 이른바 자연철학자들이 주장하듯, 각각의 요소들이 실체로서 기능하는 것이 아니기 때문이다. 이러한 이유로 오온의 각 요소가 지닌 의미가 무엇인지 경전의 내용을 통해 알아보도록 하자.

> 비구들이여, 어떤 것이 색인가? 사대와 사대에 의해 만들어진 것들을 취해서 색이(라고 한다). 비구들이여, 이것을 색이라고 말한다. 음식의 쌓임으로부터 색의 쌓임이 (있다). 음식의 소멸로부터 색의 소멸이 (있다). 이것이야말로 성스러운 여덟 가지의 길이고, 색의 소멸로 이끄는 방법이다. 이와 같이-정견…… 내지 ……정정(이 있다).[10]
>
> 비구들이여, 어떤 것이 느낌인가? 비구들이여, 여섯 가지 느낌의 더미가 (있다). 눈의 접촉에서 생긴 느낌(cakkhusamphassajā), 귀의 접촉에서 생긴 느낌, 코의 접촉에서 생긴 느낌, 혀의 접촉에서 생긴 느낌, 몸의 접촉에서 생긴 느낌, 마음의 접촉에서 생긴 느낌(이

---

10 SN.III, Khajjanīyasutta, p.86에 보면 색은 외부의 영향을 받는 것(ruppati)으로 설명된다. "무엇에 의해서 영향을 받는가? 차가움에 의해서도 영향 받고, 더움에 의해서도 영향 받고, 배고픔에 의해서도 영향 받고, 목마름에 의해서도 영향 받고, 파리, 모기, 바람, 햇빛, 피충류들에 의해서도 영향 받는다." 즉 우리의 몸이라고 하는 것은 Sarachchandra가 말한 것처럼, 단순한 물질이라기보다는 주관적 요소로 해석된 것이라고 이해하는 것(아날라요, 이필원·강향숙·류현정 공역, 『Satipaṭṭhāna』, 명상상담연구원, 2014, p.223, 각주 11번 참조)이 오온에서의 색의 의미일 것이다.

다). 비구들이여, 이것들이 느낌들(라고) 말해진다. 접촉의 쌓임으로부터 느낌의 쌓임이 (있다). 접촉의 소멸로부터 느낌의 소멸이 (있다).

비구들이여, 어떤 것이 상인가? 비구들이여, 여섯 가지 상의 더미가 (있다). 형태에 대한 상, 소리에 대한 상, 냄새에 대한 상, 맛에 대한 상, 접촉에 대한 상, 담마에 대한 상(이다). 비구들이여, 이것들이 상(라고) 말해진다. 접촉의 쌓임으로부터 상의 쌓임이 (있다). 접촉의 소멸로부터 상의 소멸이 (있다).

비구들이여, 어떤 것이 행인가? 비구들이여, 여섯 가지 의도의 더미가 (있다). 형태에 대한 의도, 소리에 대한 의도, 냄새에 대한 의도, 맛에 대한 의도, 접촉에 대한 의도, 담마에 대한 의도(이다). 비구들이여, 이것들이 의도(라고) 말해진다. 접촉의 쌓임으로부터 행의 쌓임이 (있다). 접촉의 소멸로부터 행의 소멸이 (있다).

비구들이여, 어떤 것이 의식인가? 비구들이여, 여섯 가지 의식의 더미가 (있다). 눈에 의한 의식, 소리에 의한 의식, 냄새에 의한 의식, 맛에 의한 의식, 접촉에 의한 의식, 담마에 의한 의식(이다). 비구들이여, 이것들이 의식(이라고) 말해진다. 접촉의 쌓임으로부터 의식의 쌓임이 (있다). 접촉의 소멸로부터 의식의 소멸이 (있다).[11]

위 경문이 오온에 대한 정형적인 설명이라고 할 수는 없지만, 오온을 어떻게 이해하는지를 잘 보여주는 경문이라고 할 수 있다. 이상의

11 SN.III. Upādānaparipavattasutta, pp.59~61.

경문에서 확인되는 핵심키워드를 표로 정리하면 다음과 같다.

<table>
<tr><th>오온</th><th>색</th><th>수</th><th>상</th><th>행</th><th>식</th></tr>
<tr><td rowspan="2">작용</td><td>사대</td><td rowspan="2">6근</td><td rowspan="2">6경</td><td rowspan="2">6경</td><td rowspan="2">6근</td></tr>
<tr><td>사대소조</td></tr>
<tr><td>자양분</td><td>음식</td><td>접촉</td><td>접촉</td><td>접촉</td><td>접촉</td></tr>
</table>

위의 표를 통해 보면 수상행식에서 수와 식은 6근, 즉 육내입처의 작용이고, 상과 행은 6경, 즉 육외입처와 관련된 것임을 알 수 있다. 이들은 각각 접촉(phassa)를 매개로 하여 느낌과 지각과 의지와 의식이 작용함을 알 수 있다. 결국 접촉이 없으면 이들은 발생하지 않는다는 것이다. 그리고 접촉은 우리의 감각기관에 의존한다.[12] 여기에서 우리는 접촉(phassa)의 중요성을 인식하게 된다. 우리가 느낌을 말하면서, 접촉을 말해야 하는 이유가 여기에 있는 것이다. 따라서 수와 식은 무엇인가를 받아들여서 내적 지향성을 갖는 것이고, 상과 행은 대상 지향성을 갖고 있는 것이라고 이해할 수 있다. 수상행식은 6근과 6경이 모두 필요하지만 수와 식은 대상의 내재화, 즉 정보는 대상에서 얻지만 정보처리는 대상과 관련 없이 내적 과정을 통해 처리한다고 이해해 볼 수 있을 것 같다. 반면에 상과 행은 내적 처리과정의 정보가 대상을 향해 대상 중심성을 갖는 것으로 이해할 수 있다.

그러면 6근과 6경의 관계는 어떻게 설정될 수 있을까. 이와 관련해서 참고할 만한 경전이 MN.II, Bahuvedanīyasutta(여러 가지 느낌에 대한 경)이다.[13] 이 경전의 주요 내용을 간략히 정리하면 다음과 같다.

---

12 아날라요, 앞의 책, p.224.

5근		5경
시각에 의해서(cakkhu)	인식되어질(viññeyyā)	형상(rūpā)
청각에 의해서(sota)	인식되어질(viññeyyā)	소리(saddā)
후각에 의해서(ghāna)	인식되어질(viññeyyā)	냄새(gandhā)
미각에 의해서(jivhā)	인식되어질(viññeyyā)	맛(rasā)
촉각에 의해서(kāya)	인식되어질(viññeyyā)	감촉(phoṭṭhabbā)

위의 다섯 가지를 경전에서는 "다섯 가지 감각적 욕망의 종류(pañca kāmaguṇā)"라고 명명하고 있다. 여기에서 주목할 것은 "인식되어질(viññeyyā)"이라는 표현이다. viññeyyā는 vijānāti(알다, 인식하다)의 미래수동분사 형태이다. 이 단어의 형태가 중요한 것은 우리는 감각기관을 통해 대상이 '인식되어지는 것'이란 의미를 보여주기 때문이다. 우리는 '내가 본다'라는 인식을 한다. 하지만 경문을 통해서 알 수 있듯이, '대상이 보여지는 것'이다. '보는 것'과 '보여지는 것'의 차이는 수행론의 관점에서도 중요하다.

그럼 오온에서의 느낌은 어떻게 이해될 수 있을까. 오온체계에서 수의 내용을 아날라요는 다음과 같이 말하고 있다.

색온 다음의 온蘊은 수온(vedanā)과 상온(saññā)이며, 이것은 경험

13 이 경전에서는 느낌의 내용은 쾌, 불쾌, 불고불락의 세 가지로 정형화되지 않는다. 붓다는 이는 어디까지나 방편이며, 느낌은 두 가지, 세 가지, 다섯 가지, 여섯 가지, 열여덟 가지, 백여덟 가지로 분류할 수 있음을 설하고 있다.(MN.II, p.388) 참고로 이와 관련해서 보다 자세한 내용은 SN.IV, Aṭṭhasata-pariyāsutta에서 확인할 수 있다.

의 정서적이고 인지적인 면을 나타낸다. 지각과정에서 인지(sañña)는 느낌의 일어남과 밀접하게 연관되며, 이 둘 모두는 접촉(phassa)에 의한 여섯 가지 감각의 자극에 의존한다. 경전의 표준적인 설명에서는 느낌을 감각기관과 연관시키지만, 인지는 각각의 감각 대상과 연관시킨다. 이것은 느낌이 경험의 주관적인 영향과 밀접하게 연관되는 것을 의미하지만, 인지는 각 외적 대상의 특성과 보다 많이 연관된다. 즉 느낌은 경험이 "어떻게" 되는지를, 인지는 "무엇이" 경험되는지를 의미한다.[14]

아날라요는 느낌을 주관적 영향과 밀접하게 연관된 것으로, 인지를 외적 대상과 보다 많이 연관된 것으로 설명한다. 이는 앞서 필자가 언급한 내적 지향성과 대상 지향성에 상응하는 것으로 볼 수 있다. 그런데 아날라요의 언급에서 우리가 주목할 것은 '인지는 느낌의 일어남'과 밀접하게 연관되어 일어난다는 점이다. 오온체계에서 느낌은 '느낌' 자체가 중요한 것이 아니라, 느낌이 무엇을 조건으로 하며, 무엇을 야기하는가라는, 말하자면 작용의 관계적 측면을 보여준다는 것에 있다고 할 수 있다.

그래서 오온체계에서 느낌은 6근에 의지해서 발생하며, 그 발생된 느낌은 수동성을 특징으로 한다고 말할 수 있겠다. 하지만 느낌이 언제나 수동적인 것은 아니다. 상·행·식의 일련의 과정 속에서 해석되고 의지된 내용이 느낌에 영향을 주어 능동성을 띄게 되기도 한다. 이와 관련해서 경전에서는 다음과 같이 설한다.

---

14 아날라요, 앞의 책, p.224.

> 비구들이여, '느껴지게 된다'라고 해서 '느낌'이라고 말한다. 그러면 무엇이 느껴지게 되는가? 즐거움이 느껴지게 된다. 괴로움이 느껴지게 된다. 괴롭지도 즐겁지도 않은 것이 느껴지게 된다. 비구들이여. '느껴지게 된다'라고 해서 '느낌'이라고 말한다.[15]

'느껴지게 된다'라는 것의 원어는 vedayati이다. vedayati는 vedeti와 혼용되어서 사용되는 같은 의미를 갖는 단어이다. vedeti는 동사어근 √vid(알다, 느끼다)의 사역형이다. 그래서 '느껴지게 된다'라고 번역하였다. 그러면 능동성은 어떻게 설명되고 있을까. 능동성은 느낌에 잠재된 경향성을 설명된다.

> 비구들이여, 세 가지 느낌이 (있다). 무엇이 세 가지인가? 즐거운 느낌, 괴로운 느낌, 괴롭지도 즐겁지도 않은 느낌(이다). 비구들이여, 즐거운 느낌에서 탐욕의 성향(rāgānusayo)이 제거되어야 한다. 괴로운 느낌에서 혐오/분노의 성향(paṭighānusayo)이 제거되어야 한다. 괴롭지도 즐겁지도 않은 느낌에서 무지의 성향(avijjānusayo)이 제거되어야 한다.[16]

느낌에는 탐욕과 분노와 무지라고 하는 경향성(anusaya)이 잠재되어 있다는 것이고, 이것을 제거해야 한다는 것이 위 경문의 의미이다. 느낌은 6근을 의지하여 발생하는데, 그렇게 발생된 느낌은 상행식의

---

15 SN.III, Khajjanīyasutta. p.86

16 SN.IV, Pahānasutta, p.205.

세 가지 정신작용, 특히 상과 식을 통해 해석되면서 왜곡이 발생하게 된다. 이러한 왜곡을 통해 탐·진·치의 성향이 느낌에 잠재되어 능동성을 야기하는 것으로 이해하고자 하는 것이 필자의 입장이다. 이것은 느낌은 정서로 이해될 수 있는가 아닌가와도 관련된다.

그러면 오온체계에서 느낌은 어떻게 이해되어야 할까. 이에 대한 명확한 설명을 주는 경전이 있다. 그 내용을 살펴보면 다음과 같다.

> 벗이여, 느낌(vedanā)이라는 것과 지각(saññā)이라는 것과 의식(viññāṇa)이라는 것, 이것들은 결합된 상태(saṃsaṭṭhā)이지 분리된 상태가 아닙니다. 한 상태를 다른 상태와 분리하여 이것들 사이의 차이를 알게 하는 것은 가능하지 않습니다. 느껴진 것을 지각하고, 지각한 것을 의식합니다. 그러므로 이것들은 결합된 상태이지 분리된 상태가 아닙니다. 한 상태를 다른 상태와 분리하여 이것들 사이의 차이를 알게 하는 것이 가능하지 않습니다.[17]

위 경문에서 '느낌', '지각', '의식'은 오온 중 세 가지이다. 이들은 분리되어 알 수 있는 것이 아니라, 밀접하게 결합된 상태임을 말하고 있다. 즉 느낌만을 갖고 말하거나, 지각만을 갖고 말하거나, 의식만을 갖고 말할 수 없음을 의미하는 것으로 이해된다. 느껴진 것을 지각하고, 지각한 것을 의식한다는 것을 달리 표현하면 의식된 것을 지각하거나 느끼고, 지각한 것을 느끼는 것도 가능함을 유추해 보게 한다. 이상의

---

17 MN.I, Mahāvedallasutta, p.293. 번역은 전재성 역, 『맛지마니까야』, 한국빠알리성전협회, 2009, p.530의 번역을 조금 수정했다.

내용을 간단하게 표로 나타내 보면 이해가 좀 더 명확해질 것이다.

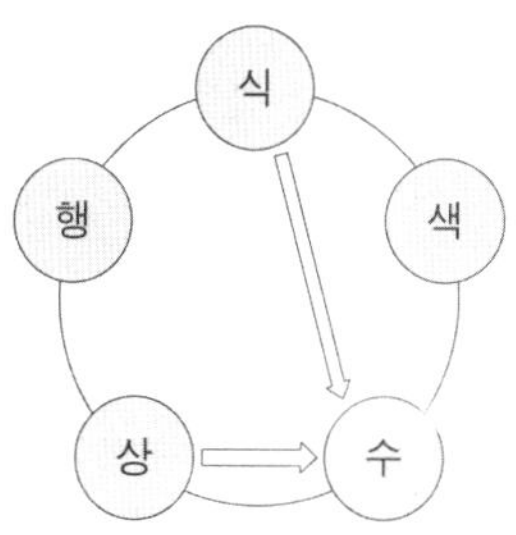

위에서 SN의 Pahānasutta에서는 즐거운 느낌에서는 탐욕의 성향, 괴로운 느낌에서는 혐오/분노의 성향, 괴롭지도 즐겁지도 않은 느낌에서는 무지의 성향이 언급되고 있다. 이것은 느낌이 정서와 연결될 수 있다는 것을 보여준다. 하지만 느낌 자체를 정서로 보기에는 다소 무리가 있다. 그러나 지각과 의식작용에 의해 착색된 느낌이라면 여기에는 충분히 정서와 연결될 수 있을 것이다. 정서와 연결된 느낌은 능동성으로, 그렇지 않으면 수동성으로 이해하는 것도 가능하지 않을까 싶다.

2) 연기에서 느낌의 위상과 역할은 무엇인가?

연기緣起는 빨리어 빠띠짜삼무빠다(Paṭiccasamuppāda)를 번역한 말이다. 인연생기因緣生起의 줄임말이기도 하다. 이 말은 무엇인가를 의존하여 발생한다는 의미로, 영역에서는 'dependent origination' 혹은 'dependent arising(의존적 발생)'이라고 번역한다. 초기불교에서부터 연기는 붓다의 깨달음과 직간접적으로 연관된 교설로 이해되어 왔다. 연기하면 제일 먼저 떠오르는 것이 아마도 12연기일 것이다.

연기의 정형구 중 가장 잘 알려진 내용이기도 하다.

연기에서 '느낌'이 갖는 의미와 위상을 논하기 위해서는 연기가 설해진 목적이 무엇인지에 대해서 간략하게나마 짚고 넘어가야 한다. 연기에 대한 이해는 존재론적 체계, 이법으로서의 체계, 고통의 발생과 소멸에 대한 체계 등으로 이해할 수 있다.[18] 이 가운데 필자는 세 번째, 즉 고통의 발생과 소멸에 대한 체계로 이해하고자 한다. 다른 측면의 이해도 가능하지만 느낌의 역할과 위상을 논할 때는 아무래도 세 번째 관점이 가장 적합할 것이다. 또한 초기불교에서 연기가 설해진 애초의 목적이 무엇인가를 생각해 본다면, 역시 세 번째 관점이 핵심이라고 생각한다.

우선 연기의 각 지분이 어떻게 구성되어 있는지를 간략하게 살펴보도록 하자. 연기의 형식은 SN.II Rukkhavagga(나무의 품)에서 언급된 내용을 정리한 것이다.

	1	2	3	4	5	6	7	8	9	10	11	12
SN.12:51	무명	행	식	명색	육처	촉	수	애	취	유	생	노사
SN.12:59			식	명색	육처	촉	수	애	취	유	생	노사
SN.12:58				명색	육처	촉	수	애	취	유	생	노사
SN.12:43[19]					육처	촉	수	애	취	유	생	노사
SN.12:55								애	취	유	생	노사

---

18 이필원, 「초기불교의 연기이해」, 『불교학보』 72집, 2015, pp.13~14 참조.

위의 경전들은 대개 "온갖 집착의 대상에서(upādāniyesu dhammesu)", 혹은 "온갖 결박의 대상에서(saṃyojaniyesu dhammesu)"라는 표현으로 시작된다.[20] 결국 이 말은 이 연기의 형식들이 '늙음과 죽음, 슬픔, 절망' 등의 고통이 집착된 대상에서, 혹은 결박/족쇄의 대상에서 비롯되었음을 밝히는 것이 목적임을 보여준다고 해석된다. 모든 형식의 연기는 '노사'를 내용으로 하는 고통을 마지막 지분으로 한다. 이는 우리가 고통을 경험하는 이유가 무엇인지를 밝히는 것임을 보여준다. 그래서 필자는 우리의 삶 속에서 고통을 경험하게 되는 구조를 명확히 밝히는 것이 연기의 목적이라고 이해하고자 한다.[21]

위의 표에서 보면 5지연기를 제외하고는 모두 수(느낌)가 연기의 지분으로 들어가 있다. 그리고 그 구조의 핵심은 '촉-수-애-취'라고 할 수 있다. 여기서 촉은 수, 즉 느낌을 불러일으킨다. 앞에서 인용한 경전이지만, 다시 한 번 인용하도록 한다.

> 비구들이여, 접촉된 사람은 느껴지게 된다. 접촉된 사람은 (느낌에 대해) 지각한다. 접촉된 사람은 (느낌에 대해) 의식한다.[22]

---

19 이 경전은 SN.II, Dukkha sutta, p.71ff.에 나온다. 표에서 보듯이 육처/육입에서 시작하는 8지연기의 내용을 보여준다.

20 「괴로움의 경(Dukkha sutta)」은 '괴로움의 일어남'을 설하면서 8지연기가 제시된다.

21 특히 12:51(Parivīmamsana-sutta)을 보면, 무명이 사라져 명지가 생겨나게 되면, '무상-고-무아'를 분명히 자각하면 더 이상 윤회하지 않음을 보여준다.(이필원, 위의 논문, p.21)

22 SN.IV, p.69. 위 경문을 요한슨은 "접촉당한 사람은 느낀다. 접촉당한 사람은

여기에서 접촉은 느낌을 야기함을 알 수 있다. 그런데 그 느낌은 '느껴지는 것'으로, 이 단계에서는 느낌은 수동적 작용이다. 여기에서 앞서 표에서 제시했던 경전(12:51)에서 제시되고 있는 느낌의 내용을 소개해 보자.[23]

만약 그가 즐거운 느낌을 느끼게 되면, 그것에 분리된 자가 되어 (visaṃyutto) 그것을 느끼게 된다. 만약 그가 괴로운 느낌을 느끼게 되면, 그것에 분리된 자가 되어 그것을 느끼게 된다. 만약 그가 괴롭지도 즐겁지도 않은 느낌을 느끼게 되면, 그것에 분리된 자가 되어 그것을 느끼게 된다.
그는 몸이 무너지는 느낌을 느끼면서 '나는 몸이 무너지는 느낌이 느껴진다(vedayāmi)'라고 명확하게 자각한다. 목숨이 끊어지는 느낌을 느끼면서 '나는 목숨이 끊어지는 느낌이 느껴진다'라고 명확하게 자각한다.(pajānāti)[24]

위 경문에서 주목해야 할 것을 간략하게 정리해서 제시하면 다음과 같다.

생각한다. 접촉당한 사람은 마음의 이미지를 만든다."(루네, E.A. 요한슨, 앞의 책, 1996, p.97)라고 번역하고 있다.

23 Parivīmamsana-sutta인데, 이 경전은 Dukkhavagga, 즉 괴로움의 품에 속해 있는 경전이다. 이 경전은 명확하게 12연기 체계 속에서 고통의 지멸이 어떻게 이루어지는지에 대한 상세한 내용을 소개하고 있다.

24 SN.II, Parivīmaṃsanasutta, pp.82~83.

즐거운 느낌을 느끼게 되면	→	그것과 분리되어 느끼게 된다.
괴로운 느낌을 느끼게 되면	→	그것과 분리되어 느끼게 된다.
불고불락의 느낌을 느끼게 되면	→	그것과 분리되어 느끼게 된다.
몸이 무너지는 느낌을 느끼면서	→	'몸이 무너지는 느낌이 느껴진다'라고 명확히 자각한다.
목숨이 끊어지는 느낌을 느끼면서	→	'목숨이 끊어지는 느낌이 느껴진다'라고 명확히 자각한다.

여기에서 핵심은 느낌의 내용과 분리되어 느낌 자체를 '있는 그대로 느끼는 것'이며, '명확하게 자각하는 것'이라고 할 수 있다. 이것은 곧 고통의 문제를 해결하는 것과 직접적으로 연결된다. 그러면 느낌을 어떻게 알 때, '있는 그대로 느끼는 것'이 가능해질까.

> 그가 즐거운 느낌을 느끼게 되면, 그것이 무상하다라고 명확히 자각하고, 집착할 것이 아니라고 명확히 자각하고, 즐길 것이 아니라고 명확하게 자각한다.[25]

여기서 느낌을 무상하고, 집착할 만한 것이 아니고, 즐길 만한 것이 아니라고 '명확하게 자각하는 것'이 핵심이 된다. 이렇게 자각하면 느낌을 '있는 그대로 느낄 수 있게' 된다. 이는 명확하게 수행론과 연결되는 부분이다. 이에 대해서는 IV장에서 보다 자세히 고찰해 보도록 한다.

한편 『숫따니빠따』의 경전에서도 연기와 관련된 경문을 확인해

---

25 SN.II, p. 82.

볼 수 있다.

쾌락(sātam)과 불쾌(asātam)는 무엇을 인연으로 일어납니까? 무엇이 없을 때 이것들이 일어나지 않습니까? 존재와 비존재라는 그 현상도 무엇을 인연으로 하는지 말씀해 주십시오.(Sn.869)
쾌락과 불쾌는 접촉을 인연으로 일어납니다. 접촉이 없을 때 이것도 일어나지 않습니다. 존재와 비존재라는 그 현상도 바로 접촉을 인연으로 합니다.(Sn.870)

위 인용경문에서 쾌락과 불쾌는 느낌(vedanā)을 의미하는 것으로 보아도 무방할 것이다. 위 경문의 내용은 『숫따니빠따』 제4장에 수록된 「alahavivādasutta(투쟁과 논쟁의 경)」이다. 이 경은 '투쟁과 논쟁이 어디에서 일어나는지, 비탄과 슬픔, 그리고 인색, 자만과 오만' 등이 어디에서 생겨나는 것인지에 대한 물음에 붓다가 답하는 것으로 이루어져 있다. 결국 고통은 어디에서 생겨나는가에 대한 질문에 붓다는 연기적 관점에서 이를 설하고 있는 경전이다.

『숫따니빠다』의 또 다른 경전인 「두 가지 관찰의 경」에서도 느낌과 관련된 내용을 확인할 수 있다.

어떠한 괴로움이 생겨나더라도 모두 느낌을 조건으로 한다는 것이 하나의 관찰이고, 그러나 느낌을 남김없이 사라지게 하여 소멸시켜 버린다면, 괴로움이 발생하지 않는다고 하는 것이 두 번째 관찰이다. 즐거운 것이든 괴로운 것이든 괴롭지도 않고 즐겁지도 않은 것이든,

안으로나 밖으로나 어떠한 것이든 느껴진 것이다.(Sn.738)
'이것이 고통이다'라고 알고서, 부서지고 마는 허망한 사물에 접촉할 때마다 그 소멸을 보아 이처럼 그것에 대한 집착을 버리고, 모든 느낌을 부수고 바람 없이 완전히 열반에 든다.(Sn.739)[26]

'느껴진 것이다'는 vedita의 번역이다. 이 단어는 vedeti의 과거분사이다. 즉 느낌이란 그것이 어떠한 것이든 수동적으로 작용되는 것임을 보여주고 있다. 위 경문에서는 우선 괴로움이란 것은 느낌을 조건으로 한다는 전제를 제시하고 있다. 물론 괴로움이 느낌만을 조건으로 하는 것은 아니다. 갈애 혹은 집착 등 11가지를 경전에서는 제시하고 있다. 즉 괴로움이 생겨나는 의지처로서 이들을 언급하고 있어, 연기법의 범주 안에서 이해할 수 있다고 생각된다.[27]

위 경문에서 느낌과 관련해서 주목할 것은 느낌을 사라지게 하여 소멸시켜 버린다는 내용이다. 느낌을 소멸시킨다는 의미가 무엇인지에 대해서는 이 또한 수행론과 결부된 내용이기에 뒤에서 다루기로 한다.

결국 연기의 체계를 괴로움의 발생 혹은 소멸의 체계를 보여주는

26 번역은 전재성 역, 『숫타니파타』, 한국빠알리성전협회, 2004, pp.375~376의 번역을 일부 수정한 것이다.

27 쿠모이 쇼젠, 이필원 역, 『붓다와의 대화』, 심산출판사, 2005, p.240에서 "사성제와 연기설의 원형이 보이지만, 이른바 연기의 계열을 나열한 것은 아니다. 다만 고통의 원인으로서 여러 항목을 제기하고 있을 뿐이다."라고 말하고 있다. 필자 역시 이 경전의 내용이 연기의 지분들을 정확하게 보여주는 것이 아니라, 연기적 관점에서 이해할 수 있다는 정도의 입장을 개진하는 것이다.

것이라는 관점에서 이해한다면, 여기에서 느낌은 두 가지 위상으로 이해될 수 있다. 하나는 왜곡된 느낌이 괴로움을 발생시킨다는 것이고, 둘째는 느낌을 있는 그대로 관찰하여 괴로움을 소멸시키는 것이다.

3. 느낌과 정서의 관계

앞서 잠시 언급했던 SN. II, Aṭṭhasatapariyāsutta(백여덟 가지에 관한 법문의 경)에 보면 느낌에 대한 다양한 분류가 제시되어 있다. 그중에서 두 가지로 분류되는 느낌에 대한 내용을 소개하면 다음과 같다.

> 비구들이여, 무엇이 두 가지 느낌인가? 육체적인 것(kāyikā)과 정신적인 것(cetasikā)이다. 비구들이여, 이것들이 두 가지 느낌(이라고) 말해진다.[28]

오온에서 고찰했듯이 인간은 육체와 정신의 복합체이다. 오온에서는 오온으로 인간을 분석적으로 이해하여, 오온에 투영된 자아관념을 제거하기 위함임을 보았다. 위 경문에서 느낌도 또한 육체적인 것과 정신적인 것으로 구분됨을 알 수 있다. 따라서 우리가 느낌에 대해 고찰할 때는 느낌의 두 양상을 염두에 두어야 한다.

---

28 SN.IV, p.231.

1) 몸이 느끼는 것인가? 마음이 느끼는 것인가?[29]

앞서 언급했듯이, 느낌은 육체적인 것과 정신적인 것이 있다. 이 논의를 이끌기 위해 도움이 될 수 있는 경전이 있다. MN의 「사짯까의 큰 경」(Mahāsaccakasutta)에서 우리는 심신의 관계에 대한 내용을 볼 수 있다. 이 경전은 악기웨싸나라고 하는 자이나교도와 붓다와의 대화를 담고 있다. 먼저 악기웨싸나는 붓다에게 이렇게 말한다.

①"어떤 사문 바라문들은 신체의 수행에 몰두하지만, (그 몸 수행에) 몰두된 자들은 마음의 수행에 머물지 않습니다. 그들은 신체의 괴로운 느낌에 접촉합니다. 고따마시여, 이전에 그들이 신체의 괴로운 느낌에 접촉되었을 때, 허벅지의 마비가 있고, 심장이 파열되고, 입으로부터 뜨거운 피가 올라오고, 정신이 이상해지고, 마음이 산란해(지는 것을 보았습니다). 고따마시여, 그때 이 마음은 몸에 일치하게 됩니다. 몸의 힘에 의해 (마음이) 일어납니다."
②"왜냐하면 마음의 (수행을) 닦지 않았기 때문입니다."
③"어떤 사문 바라문들은 마음의 수행에 몰두하지만, (그 마음 수행에) 몰두된 자들은 몸의 수행에 머물지 않습니다. 그들은 마음의 고통의 느낌에 접촉합니다. 고따마시여, 이전에 그들이 마음의 고통의 느낌에 접촉했을 때, 허벅지의 마비가 있고, 심장의 파열이 있고, 입으로부터 뜨거운 피가 올라오고, 정신이 이상해지고, 마음이 산란해(지는 것을 보았습니다). 고따마시여, 그때 이 몸은 마음

29 본 절은 박성식·이필원, 「정서적 변화가 육체에 미치는 영향에 대한 고찰」, 『불교학연구』 제35호, 2013의 III장 1절의 내용을 수정 보완한 것이다.

에 일치하게 됩니다. 마음의 힘에 의해 (몸 작용이) 일어납니다." ④"왜냐하면 몸의 (수행을) 닦지 않았기 때문입니다. 고따마시여, 그때 저에게 이러한 생각이 들었습니다. 참으로 존자 고따마의 제자들은 마음의 수행에 몰두하지만, (마음의 수행에) 몰두된 (제자들은) 몸의 수행에 머물지 않는다라고."

위의 인용문에서 보듯이, 인도 고대인들은 몸과 마음의 상관성에 일찍이 주목한 것 같다. 우선 '마음은 몸에 일치하게 된다. 몸의 힘에 의해 마음이 일어난다.' 혹은 '몸은 마음에 일치하게 된다. 마음의 힘에 의해 몸 작용이 일어난다'의 내용이 주목을 끈다. '몸에 일치하게 된다'는 것은 마음이 몸에 지배된다는 것을 의미한다. 그리고 '몸의 힘에 의해 마음이 일어난다'는 것은 몸이 마음 작용을 불러일으킨다는 것을 의미한다. 반대의 경우는 몸이 마음에 지배되고, 마음에 의해 몸의 여러 현상이 일어나게 된다는 것으로 이해된다. 이것을 도표로 나타내면 다음과 같다.

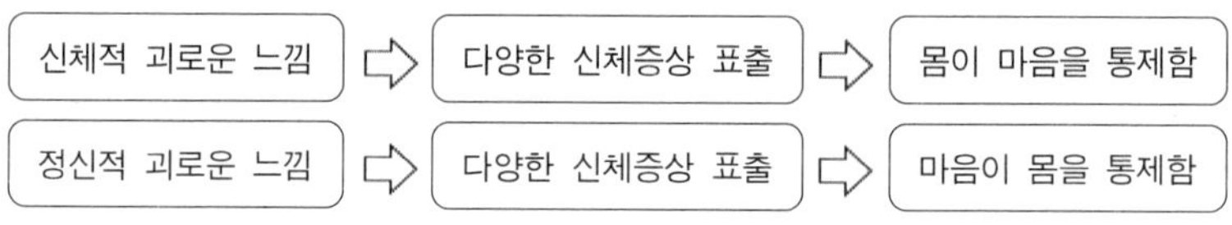

〈도표 3 : 심신 느낌의 표출 과정〉

이 내용에서 주목할 것은 신체적 괴로움은 결국 마음이 신체적 괴로운 느낌에 상응한다는 것이며, 정신적 괴로움은 몸이 이에 상응한다는 관점이다. 즉 몸이 아프면 마음도 아프고, 정신적으로 괴로운 상태가 지속되면 몸에 영향(질병 등의 발생)을 미친다는 것이다. 심신이 밀접하게 관련되어 움직인다는 발상을 보여준다.

한편 이에 대해 붓다는 무엇이 몸을 닦는 것이고 마음을 닦는 것인지에 대해 묻고, 악기웨싸나가 대답을 정확히 하지 못하자, 구체적으로 설명한다. 그 내용을 간략하게 표로 정리하여 제시하면 다음과 같다.

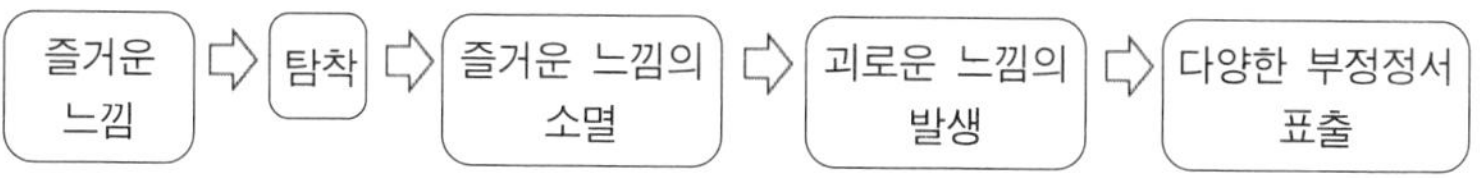

〈도표 4 : 느낌이 정서로 표출되는 과정〉

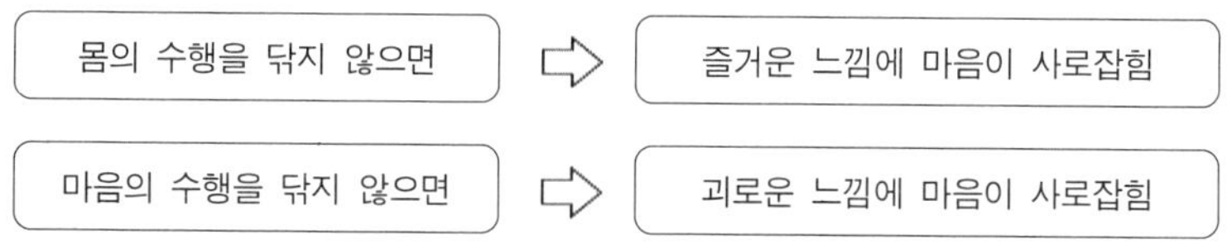

〈도표 5 : 수행과 느낌의 관계〉

〈도표 3〉과 〈도표 4〉, 〈도표 5〉의 내용을 보면 악기웨싸나의 입장과 붓다의 견해가 어떻게 다른지 명확하게 드러난다. 결국 즐거운 느낌이든 괴로운 느낌이든, 그것에 대해 탐착(sarāga)하는 것으로 인해 다양한 부정적인 정서가 표출된다고 하는 것이 붓다의 입장인 것이다. 따라서 붓다의 입장은 신체적인/정신적인 느낌이 발생하면, 그것에 대해 탐착함으로써 다양한 정신적/신체적인 문제들이 야기될 수 있다

는 것으로 이해할 수 있다.

흥미로운 것은 몸의 수행을 닦지 않으면 즐거운 느낌에 마음이 사로잡히고, 마음의 수행을 닦지 않으면 괴로운 느낌에 마음이 사로잡힌다는 것이다. 이렇게 보면 위 경전은 심신의 상호관계성과 역동적 관계를 잘 보여주고 있다고 하겠다. 이와 관련해서 우리가 주목해야 할 또 다른 경전이 있다. 바로 「질병의 경」(Gilāna-sutta)이다. 「질병의 경」은 붓다가 어느 알려지지 않은 병든 비구를 찾아가 문답을 나누는 내용이다. 그 내용을 간략히 재구성하면 다음과 같다.

(붓다) 비구여, 견딜만한가? 병은 심해지지 않은가?

(비구) 세존이시여, 견디기가 힘듭니다. 심해지기만 할 뿐입니다.

(붓다) 비구여, 그대에게 어떤 후회는 없는가? 어떤 죄책감은 없는가?

(비구) 세존이시여, 저에게 후회가 적지 않으며, 죄책감이 적지 않습니다.

(붓다) 그대는 계戒 때문에 스스로 비난하지 않는가?

(비구) 예, 그렇습니다.

(붓다) 비구여, 만약 그대가 정말로 스스로 계 때문에 비난하지 않는다면, 그러면 비구여, 그대에게 무슨 후회와 무슨 죄책감이 있는가?

(비구) 세존이시여, 저는 계의 청정을 위해서 세존께서 법을 설하신 것이 아니라고 알고 있습니다.

(붓다) 비구여, 그대가 만약 계의 청정을 위해서 내가 법을 설한

것이 아니라고 알고 있다면, 그러면 비구여, 그대는 내가 무엇을 위해서 법을 설했다고 알고 있는가?

(비구) 저는 탐욕으로부터의 이탐을 위해서 세존께서 법을 설하셨다고 알고 있습니다.

(붓다) 비구여, 훌륭하고 훌륭하다. 비구여, 그대는 탐욕의 이탐을 위해서 내가 법을 설했다고 알고 있다. 훌륭하다. 비구여, 내가 법을 설한 것은 탐욕의 이탐을 위한 것이다.

(붓다) 비구여, 그것을 어떻게 생각하는가? 눈은 항상한가 무상한가?

(비구) 세존이시여, 무상합니다. …(중략)…

(붓다) 귀/코/혀/몸/생각은 항상한가 무상한가?

(붓다) 세존이시여, 무상합니다.

(붓다) 그러면 무상한 것은 괴로움인가 즐거움인가?

(비구) 세존이시여, 괴로움입니다.

(붓다) 그러면 무상하고, 괴로움이고, 변하는 것, 그것을 '이것은 나의 것이고, 이것은 나이며, 이것은 나의 자아이다'라고 볼 수 있는가?

(비구) 세존이시여, 그렇지 않습니다.

(붓다) 비구여, 이와 같이 보고 듣는 성스러운 제자는 눈에 대해서 싫어한다. …(중략)… 더 이상 이와 같은 상태로 이끌지 않는다라고 명확하게 안다.

(결론) 이러한 세존의 말씀에 비구는 크게 기뻐하였다. 이 상세한 설명이 설해졌을 때, 이 비구에게 '생겨나는 것은 그 무엇이든

모두 소멸한다'라고 하는 때 묻지 않은 청정한 법의 눈이 생겨났다.

병이 든 것은 육체의 병이 든 것이다. 하지만 붓다는 의술을 통해 그 비구를 치료하지 않고, 마음을 편안케 해줌으로써 육체적 고통의 문제를 해결하고 있음을 보여준다. 그렇다고 해서 육체적 질병이 치유된 것은 아니지만, 그 육체적 질병에 더 이상 마음이 끄달리지 않게 된 것이다. 이것이 가능한 것은 신체를 '나'와 동일시하지 않게 됨으로써 신체적 질병까지도 자신과 동일시하지 않게 된 것이다. 이를 통해 질병에 대한 '관찰자적' 자세, 나아가 '방관자적 자세'를 취할 수 있게 된 것이다. 이렇게 해서 질병으로 인해 발생된 고통 자체를 받아들일 수 있게 된 것을 위의 대화에서 보여주고 있다.

이와 관련해서 즐겁거나 괴로운 느낌, 괴롭지도 즐겁지도 않은 느낌에 대해 어떻게 해야 하는지에 대한 경문이 있다. 경문의 내용은 다음과 같다.

그가 즐거운 느낌을 느끼면 그는 집착 없이 그것을 느낀다. 그가 만약 괴로운 느낌을 느껴도 그는 집착 없이 그것을 느낀다. 그가 만약 즐겁지도 괴롭지도 않은 느낌을 느껴도 그는 집착 없이 그것을 느낀다.[30]

관찰자적 자세 혹은 방관자적 자세란 '집착 없이(anajjhositā)' 육체적 정신적 느낌에 대해 느끼는 것이라고 할 수 있다. 집착 없이 느끼지

---

30 SN. IV, p.213.

못하고, 느낌의 내용에 집착하게 되면 그에 상응하는 감정의 그물에서 벗어나지 못하게 된다.

예를 들면 우리에게 병이 발생하면 병에 대한 증오와 분노가 발생하기 마련이다. 그러면 우리들은 그 병을 회피하고자 하는 강력한 욕망을 품게 된다. 이것을 회피욕망이라고도 한다. 그 반대인 경우는 접근욕망이 발생하게 된다. 회피욕망의 경우 증오와 분노로 인해 투쟁이 야기될 수 있고, 비탄이나 슬픔으로 정서가 표출될 수도 있다. 하지만 반대인 접근욕망의 경우에는 기쁨과 환희, 황홀감, 혹은 고양감이나 기대심리가 표출된다. 하지만 회피욕망과 마찬가지로 욕망의 대상에 대한 획득을 위해 투쟁과 논쟁이 일어나고, 그것이 만족되지 못할 경우에 비탄이나 슬픔이 일어날 수 있다. 이것은 모두 욕망을 근거로 하기 때문이다. 그런데 이러한 정서는 정서로 끝나는 것이 아니라, 반드시 신체적 반응을 수반한다고 보는 것이 최근 정서 이론의 관점이다. 즉 정서는 신체 생리적 반응으로부터의 해석이며, 정서는 적절한 행위를 조직하는 기능을 갖고 있고, 변연계와 자율신경계, 그리고 호르몬 시스템과 관련되어 있다는 것이다. 따라서 불교의 정서에 대한 관점은 바로 이러한 정서 이론을 통해 재해석될 수 있다.

이러한 정서 이론을 바탕으로 「사짯까의 큰 경」의 내용과 「질병의 경」의 내용을 종합하여 도표로 나타내면 다음과 같이 제시될 수 있을 것이다.

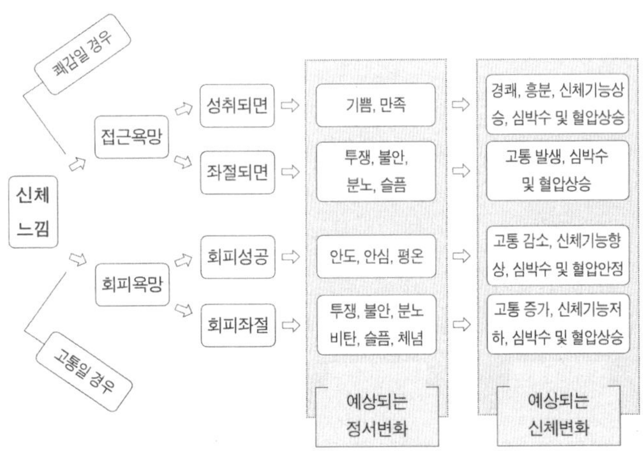

〈그림 6 : 신체느낌–정서–신체반응의 관계〉

이상의 내용을 통해 불교는 '심신'의 상호 관련성을 중시하지만, 그 어떤 것도 실체시하지 않음을 볼 수 있다. 그리고 '심–신'의 관계를 매개하는 것으로 "느낌"이 매우 강조되고 있음을 볼 수 있다. 이 "느낌"은 신체적/오감적 자극의 결과이기도 하지만, 그것은 반드시 정서적 반응, 즉 마음의 반응을 불러일으키고, 이것이 다시 신체화되는 구조를 보여준다고 정리할 수 있겠다. 이를 간략히 정리하면 다음과 같이 표현할 수 있을 것이다.

왼쪽의 그림은 ①'신체 → 느낌 → 정서 → 신체', ②'정서 → 느낌 → 정서강화 → 신체'의 관계를 보여준다. 여기에서 몸과 마음은 구분 불가능하다. 몸은 마음을 일으키고, 마음은 몸의 작용을 야기하는 것이다. 이때 몸은 그 크기와 위치가 공간적으로 분명히 지각되지만,

마음은 그렇지 않다. 그러면 마음은 어디에 있는 것일까. 불교적 관점에서 볼 때, 마음은 다원적/중층적 구조를 갖는다. 즉 인지되지 않지만 세포단위에서도 마음은 존재한다고 볼 수 있다. 이는 전오식前五識을 통해서 충분히 유추될 수 있다.

이러한 '심-신'의 상호관계성 때문에 몸이 느끼는 것인가, 마음이 느끼는 것인가라는 이분법적인 질문은 성립하지 않는다.

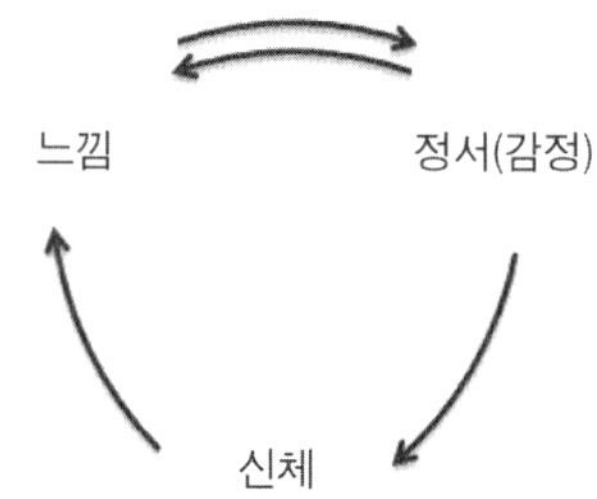

〈그림 7 : 신체-느낌-정서의 관계도〉

2) 느낌을 통한 정서의 발생[31]

우리는 마음속에 어떠한 인상이 떠오르면 그에 대한 정서적 반응을 일으킨다. 일반적으로 정서라고 하면 분노, 공포, 기쁨, 슬픔, 행복 등의 감정을 말한다. 그리고 이러한 정서는 대부분 표출되어 어떤 행동으로 나타나기도 하지만 때로는 잠재된 상태로 축적되기도 한다. 대부분의 경우 정서가 문제가 되는 것은 부정적 정서가 처리되지 못하고 억압되는 경우이다.[32]

31 본 절은 이필원, 「초기불교의 정서 이해」, 『인문논총』 제67집, 2012의 3.1의 내용을 수정 보완한 것이다.

정서와 관련된 영어 표현으로는 affect(혹은 affection), emotion, feeling, mood 등이 있다. 이들 단어에 대한 이해는 학자들마다 조금씩 다르지만, 일반적으로 정서에 대한 영어는 emotion으로 통일되어 있다.[33]

---

32 Leslie S. Greenberg · Sandra C. Paivio, 이홍표 역, 『심리치료에서 정서를 어떻게 다룰 것인가』, 학지사, 2008, p.33은 긍정적, 부정적 정서들에 대해 다음과 같이 평가하고 있다. "긍정적 정서들에는 고유한 행위 경향성이 별로 없다. 우리는 자주 기분이 좋다고 느끼며, 부정적 정서와 달리 기쁨의 약한 형태인 긍정적 정서는 어떤 특정한 행동을 하게 만들기보다는 대부분 우리를 개방적이게 하고 호기심을 갖게 하며 능동적인 존재가 되게 한다. …… 부정적 정서에는 고유한 행위 경향성이 따른다. 분노는 대항하거나 화가 나게 하면, 극단적인 경우에는 상대에게 욕을 하거나 공격을 하게 한다."

33 Marvin Levine, The positive psychology of Buddhism and yoga, Mahwah, N. J.: Lawrence Erlbaum Publishers. 2000; Padmasiri de Silva, "Thinking and Feeling: A Buddhist Perspective", *SOPHIA*, Vol.50., 2011; Paul Ekman at al.,"Buddhist and Psychological Perspectives on Emotions and Well-Being", *Current Directions in Psychological Science*, Vol. 14-2, 2005 등의 논문에서도 정서는 emotion으로 일괄되게 표기하고 있다. Leslie S. Greenberg·Sandra C. Paivio, 앞의 책, pp.22~23에서는 정동(affect)·정서(emotion)·기분(feeling)에 대한 의미상의 명료한 구분을 제시하고 있다. 한편 affect의 경우는 정동情動으로 번역되는 경우(Leslie S. Greenberg·Sandra C. Paivio, 앞의 책, p.22)와 감정으로 번역되는 경우(上原 聰, 「社會的判斷における感情の機能と構造の分析」, 嘉悅大學硏究論集 第53卷 第1号. 2010, p.2)가 있다. feeling과 mood 역시 번역자마다 다소의 차이를 보이고 있다. 우에하라 사토시는 시간과 강도의 두 가지 해석축을 사용한 일반적인 구분에 따라서 기분(mood)은 장기간에 걸쳐 비교적 강도가 약한 감정으로, 정동·정서(emotion)는 단기간에 소비하는 비교적 강도가 강한 감정으로, 그리고 이것들의 총칭을 감정(feeling)으로 해석

그럼 정서가 발현되는 과정을 살펴보도록 하자. 우선 마음과 마음활동은 근根・경境・식識의 구조[34]를 근거로 한다는 것은 앞서 살펴본 바와 같다. 그럼 이 세 가지 요소가 결합된 뒤에는 어떻게 전개되는지 살펴보도록 한다. 이 과정을 표로 나타내면 다음과 같다.

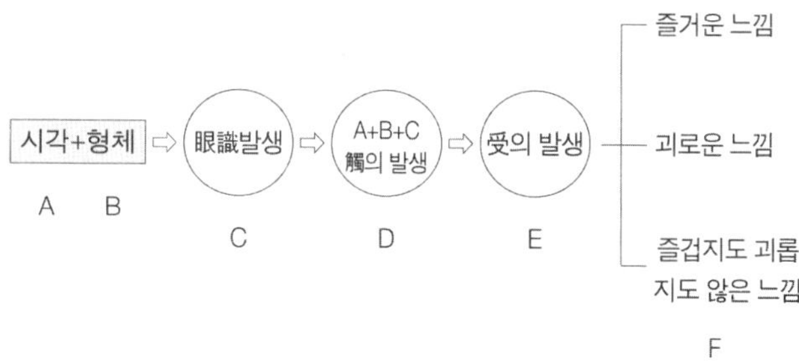

〈그림 8 : 느낌의 발생과정〉

위의 그림에서 감각기관인 A(시각, 眼根)가 객관적 대상인 B(예를 들어 '꽃')를 보면, 그 결과로서 C(안식)가 발생한다. A와 B의 접촉만으로도 안식은 발생하지만 수(受, vedanā)는 일어나지 않는다. 수가 일어나기 위해서는 A와 B와 C의 세 가지가 화합하여야만 한다. 이 삼사三事가 화합한 결과가 바로 D(촉, phassa)[35]가 된다.

하고 있다. 본 논문 역시 정서에 해당하는 영어 표기는 emotion으로 함을 밝혀둔다.

34 대상인 경은 인식주관인 근에 대해서 '境'이 되고, 식에 대해서는 '所緣'이라고 불린다. 所緣이란 인식주관에 의해서 파악된 인식대상이 다시 의식을 통해 재인식되는 것을 말한다.

35 '촉'을 인식판단의 작용으로 보는 경우(안도 오사무, 인경스님・이필원 옮김,

D가 발생한 뒤에 비로소 수受, 즉 마음에 떠오르는 다양한 느낌이 생하게 된다.[36] 하지만 수(vedanā)를 바로 정서와 동일시하기에는 다소 무리가 있는 것도 사실이다. Nyanaponika Mahathera는 "불교심리학에서 먼저 느낌(vedana)은 즐거움, 불쾌함(고통), 그리고 중성(무관심)으로 알려진 순수한 감각임을 명확히 해야 한다. 그러므로 비록 정서가 다른 사고의 과정뿐만 아니라 기본적인 느낌, 거기에 호好·불호

『심리치료와 불교』, 불광출판사, 2010, p.114; 와쯔지 테쯔로, 안승준 역, 『원시불교의 실천철학』, 불교시대사, 1993, p.159)와 의식의 과정과 수(受, vedanā)의 두 가지 의미가 내포된 것으로 보는 경우(루네 E. A. 요한슨, 1996: 97~98)가 있다. 요한슨의 경우는 촉 자체를 인식판단으로 보기보다는 '의식의 과정', 혹은 '의식의 과정을 일으키는 접촉'의 두 가지로 구분하고 있다. 전자의 경우는 인식판단의 일종으로 보는 것이고, 후자는 수(受, vedanā)로 보는 것이다. 여하튼 두 그룹은 공통적으로 촉에 '인식판단'의 작용이 있다는 점에서 일치한다. 이러한 것은 물론 경전적 근거에 의한 해석이다. SN. IV, p.69 "Phuṭṭho bhikkhave vedeti, phuṭṭho sañjānāti, phuṭṭho ceteti. 비구들이여, 접촉된 자는 느낀다. 접촉된 자는 (느낌을) 지각한다. 접촉된 자는 인식한다." 이는 접촉(phassa)이 인식을 야기함을 보여줄 뿐만 아니라, '촉(phassa)－수(vedanā)－상(saññā)－사(cetanā)'의 일련의 과정을 보여주고 있다.

한편 촉은 界(dhātu, 토대)를 조건으로 생겨나지만, 촉으로 인해 계가 생겨나지는 않는 것으로 경전(SN. II, 141: 이와 같이 비구들이여, 다양한 토대를 조건으로 하여 다양한 접촉이 발생하지, 다양한 접촉을 조건으로 하여 다양한 토대가 발생하는 것은 아니다")에서는 설명하고 있다. 여기에서 말하는 토대(dhātu)는 "안계(cakkudhātu, 眼界), 안식계(cakkuviññāṇadhātu)" 등 열두 가지를 말한다.

36 vedanā의 내용을 정서로 보는 학자로는 Dvaid J. Kalupahana, *The Principles of Buddhist Psychology*, Albany: State University of New York Press, 1987, p.44.

不好의 정도 차이가 덧붙여져서 야기되는 것이기는 하지만, 그것은 정서와 혼동되어서는 안 된다."[37]라고 주장한다. 이러한 관점에서 Silva는 수(vedanā)를 정서로 보지 않고, 정서는 "지각, 느낌, 욕망, 신념, 평가와 생리적 각성의 결합물(joint product)로 나타난다."[38]고 한다. 또한 거기에다가 문화적이고 사회적인 요소들이 정서를 경험하는 데 영향을 미친다고 하여, 문화/사회적 요소의 중요성을 강조한다. 결국 Silva는 수(vedanā)는 순수 느낌이기에 정서의 기본적 바탕이 되기는 하지만 그 자체를 정서로 볼 수 없고[39], 여기에서 파생된 다양한 심리적 요소들과 문화적 사회적 요소들이 결합하여 정서를 일으킨다고 보고 있다.[40] 이상의 내용은 경전의 내용을 통해 보다 명확하게 이해될 수 있다.

시각(眼)과 형상(色)을 조건으로 시각의식(眼識)이 발생한다. (이) 세 가지의 화합이 접촉이다. 접촉의 조건으로부터 느낌(受, vedanā)

37 P. de Silva, 앞의 논문, p.256의 인용을 재인용함.

38 P. de Silva, 앞의 논문, p.256.

39 일례로 요한슨(앞의 책, p.99)의 경우는 "수는 느낌 자체는 아니며 느낌의 토대라고 보아야 하겠다. 서양적 사고방식에서 감각이 먼저 있고 느낌은 감각에 대한 주관적 반응으로 나중에 오는 것이라고 보는 것과 똑같은 것이다."라고 기술하고 있다.

40 Leslie S. Greenberg · Sandra C. Paivio는 정서를 다음과 같이 정의하고 있다. "의식적으로 경험된 인간의 정서는 기분 상태 및 행위 경향성이 이를 촉발한 상황 및 자기와 결합될 때 생겨나는 경험이다. 따라서 정서는 여러 가지 수준의 처리과정이 통합된 것이다(Greenberg & Safran, 1987)."(앞의 책, p.23)

이 (생겨난다). 느낌의 조건으로부터 갈애가 (생겨난다).[41]

경전의 내용을 보면 시각의식은 시각과 형상을 조건으로 해서 발생하는데, 이 세 가지의 화합(三事和合)은 다시 접촉의 조건이 된다. 이때 접촉이란 발생된 시각의식이 시각을 통해 다시금 형상을 의식하는 것으로 이해된다. 즉 순간적인 인식을 통해 형상을 다시 파악하는 것이다.[42] 그때 느낌이 발생하고, 이를 토대로 갈애가 발생하는 것으로 해석될 수 있을 것이다. 그렇다고 하면, 정서란 느낌을 토대로 발생되는 다양한 심리적 사건들이라고 정리할 수 있을 것이다. 이와 관련해서 냐냐포니까 테라의 설명은 참조할 만하다.

감각적인 측면에서 느낌은 어떤 감각적 접촉에 대한 첫 번째 반응이기 때문에 마음을 정복하고 싶어 하는 사람이 특별한 주의를 기울일 가치가 있다. 붓다가 설한 '연기(paṭicca-samuppāda)'의 법칙으로

---

41 MN. III, p.281.

42 시각(cakkhu)이 형상(rūpa)을 접할 때는 형상에 대한 판단은 일어나지 않는 것으로 보아야 한다. 판단은 안식(시각의식)이 다시금 시각을 통해 형상을 접할 때 일어나는 것으로 보는 것이 타당할 것이다. 이때의 안식은 이미 형성되어 있던 의식의 내용이 결합된 안식으로 이해해야 한다. 따라서 최초의 시각과 형상이 접촉하여 발생한 안식과는 구별되어야 한다. 즉 후자의 안식은 마음인 의근이 관념의 형태로 이미 형성되어 있던 의식의 내용을 불러와 최초의 안식과 결합된 상태로 보아야 한다. 따라서 엄밀한 의미에서 이때의 안식은 '의식'으로 볼 수도 있다. 다양한 경험이 응축된 의식이 경험 데이터로 들어온 형상(rūpa)을 판단하여, 다양한 인상을 불러일으키게 되는 것이다.

'고통덩어리인 육신이 생겨나는' 조건을 알 수 있고, 감각적 접촉이 느낌의 주요원인이 된다는(phassa-paccayā vedanā) 것을 알 수가 있다. 그리고 육신의 기관에서 느낌은 갈애의 원인이 되며, 그 결과 갈애가 강해지면서 갈애는 취함의 원인이 된다(vedanā-paccayātaṇhā, taṇha-paccayā upādānaṁ). 그러므로 느낌은 다양한 형태의 격렬한 감정이 일어나게 하고 십이연기의 수에서 (윤회가) 연속되는 것을 깨뜨릴 수 있다는 점에서 고통의 조건을 만드는 중요한 문제이다. 만일 감각적인 접촉을 받아들일 때 느낌의 단계에서 잠시 쉬거나 멈추게 할 수 있거나, 또는 그 첫 번째 단계에서 청정한 염을 통해 느낌을 바라본다면 느낌은 갈애나 다른 갈망의 원인이 되지 않을 수도 있다.[43]

한편 감각은 이미 보았듯이, 락수樂受·고수苦受·불고불락수不苦不樂受의 세 가지로 구분되는[44] 것이 보통이지만, 두 가지와 다섯 가지로 구분되는 경우도 있다. 두 가지로 구분하는 경우는 몸에 속하는 느낌과 정신에 속하는 느낌이고, 다섯 가지로 구분되는 경우는 즐거운 느낌,

---

43 냐냐포니카 지음, 송위지 옮김, 『불교 선수행의 핵심』, 시공사, 1999, p.79. 정준영은 "불교적인 분석에 따르면 느낌(vedanā)은 갈애(taṇhā)의 가장 직접적인 원인이 되기도 한다. 『마하니다나 경(Mahanidāna sutta)』과 『니다나상윳따(Nidānasaṃyutta)』에 따르면 느낌(vedanā)은 갈애(taṇhā)를 발생하게 하는 조건으로써 설명되어진다. 그러므로 여섯 가지 감각기관들을 통하여 느낌이 완전하게 통제된다면 갈애(taṇhā)는 나타나지 않게 되는 것이다."(정준영, 앞의 논문, p.192)라고 설명하고 있다.

44 예를 들어 SN. IV, p.232.

괴로운 느낌, 행복한 느낌, 불행한 느낌, 평정한 느낌이 있다.[45] 하지만 기본적으로 세 가지로 구분하는 것이 통상적인 것으로, 두 가지 혹은 다섯 가지의 구분은 세 가지 구분의 변용으로 볼 수 있다. 그런데 이 세 가지 느낌에는 각기 바람직하지 않은 잠재된 성향이 있다. 즐거운 느낌에는 탐욕의 성향(rāgānusaya)이, 괴로운 느낌에는 혐오/분노의 성향(paṭighānusaya)이, 즐겁지도 괴롭지도 않은 느낌에는 무지의 성향(avijjānusaya)이 잠재되어 있다[46]고 한다. 느낌(vedanā)에 탐욕 등의 성향이 있다고는 하지만 어디까지나 잠재된 상태이기에 느낌 자체는 정서의 토대로서 기능한다는 이해에는 문제가 없다. 시각기능(眼根)과 대상(色), 시각의식(眼識)이 접촉(觸)하여 느낌(受)이 발생하는 과정은 경전에서 다음과 같이 기술된다.

촉(phassa, 觸)－수(vedanā, 受)－상(saññā, 想)－사(cetanā, 思)[47]

이것은 마음활동인 의식의 발생 과정을 설명[48]한 것이다. 이 내용을 보다 자세하게 설명하고 있는 경전이 있다. 그 내용을 보면 다음과 같다.

---

45 SN. IV, pp.231~232.

46 MN. I, p.303.

47 SN. IV, p.69

48 이 내용은 SN. IV의 Dutiyadvayasutta에 나오는 것으로, 경의 첫머리와 마지막에 의식의 발생을 설명하는 것임을 분명히 밝히고 있다. 참고로 경의 마지막(p.69)은 "비구들이여, 이와 같이 두 가지를 조건으로 하여 의식이 일어난다."로 끝난다.

벗이여, 시각과 형체를 조건으로 하여 시각의식이 생겨난다. (이) 세 가지의 화합이 촉이고, 촉을 조건으로 하여 느낌이 (생겨난다). 느낌된 것을 인식하고, 인식한 것을 깊이 생각하고, 깊이 생각한 것을 망상한다. 망상한 것, 그 인연으로 사람에게 과거와 미래와 현재에 걸쳐 시각에 의해서 의식되어질 다양한 형체들에 대해서 망상에 의한 인식과 분별이 일어난다.[49]

위 SN의 '촉(phassa, 觸)－수(vedanā, 受)－상(saññā, 想)－사(cetanā, 思)'와 MN의 '촉(phassa)－수(vedanā)－인식(sañjānāti)－깊이 생각함(vitakketi)－망상(papañceti)'의 내용을 보면, saññā와 sañjānāti가 배대되고, cetanā와 vitakketi가 배대되는 것으로 이해된다. sañjānāti는 saññā의 동사형이기에 문제가 되지 않지만, cetanā와 vitakketi는 명사와 동사형의 관계가 아닌 전혀 다른 단어이다. 하지만 ceteti의 의미가 'to think, to reflect, to be of opinion'이고, vitakketi의 의미는 'to reflect, reason, consider'이기에 의미상 서로 공유하는 부분이 있어 동일한 내용으로 파악해도 문제는 없을 것으로 생각된다. 따라서 두 경전의 내용을 통합하여 간략히 그림으로 나타내면 다음과 같다.[50]

---

49 MN I, pp.111~112.

50 도식에서 망상으로 말미암아 감각적 번뇌와 정신적 번뇌가 표출되는 것을 나타낸 이유는 papañceti가 기본적으로 '오해하다, 강박적으로 어떤 생각에 사로잡히다'와 같은 의미가 있기 때문이다. 따라서 이것은 우리가 대상을 '있는 그대로 파악'하는 것을 방해하는 것으로, 이로 인해 다양한 감각적・정신적 번뇌가 표출된다고 할 수 있다.

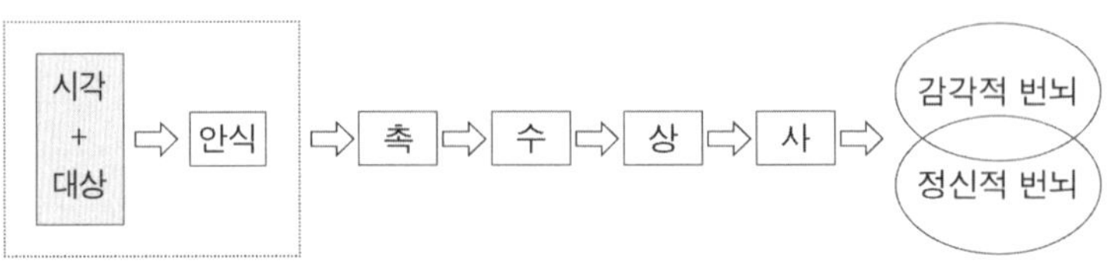

〈그림 9 : 정서의 발생 과정〉

이 그림을 통해 느낌은 정서/번뇌[51]의 토대가 되며, 느낌이 정서/번뇌로 표출되기 위해서는 느낌에 대한 내용을 지각하고 사유하는 작용이 필요하게 됨을 알 수 있다. 결국 정서/번뇌는 감각된 내용에 대한 인식과 사유의 과정을 거쳐 망상된 결과[52]인 것이며, 이는 분명히 인지적인 특징을 갖는다. 앞서 탐·진·치가 느낌의 내용 아래 잠재되어 있다는 내용의 경전을 소개했는데, 이때의 탐·진·치는 인지된 번뇌가 아닌 말 그대로 잠재된 것이다. 그렇다고 해서 이 두 내용이 서로 모순된 것은 아니다. 순수 느낌의 내용이 인식과 사유의 과정을 거치면서 잠재되어 있던 번뇌가 인지의 내용으로 표출된 것으로 설명될 수 있기 때문이다.

번뇌가 인지 내용으로 표출된 뒤에는 다양한 행동으로 나타난다. 이를 경전에서는 다음과 같이 상세하게 표현하고 있다.

비구여, 그러므로 사람에게 망상에 의한 인식과 분별이 일어난다.

---

51 필자는 '정서'를 '번뇌'와 동일하게 이해한다.

52 즉 망상을 통해 다양한 사념의 확장으로 인해 불건전한 정서, 즉 번뇌가 표출되는 것으로 이해된다.

> 만약 이때 기뻐하고 주장하고 집착하지 않는다면, 이것은 탐욕의 성향의 끝이며, 분노의 성향의 끝이며, 견해의 성향의 끝이며, 의심의 성향의 끝이며, 만慢의 성향의 끝이며, 존재에 대한 탐욕(有貪)의 성향의 끝이며, 무명의 성향의 끝이며, 몽둥이를 쥠·칼의 쥠·싸움·투쟁·논쟁·말다툼·중상·거짓말의 끝이다. 여기에서 이들 악하고 불건전한 현상들은 남김없이 사라진다.[53]

망상에 의한 인식과 분별의 내용에 집착하고 주장하게 된다면 결국 그것은 폭력과 거짓을 야기하게 되고, 반대의 경우는 불건전한 현상들을 끝내게 됨을 밝히고 있다. 이상을 종합해 보면, 불교에서 정서/번뇌는 잠재된 것과 표출된 것 두 가지로 이해될 수 있음을 알 수 있다. 이는 정서가 반드시 인지적인 것으로 이해될 수 없다는 심리학자들의 입장을 포괄하는 것으로 이해될 수 있다.[54]

4. 수행론의 관점에서의 느낌

불교의 모든 가르침은 이론을 위한 체계가 아니다. 불교가 단순한 철학이 아닌 이유가 여기에 있다. 본 논문의 주제인 느낌 역시 마찬가지이다. 느낌에 대한 다양한 분석을 시도하는 이유는 느낌에 대한 올바른 견해를 통해 그로 인해 발생하는 다양한 문제들을 해결하려는 실제적

---

53 MN. I, p.113.

54 James W. Kalat et al., 민경환 등 옮김, 『정서심리학』, 시그마프레스, 2008, p.5.

이고 실용적인 이유가 있음도 우리는 알아야 한다. 즉 고통의 문제를 해결하기 위한 수행론적 관점에서 느낌을 이해하는 것도 중요한 일이다. 본 절에서는 수행론의 관점에서 느낌을 고찰해 보고자 한다.

1) '느낌'에 잠재된 번뇌를 제거하는 방법

SN. IV에 Paṭhamagelaññasutta(병실의 경)라는 경전이 있다. 여기에서는 느낌을 무상하게 관찰함을 통해 탐·진·치의 경향을 버릴 수 있음을 설하고 있다. 앞서 느낌이 정서와 연결될 수 있는 것은 바로 느낌 속에 잠재되어 있는 탐·진·치의 경향 때문임을 고찰했다. 그럼 느낌을 어떻게 관찰해야 번뇌의 경향을 버릴 수 있을까. 이에 대한 경문의 내용을 살펴보도록 하자.

> 비구들이여, 이와 같이 비구는 사띠를 확립하고 바른 앎을 갖추고 방일하지 않고, 성실하게 정진할 때에 즐거운 느낌이 생겨나면, 그는 이와 같이 '나에게 즐거운 느낌이 일어났다'라고 분명히 안다.(pajānāti) 그것은 조건적이지 조건 없이 생겨난 것은 아니다. 그것은 무엇을 조건으로 하는가? 이 몸(kāya)을 조건으로 한다. 그런데 이 몸은 무상하고 형성된 것이며 조건적으로 생겨난 것이다. 그런데 무상하고 형성된 것이며 조건적으로 생겨난 이 몸을 원인으로 생겨난 즐거운 느낌이 어떻게 항상할 것인가? 그는 몸에 관하여, 그리고 즐거운 느낌에 관하여 무상을 관찰하고 괴멸(vaya)을 관찰하고 사라짐(virāga)을 관찰하고 소멸을 관찰하고 버림(paṭin-issagga)을 관찰한다. 그는 몸에 관하여, 그리고 즐거운 느낌에

관하여 무상을 관찰하고 괴멸을 관찰하고 사라짐을 관찰하고 소멸을 관찰하고 버림을 관찰하면, 몸에 관한, 그리고 즐거운 느낌에 관한 탐욕의 경향을 버리게 된다.
…… 괴로운 느낌이 생겨나면 …… 괴로운 느낌에 관한 분노의 경향을 버리게 된다.
…… 즐겁지도 괴롭지도 않은 느낌이 생겨나면 …… 즐겁지도 괴롭지도 않은 느낌에 관한 무명의 경향을 버리게 된다.[55]

위에서 인용한 경문의 내용을 간략히 정리해서 살펴보자.

①느낌 ← 몸을 조건으로 발생
②몸은 무상하고, 형성된 것이며, 조건적으로 생겨난 것 → 느낌은 몸을 조건으로 하기에 마찬가지
③느낌에 관하여 무상, 괴멸, 사라짐, 소멸, 버림을 관찰 → 탐·진·치의 경향을 제거

이 경전에서는 느낌은 몸을 기반으로 일어난다는 것을 기반으로 설해져 있다. '괴멸, 사라짐, 소멸, 버림'은 무상의 또 다른 표현으로 이해된다. 따라서 이 경전은 느낌은 무상하다는 것에 대한 관찰을 말하는 것으로, 몸이 무상하듯 느낌 또한 무상하다고 관찰해야 함을 강조한 것이다.[56] 말하자면 느낌을 조건에 의해 일시적으로 만들어진

---

55 SN. IV, pp.211~212. 번역은 전재성 역, 『쌍윳따니까야 4』, 빠알리성전협회, 2007, pp.703~704의 내용을 일부 수정한 것이다.

것이기에 변화할 수밖에 없는 것이라고 관찰할 때, 느낌에 잠재되어 있는 탐·진·치의 경향을 제거할 수 있게 된다는 의미로 이해된다. 한편 또 다른 경전에서는 다음과 같은 가르침이 소개되어 있다.

> 악기웨싸나여, 즐거운 느낌도 무상하고 형성된 것이고 조건에 의해 생겨난 것이고 변화하는 것이고 쇠퇴하는 것이고 사라지는 것이고 소멸하는 것입니다. 악기웨싸나여, 괴로운 느낌도 무상하고 형성된 것이고 조건에 의해 생겨난 것이고 변화하는 것이고 쇠퇴하는 것이고 사라지는 것이고 소멸하는 것입니다. 악기웨싸나여, 괴롭지도 즐겁지도 않은 느낌도 무상하고 형성된 것이고 조건에 의해 생겨난 것이고 변화하는 것이고 쇠퇴하는 것이고 사라지는 것이고 소멸하는 것입니다.
>
> 악기웨싸나여, 이와 같이 보고 있는 많이 배운 고귀한 제자는 즐거운 느낌을 싫어하여 떠나고, 괴로운 느낌을 싫어하여 떠나고, 괴롭지도 즐겁지도 않은 느낌도 싫어하여 떠나고, 싫어하여 떠나서 사라지게 하고, 사라지게 하여 해탈합니다. 해탈되면 그에게 '해탈되었다'는 앎이 일어나며, 나는 '태어남은 부수어지고 청정한 삶은 이루어졌다. 해야 할 일을 다 마치고 더 이상 윤회하지 않는다'라고 분명히 압니다.[57]

---

56 세 가지 느낌을 무상이라고 설하는 경전으로는 SN.IV, Aniccasutta(무상의 경), p.214가 있다. 이 경전에서는 "이들 세 가지 느낌은 무상한 것이고 형성된 것이고 조건 지어진 것이고 파괴되는 것이고 소멸하는 것이고 사라지는 것이고 지멸하는 것이다."라고 설해져 있다.(번역은 전재성 역, 『쌍윳따니까야 4』, 빠알리성전협회, 2007, p.706)

위 경전은 SN의 내용보다 보다 더 구체적으로 느낌의 무상함을 설명한다. 즉 느낌을 무상하고, 형성된 것이며, 조건에 의해 생겨난 것이고, 변화하는 것, 쇠퇴하는 것, 사라지는 것, 소멸하는 것으로 '이와 같이 보는 자(Evaṃ passaṃ)'는 느낌을 싫어하고 떠나서 사라지게 하고, 해탈한다는 것이다. 이는 느낌에 대해서 올바로 관찰하는 자와 그렇지 못한 자의 차이가 분명하며, 그 차이가 윤회하는 존재와 윤회를 종식시키는 자의 구별을 만든다고 할 수 있다.[58] 그러면 우리는 어떻게 해야 느낌을 올바로 관찰할 수 있을까. 이에 대한 경전의 내용을 살펴보자.

> 비구들이여, 무엇이 느낌이고, 무엇이 느낌의 발생이고, 무엇이 느낌의 소멸이고, 무엇이 느낌의 소멸로 이끄는 길이고, 느낌에 있어서 유혹은 무엇이고 위험은 무엇이고 멀리 떠남은 무엇인가?
> ……
> 비구들이여, 느낌에는 세 가지 느낌, 즉 즐거운 느낌, 괴로운 느낌, 즐겁지도 괴롭지도 않은 느낌이 있다. 비구들이여, 이것들을 세 가지 느낌이라고 한다. 접촉이 생겨나면 느낌이 생겨나고 접촉이 소멸하면 느낌이 소멸한다. 이와 같은 여덟 가지 고귀한 길만이

---

57 MN. I, Dīghanakhasutta, p.500. 번역은 전재성 역, 『맛지마니까야』, 빠알리성전협회, 2009, p.810의 번역을 일부 수정했다.

58 와타나베 후미마로 지음, 김한상 옮김, 『니까야와 아비담마의 철학과 그 전개』, 동국대학교출판부, 2014, p.236. 여기에서 와타나베는 이 두 부류를 분명하게 구분해야 함을 강조하고 있다.

> 느낌의 소멸로 이끄는 길이다. 그것은 바로 올바른 견해, 올바른 사유, 올바른 언어, 올바른 행위, 올바른 생활, 올바른 정진, 올바른 사띠, 올바른 집중이다. 무릇 느낌을 조건으로 즐거움과 만족이 생겨나는데, 그것이 느낌의 유혹이다. 느낌은 무상한 것이고, 괴로운 것이고 변화하는 것인데, 그것이 느낌의 위험이다. 느낌에 대하여 욕망과 탐욕을 포기하고 욕망과 탐욕을 끊으면, 이것이 느낌의 멀리 떠남이다.(vedanāya nissaranaṃ)[59]

위 경문은 느낌을 사성제로 관찰하는 것을 보여준다. 그리고 느낌의 유혹과 위험이 무엇인지를 분명하게 제시하고, 느낌에서 멀리 떠남을 위해서는 느낌이 주는 욕망과 탐욕을 포기해야 함을 설하고 있다. 여기서 느낌의 소멸(vedanānirodho)이 언급되는데, 이는 느낌 자체를 없앤다는 것이 아니라, 뒤에 나오는 느낌에 대한 욕망과 탐욕을 포기(pahāna)하는 것으로 이해하는 것이 적절할 것이다.

이들 경전 외에도 느낌을 무상하다고 관찰하여 번뇌로부터 해탈을 성취함이 가능함을 보여주는 경전의 예는 매우 많다. 이들 경전의 내용은, 느낌은 고통의 원인이 되는 것으로 수행을 통해 이를 통제하고 조절할 수 있음을 보여준다.[60]

2) 느낌에 반응하는 방법

앞 절에서 느낌을 무상하다고 관찰하는 것을 살펴보았다. 그러면

---

59 SN. IV, Dutiyāṭṭhakasutta, pp.221~222.

60 정준영, 앞의 논문, p.194. 번역은 전재성 역, 앞의 책, p.712이다.

구체적으로 느낌에 대해서 우리는 어떻게 반응해야 하는지에 대해 간략하게 고찰해 보자.

> 비구들이여, 예를 들어 허공에 여러 가지 바람이 분다. 동풍도 불고, 서풍도 불고, 북풍도 불고, 남풍도 불고, 먼지 있는 바람도 불고, 먼지 없는 바람도 불고, 찬바람도 불고, 더운 바람도 불고, 작은 바람도 불고, 큰 바람도 분다. 비구들이여, 이와 같이 이 몸에는 여러 가지 느낌이 일어난다. 즐거운 느낌도 일어나고, 괴로운 느낌도 일어나고, 즐겁지도 괴롭지도 않은 느낌도 일어난다.[61]

우리는 살아있는 동안 다양한 경험들을 한다. 그 경험들은 거의 대부분 나의 의지와는 상관없이 경험되는 것들이다. 느낌 또한 마찬가지이다. 내가 지금 경험하는 느낌은 원한다고 느끼고, 원하지 않는다고 느껴지지 않는 것은 아니다. 위 경문은 바람이 부는 것을 예시로 들면서 다양한 바람이 부는 것처럼, 우리도 다양한 느낌들을 경험할 수밖에 없음을 보여주고 있다. 그 느낌들은 때로는 즐거움을 주기도 하고, 괴로움을 불러일으키기도 한다. 하지만 불쾌한 바람이 싫다고 바람과 싸울 수 없는 것처럼, 우리의 느낌도 마찬가지라는 것이다.[62]

느낌에 반응하는 방법에 대한 구체적인 내용을 우리는 사념처의 수념처에서 살펴볼 수 있다.[63] 아날라요 스님은 수념처를 윤리적인

61 SN.IV, Paṭhamākāsasutta, p.218.

62 아날라요, 앞의 책, p.177. 여기서 아날라요는 “날씨의 변화와 싸우는 것이 어리석은 일이듯, 변화하는 느낌과 싸울 필요는 없다.”라고 말하고 있다.

특성과 관련지어 설명한다.[64] 윤리적 특성과 관련되는 것이 탐·진·치의 삼독이다. 왜냐하면 즐거운 느낌은 계속해서 그 느낌을 유지하거나, 강화시키거나, 반복적으로 경험하고자 하는 탐욕적 성격을 배경으로 하기 때문이다. 반대로 불쾌한 느낌은 멀리하거나, 다시 경험하고 싶지 않거나, 약화시키고자 하기에 분노적 성격을 배경으로 한다. 마지막 '중립적인 느낌'은 느낌 자체가 어떠한 것인지 제대로 알지 못하기에 반응하지 못하는 것으로, 말하자면 '멍한' 상태이기에 어리석음을 배경으로 한다. 그렇기에 아날라요 스님은 느낌들은 삼독심으로 향하는 잠재된 정신적 경향성(anusaya)의 활성화와 관련이 깊다고 말한다.[65]

그래서 사념처에서의 느낌 관찰의 반복적 수행은 즐겁고 불쾌한 느낌이 일어나는 것을 보다 쉽게 알아차리고, 이것이 어떠한 욕망과 관련된 것인지를 분명하게 자각하게 함으로써, 욕망의 흐름(탐욕이나 분노)에 자신을 내맡기지 않게 한다. 그리고 느낌의 정서적 상태가 그것을 일으킨 접촉의 유형에 따라 달라진다는 사실을 이해하게 되면, 그로부터 자연스럽게 분리되고 느낌과의 동일화가 해소되기 시작한다.[66]

---

63 이 부분은 정준영의 논문(「『대념처경(Mahāsatipaṭṭhāna sutta)』에서 보이는 수념처受念處의 실천과 이해」, 『불교학연구』 제7호, 2003)에서 자세하게 다루고 있다.

64 아날라요, 앞의 책, p.176.

65 아날라요, 앞의 책, p.176.

66 아날라요, 위의 책, p.177.

이러한 관점을 살펴볼 수 있는 경전이 MN. Mahasaccakasutta이다. 이 경전에서 붓다는 악기웨싸나와의 대화에서 일반 사람은 즐거운 느낌에 접촉되었을 때 즐거운 느낌에 탐착하는 자가 되고, 그 즐거움을 경험하는데, 즐거운 느낌이 어느 순간 소멸하면 괴로운 느낌이 일어나고, 그로 말미암아 슬퍼하고 괴로워하고 비탄에 빠지며 가슴을 치고 울며 당황해한다[67]는 가르침을 준다. 하지만 가르침을 잘 이해한 제자들은 즐거운 느낌에 탐착하지 않고 즐거움을 경험하기에 즐거운 느낌이 소멸하고, 괴로운 느낌이 일어나더라도 일반 사람과 같이 슬퍼하거나 괴로워하지 않는다는 것이다.[68]

말하자면 느낌에 대해서 관찰자적 입장을 취함으로써 그 느낌과 자신을 탈동일화하게 된다는 것이다.[69] 이렇게 탈동일화가 반복적으로 수행되면, 즐거운 느낌과 괴로운 느낌에 탐착하여 발생하는 다양한 부정적 측면이 줄어들게 된다.[70] 이는 결과적으로 사념처 명상을 하는 사람의 잠재적인 성향, 혹은 지금껏 만들어 왔던 성격적인 측면을

67 MN. I, p.239.

68 MN. I, p.240.

69 박성식·이필원, 앞의 논문, 2013, p.154 참조.

70 아날라요 스님은 "붓다의 통찰력 있는 분석에 따르면 고통에 대한 혐오는 감각적 만족을 추구하는 경향에 연료를 제공하는 것이다. 깨닫지 못한 관점에서 보면 감각적 즐거움을 향유하는 것이 고통에서 벗어나는 유일한 길처럼 보이기 때문이다. 이렇게 악순환이 형성되어 즐겁거나 불쾌하거나 하는 느낌에 대한 각각의 경험과 더불어 느낌에 대한 속박은 더욱 커진다."(앞의 책, p.187)라고 말하고 있다. 따라서 느낌과의 분리는 매우 중요한 역할을 담당한다고 볼 수 있다.

교정할 수 있는 매우 훌륭한 방법이 될 수 있다.[71] 이렇게 되면 결과적으로 느낌에 대해 다음과 같이 반응하게 된다.

> 비구들이여, 잘 배운 고귀한 제자는 괴로운 느낌과 접촉해도 우울해하지 않고 피곤해하지 않으며 슬퍼하지 않고 통곡하지 않으며 혼미해지지 않는다. 그는 신체적이지만 정신적이지 않은 단 한 가지 종류의 고통만을 느낀다.[72]

「화살의 경」에서 말하는 바는 기본적으로 신체로 인해 발생한 괴로운 느낌을 정신적인 영역으로 왜곡시키지 않는다는 것이다.[73] 앞서 말했듯이 우리는 느낌에서 결코 벗어나지 못한다. 벗어나지 못한다는 것은 느끼지 않을 수 없다는 것이다. 그런데 붓다가 앞 절에서 살펴본 바와 같이 느낌의 소멸(vedanānirodho)을 설하는 이유는 느낌 자체를 없앤다는 것이 아니라, 느낌으로 야기되는 정신적인 왜곡을 일으키지

---

71 이는 단순하게 생각의 변화를 강조하는 인지치료적 접근과는 다르다. 생각의 변화가 중요하긴 하지만, 사념처 수행은 기존의 알게 모르게 습관적으로 익혀온 자기의 경향성을 파악하고, 이것을 근본적으로 교정해 가는 측면이 강하고, 또한 이것은 사념처 각각을 대상으로 하기에 대상의 속성이나 변화에 어떻게 대처해야 하는지에 대한 관점도 제공할 수 있다. 조현주, 「자애명상 기반 수용전념치료 프로그램 개발과 효과: 우울경향 대학생을 중심으로」, 『한국심리학회지: 상담 및 심리치료』 Vol.24, No.4, 2012, p.828의 내용을 참조하라.

72 SN.IV, Sallasutta, p.209.

73 정준영은 이것을 "이는 곧 아라한에게는 오온을 통한 육체적인 느낌들(sukha, dukkha)만이 있을 뿐, 이에 의한 정신적인 느낌들(somanassa, domanassa)을 가지고 있지 않다는 설명으로 보인다."(p.204)라고 설명하고 있다.

않는다는 것으로 이해되어야 한다.

5. 해탈/열반으로 나아가는 문으로서의 '느낌'

SN.IV에는 느낌에 대한 경전들을 모아놓은 Vedanāsaṃyutta가 있다. 여기에는 느낌에 대한 다양한 붓다의 교설들이 담겨 있는데, 몇몇 경전들은 다양한 느낌의 분류를 언급한 뒤에 다섯 가지 감각적 쾌락에 대한 가르침이 나온다.[74] 이는 느낌은 바로 감각적 쾌락과 직접적으로 연결되는 것임을 보여준다고 이해된다. 앞서 살펴본 바와 같이, 우리가 느낌에 대한 올바른 관찰을 통해 느낌을 왜곡시키지 않는다면, 우리는 이를 통해 감각적 쾌락의 늪에 빠지지 않고 자유로워질 수 있을 것이다. 경전의 내용을 통해 그 구체적인 내용을 보면 다음과 같다.

> 비구들이여, 다섯 가지 감각적 쾌락의 종류가 있다. 다섯 가지란 무엇인가?
> 시각으로 인식되어지는 형상들은 훌륭하고 아름답고 마음에 들고 사랑스럽고 감각적 욕망의 대상과 관계되고, 욕망으로 이끄는 대상들이다.
> 청각으로 인식되어지는 소리들은 훌륭하고 아름답고 마음에 들고 사랑스럽고 감각적 욕망의 대상과 관계되고, 욕망으로 이끄는 대상들이다.
> 후각으로 인식되어지는 냄새들은 훌륭하고 아름답고 마음에 들고

74 SN.IV, 36: 19, 36: 20.

사랑스럽고 감각적 욕망의 대상과 관계되고, 욕망으로 이끄는 대상들이다.

미각으로 인식되어지는 맛들은 훌륭하고 아름답고 마음에 들고 사랑스럽고 감각적 욕망의 대상과 관계되고, 욕망으로 이끄는 대상들이다.

촉각으로 인식되어지는 접촉들은 훌륭하고 아름답고 마음에 들고 사랑스럽고 감각적 욕망의 대상과 관계되고, 욕망으로 이끄는 대상들이다.[75]

이 경전은 그 다음에 사선, 사무색정, 상수멸정의 내용으로 이어진다. 그리고 경의 마지막은 "'벗들이여, 세존은 오로지 즐거운 느낌만이 즐거움이라고 시설하지 않는다. 벗들이여, 즐거움이 성취되는 경지마다 어떠한 경지이든 여래는 즐거움에 포함시켜 시설한다'고 대답해야 한다."[76]라는 내용으로 끝난다. 이것의 의미는 괴로움이 없는 것을 즐거움이란 의미로 이해된다.[77] 또 한편으로는 감각적 즐거움에 안주하거나 매몰되지 말고, 그것을 초월해 나가야 할 것임을 보여주고 있다고도 볼 수 있다.

보여졌을 때는 보여진 것만 있으며, 들려졌을 때는 들려진 것만

---

75 SN.IV, Bhikkhusutta, p.228. 번역은 전재성 역, 앞의 책, p.733의 내용을 참조하였다.

76 SN.IV, p.230.

77 전재성 역, 앞의 책, p.731. 각주 615.

있으며, 지각되어졌을 때는 지각되어진 것만 있으며, 인식되어졌을 때는 인식되어진 것만 있다. 당신이 그것으로 인해 존재하지 않을 때 당신은 그것으로 인해 존재하지 않으며, 당신이 그 가운데에 있지 않을 때 당신은 그 가운데에 있지 않다. 당신은 여기와 거기도, 그리고 그 가운데에도 있지 않을 것이다. 이것이 바로 고통(dukkha)의 종결이다.[78]

『우다나』의 위 경문은 감각에 대해 우리가 어떻게 해야 하는지에 대한 가르침을 준다. 흔히 여실지견如實知見해야 한다고 한다. 그렇다면 여실지견, 즉 있는 그대로 본다는 것이 무엇인가라고 할 때, 위 경문은 우리에게 그 해답을 준다. 이와 관련해서 MN에 나오는 Saḷāyatanavibhaṅgasutta(「여섯 감역에 대한 분석의 경」)에서 분명하게 밝혀주고 있다.

그런데 재가의 생활에 기초한 여섯 가지 쾌락이란 무엇인가? 시각에 의해서 인식되는 형상들 가운데 원하는 것이고 사랑스럽고 마음에 들고 아름답고 감각적 쾌락을 유발하고 탐욕을 야기하는 것이고 세속적인 것과 관련된 것이 있는데, 그것들 가운데 획득된 것으로 회상할 때에 쾌락이 생겨난다. 이와 같은 쾌락이 있는데 이것을 재가의 생활에 기초한 쾌락이라고 부른다.

……

그런데 출가의 생활에 기초한 여섯 가지 쾌락이란 무엇인가?

---

78 Ud 8.

> 형상들이 무상하고 변화하고 사라지고 소멸하는 것을 알고 나서 예전이나 지금이나 형상들은 무상하고 괴롭고 변화하는 것이라고, 이와 같이 그것을 있는 그대로 올바른 지혜로 보면 쾌락이 생겨난다. 이와 같은 쾌락이 있는데 이것을 출가의 생활에 기초한 쾌락이라고 부른다.[79]

이는 앞서 보았던 SN의 Sellasutta(「화살의 경」)의 내용과 상응한다. 「화살의 경」에서 보았듯이 탐·진·치의 경향이 잠재된 느낌은 신체적이고 정신적인 두 가지 종류의 고통을 주지만, 탐·진·치의 경향이 잠재되지 않은 느낌은 신체적인 한 종류의 고통만을 준다.[80] 이는 느낌을 있는 그대로 분명히 보기 때문이다. 즉 욕망에 물들지 않아 느낌이 왜곡되지 않는 것이다. 욕망에 물들지 않는다는 것은 '자아의식'의 부재와 관련된다. 결국 오취온 혹은 육입처와 같은 가르침은 오온 혹은 육근에 투영된 뿌리 깊은 자아관념의 다른 이름이다.

그래서 DN에는 느낌을 자아의식과 관련해서 인식해서는 안 된다는 가르침이 나온다.

> 아난다여, 참으로 비구는 느낌을 나라고 인식하지 않으며, 또한 나를 느낌이라고 인식하지 않으며, '나의 자아는 느낀다. 나의 자아는 느낌의 원리를 지녔기 때문이다'라고도 인식하지 않는다.

---

79 MN.III, p.217. 번역은 전재성 역, 『맛지마니까야』, 한국빠알리성전협회, 2009, pp.1484~1485의 번역이다.

80 SN.IV, p.207.

> 그는 그렇게 인식하지 않아서 세상의 어떠한 것에도 집착하지 않고, 집착하지 않는 까닭에 동요하지 않고, 동요하지 않는 까닭에 스스로 완전한 열반에 들어, '태어남은 부서졌고, 청정한 삶은 이루어졌고, 해야 할 일은 다 마쳤으니 더 이상 윤회하지 않는다'라고 분명히 안다.[81]

자아관념을 투영하지 않고 느낌을 있는 그대로 보면 집착에서 벗어나 열반으로 나아갈 수 있게 된다. 느낌은 우리를 고통으로 몰아가기도 하지만, 느낌이 있기 때문에 또한 해탈/열반을 실현할 수 있는 것이기도 하다. 이것이 느낌의 이중성이다. 우리는 느낌을 통해 윤회의 세계를 구축할 수도 있고, 윤회의 세계를 부수고 열반의 세계로 나아갈 수도 있다. 전자의 경우는 '내가 느끼는 것(능동)'을 통해서 이루어지고, 후자는 '느껴지는 것일 뿐(수동)'을 통해서 가능해진다. 이런 의미에서 본다면, 느낌은 부정적인 것도 긍정적인 것도 아니며, 윤회도 열반도 아니다. 느낌은 그저 느낌일 뿐이다.

---

81 DN.II, Mahānidānasutta, p.68.

참고문헌

원전류

AN. Aṅguttara Nikāya, PTS

DN. Dīgha Nikāya, PTS

MN. Majjhima Nikāya, PTS

Sn. Suttanipāta, PTS

SN. Saṃyutta Nikāya, PTS

Ud. Udana, PTS

국내 단행본 및 논문

전재성 역, 『맛지마니까야』, 한국빠알리성전협회, 2009.

전재성 역, 『숫타니파타』, 한국빠알리성전협회, 2004.

전재성 역, 『쌍윳따니까야 4』, 한국빠알리성전협회, 2007.

냐나포니카 지음, 송위지 옮김, 『불교 선수행의 핵심』, 시공사, 1999.

루네, E.A. 요한슨, 박태섭 옮김, 『불교심리학』, 시공사, 1996.

박성식·이필원, 「정서적 변화가 육체에 미치는 영향에 대한 고찰」, 『불교학연구』 제35호, 2013.

박태원, 「붓다의 연기법과 불교의 연기설」, 『철학논총』 제82집, 2015,

아날라요, 이필원·강향숙·류현정 공역, 『Satipaṭṭhāna』, 명상상담연구원, 2014.

안도 오사무, 인경스님·이필원 옮김, 『심리치료와 불교』, 불광출판사, 2010.

와쯔지 테쯔로, 안승준 역, 『원시불교의 실천철학』, 불교시대사, 1993.

와타나베 후미마로 지음, 김한상 옮김, 『니까야와 아비담마의 철학과 그 전개』, 동국대학교출판부, 2014.

이필원, 「초기불교의 정서 이해」, 『인문논총』 제67집, 2012.

이필원, 「초기불교의 연기 이해」, 『불교학보』 72집, 2015.

정준영, 「『대념처경(Mahāsatipaṭṭhāna sutta)』에서 보이는 수념처受念處의 실천과 이해」, 『불교학연구』 제7호, 2003.
카라플라토니, 박지선 옮김, 『감각의 미래』, 흐름출판, 2017.
쿠모이 쇼젠, 이필원 역, 『붓다와의 대화』, 심산출판사, 2005.
James W. Kalat et al., 민경환 등 옮김, 『정서심리학』, 시그마프레스, 2008.
Leslie S. Greenberg · Sandra C. Paivio, 이홍표 역, 『심리치료에서 정서를 어떻게 다룰 것인가』, 학지사, 2008.

외국 단행본 및 논문

Dvaid J. Kalupahana, *The Principles of Buddhist Psychology*, Albany: State University of New York Press. 1987.
Marvin Levine, *The positive psychology of Buddhism and yoga*, Mahwah, N. J.: Lawrence Erlbaum Publishers. 2000.
Padmasiri de Silva, "Thinking and Feeling: A Buddhist Perspective", *SOPHIA*, Vol.50., 2011.
Paul Ekman at al., "Buddhist and Psychological Perspectives on Emotions and Well-Being", *Current Directions in Psychological Science*, Vol. 14-2, 2005.
上原 聰, 「社會的判斷における感情の機能と構造の分析」, 嘉悅大學硏究論集 第53卷 第1号. 2010.

선불교의 감정 수용과 인간 행복의 문제

자현(중앙승가대학교 불교학부 교수)

인도불교와 동아시아불교의 가장 큰 차이점 중 하나에, 인간의 감정에 대한 부정과 긍정이 존재한다. 인도불교는 초기불교에서부터 감정에 대해서 부정적이었는데, 이는 인도의 이원론적인 세계관에 기인한다. 그러나 동아시아는 일원론에 기반한 통체統體적인 세계관에 입각해 있다. 이 때문에 감정이 부정될 부분이 존재하지 않는다.
중국불교를 대표하는 천태와 화엄, 그리고 선불교에서는 모두 감정적인 측면을 포괄하는 방식을 취하고 있다. 그리고 이 중 가장 중국적이라고 평가받는 남종선에서는 급기야 감정 그 자체를 깨달음으로 이해하는 파격적인 결론에 도달한다. 남종선의 결론은 불교사의 변화 중 가장 크고 이질적이다.
그러나 현대과학의 입장에서 감정은 더 이상 이성의 하위 개념이 아니다. 또 진화론의 관점에서 본다면, 감정은 인간존재에 있어 보다 본질적이다. 이런 점에서 남종선이 완성한 인간 감정의 긍정은 시사하는 바가 적지 않다.
특히 4차산업 시대는 이성을 압도하는 감정과 느낌의 시대가 본격적으로 개시된다는 것을 의미한다. 이런 점에서 남종선의 파격적인 결론은 4차산업 시대의 인간 행복과 미래의 명상 가치를 이끌어 갈 가장 중요한 핵심이라는 점에서 주목되지 않을 수 없다.

1. 감정과 느낌은 부정적인 것인가?

'인간의 감정과 느낌을 어떻게 규정할 것인가?'의 문제는 동양학의 오랜 숙제 중 하나이다. 우리 인간은 감정이나 욕망으로부터 넘어설 수 있을까? 또 감정에 충실한 것이 과연 죄악일까?

이 문제를 가장 적나라하게 표출했던 인물은 청나라의 기氣철학자이자 고증학자인 대진(戴震, 1723~1777)이다. 대진은 '이치나 윤리는 성인이 가르쳐 준 것이나, 인간의 감정 등은 하늘이 부여한 것이므로 보다 본질적인 하늘을 따르겠다'는 관점을 천명한다. 대진의 견해는 매우 파격적이지만, 좀 더 면밀하게 검토해 보면 감정을 완전히 수용하자는 것이 아니라 이를 인정하고 절제하자는 것이다.[1] 즉 유교적인 관점을 완전히 벗어나지 못하고 있는 것이다. 이런 점에서 그의 호기로운 입장과 달리 감정의 완전한 긍정에까지 도달했다고 보기에는 무리가 있다. 또 대진이 청나라 중기의 학자라는 점에서, 이러한 관점이 동양학을 대변한다고 보기에도 이론異論이 제기될 소지가 있다.

그렇다면 전통적인 동양학은 이 문제에 대해서 어떻게 생각했을까? 인간의 삶에 있어 느낌과 감정의 비중은 이성과 합리만큼이나 크며, 현대에 들어서면서 이 의미는 더욱 크게 부각되고 있다. 즉 '개성의 용인'라는 측면과 '인간 행복'의 관점에서 점차 무게 비중이 높아지고 있는 것이다.

---

1 王茂·蔣國保·余秉頤·陶清 著, 김동휘 譯,『淸代哲學3－淸朝 中期의 哲學 成就와 思潮』, 신원문화사, 1995, pp.89~137; 劉明鍾 著,『淸代哲學史』,「3) 情欲肯定論(新節欲說)」, 以文出版社, 1995, pp.1372~1378.

또 과학의 발달과 4차산업혁명은 규격화된 좌뇌형 인간의 필연성을 약화시키고, 대신 정감과 직관적인 우뇌형 인간을 강력하게 대두시키고 있다. 그런데 흥미로운 것은 동아시아인은 합리성을 주로 강조한 서구와 달리, 감각적인 초합리성인 직관을 중시해 우뇌를 균형 있게 발전시켰다는 점이다. 이는 동아시아인이 서구인에 비해 감정과 느낌 및 직감 등이 발달해 있다는 의미라는 점에서 주목된다.

이런 점에서 동양학에서 인간의 감정과 느낌을 어떻게 판단했으며, 이것이 어떤 구조 속에서 이루어지고 전개되었는지를 아는 것은 현대의 동양학 이해에 있어 매우 중요하다.

동양학에서 이루어진 인간의 감정과 느낌의 논의는 크게 세 가지로 정리될 수 있다. 첫째는 감정과 느낌을 부정하는 관점으로, 초기불교의 욕망 제한이나 『장자莊子』의 '진인무몽眞人無夢'[2] 등이 여기에 해당한다. 둘째는 감정과 느낌을 인정하는 동시에 장애가 되지 않을 수 있다는 견해로, 『논어』의 "종심소욕이불유구從心所欲而不踰矩"나[3] 왕필의 '성인유정무애聖人有情無礙'의 주장, 또는 천태지의天台智顗의 '성구설性具說' 등을 생각해 볼 수 있다. 『백장야호百丈野狐』에 등장하는 불낙인과不落因果를 넘어선 불매인과不昧因果의 경지라고 이해하면 되겠다.[4] 마지막 셋째는 감정과 느낌에 대한 긍정이다. 이는 욕망을

---

2 『莊子』, 「內篇」, 〈大宗師〉, "古之眞人, 其寢不夢, 其覺無憂, 其食不甘, 其息深深."

3 『論語』, 「爲政第二」, "LY0204 七十而從心所欲, 不踰矩."

4 『無門關』 全1卷, 「百丈野狐」(『大正藏』 48, 293a), "百丈和尙. 凡參次有一老人. 常隨衆聽法. 衆人退老人亦退. 忽一日不退. 師遂問. 面前立者復是何人. 老人云. 諾某甲非人也. 於過去迦葉佛時. 曾住此山. 因學人問. 大修行底人還落因果. 也

이상과 분리하지 않고 일체화시키는 관점으로 육조청담六朝清談의 정감주의나 남종선南宗禪의 현실긍정이 여기에 해당한다.

남종선의 현실긍정은 중국의 일원론적인 세계관을 바탕으로 강력한 본체인식에서 완성되는데, 이는 세계철학사에서도 보기 어려운 특이한 구조와 양상이라는 점에서 주목된다. 특히 이 같은 사고가 현대사회의 인간 행복이라는 화두에 대한 한 정당한 해법이 될 수 있다는 점에서, 우리는 이 부분에 집중하지 않을 수 없다.

남종선의 최종단계인 현실긍정에 따른 감정과 느낌의 이상화理想化는, 초기불교와는 전혀 다른 관점이자 결과이다. 이와 같은 상반된 관점이 같은 불교라는 종교전통 안에서 발생하고, 아직까지도 한 범주 안에 묶여 있다는 것은 매우 흥미로운 사실이 아닐 수 없다. 이런 점에서 왜 남종선은 초기불교와는 다른 해법을 제시하게 되는지를 검토해 보는 것은 무척이나 매력적인 연구접근이 아닐 수 없다.

2. 남종선의 대두와 강남스타일

1) 강북과 강남의 지역 분기와 문화

중국과 인도처럼 거대한 나라는 영토가 좁은 우리와는 비교되기 어려운 측면이 있다. 이로 인해 우리에게는 흔히 언급되는 '전국적으로 비가 온다'거나 '전국전인 한파'라는 등의 표현이 성립할 수 없다. 이들 나라에는 언제나 4계절이 동시에 존재하며, 다양한 인종과 문화가

無. 某甲對云. 不落因果. 五百生墮野狐身. 今請和尙. 代一轉語貴. 脫野狐遂問. 大修行底人還落因果. 也無. 師云. 不昧因果. 老人於言下大悟."

공존한다. 실제로 인도의 화폐에는 공용어로 지정된 15가지 언어가 동시에 표기되어 있다. 또 중국의 TV에서는 언제나 자막방송이 진행된다. 중국은 그나마 문자의 통일이 이루어져 있는 상황이니, 인도보다는 낫다고 하겠다.

중국과 인도 같이 영토가 넓은 경우에는 위도를 기준으로 지형에 따른 분기점이 존재하게 마련이다. 이는 위도에 따라서 기후대가 달라지기 때문이다. 인도의 남북을 가르는 기준은 데칸고원으로, 이를 중심으로 남인도와 북인도의 지역 및 개념 분리가 이루어진다.

중국은 황하와 양자강(장강長江) 사이에 존재하는 회수淮水가 기준이 된다. 이 회수를 중심으로 '강남'과 '강북'이라는 지역을 분기하는 용어가 사용된다. 우리나라에서 사용되는 강북과 강남이라는 표현 역시, 연원을 거슬러 올라가면 중국의 이 같은 방식과 명칭에 따른 것이다.

한자에서 큰 물줄기를 나타내는 단어의 최고는 '하河'와 '강江'이다. 하河는 수량에 변동이 있는 최고의 물줄기를 나타내는 단어며, 강江은 수량이 항상한 최고급 물줄기를 지칭한다. 이런 내용적인 차이 때문에 하와 강이라는 두 가지의 각기 다른 큰물을 나타내는 단어가 존재하는 것이다.

하와 강보다 규모가 작은 하위 개념에 속하는 용어는 '수水'다. 이런 점에서 수는 규모면에서는 하와 강에 필적할 수 없다. 그럼에도 회수가 남북을 분기하는 기준이 되는 것은 회수를 중심으로 기후대가 변하기 때문이다. 이는 '귤이 회수를 건너면 탱자가 된다'는 『안자춘추晏子春秋』의 '귤화위지橘化爲枳'의 언급을 통해서도 확인해 볼 수가 있다.[5]

즉 크기와 역사적인 상징성에서 회수는 황하나 양자강에 필적할 수 없지만, 기후대의 변화에 입각해서 회수가 강북과 강남으로 중국을 분기하고 있는 것이다.

회수는 황하와 양자강의 중간 지점에서 조금 남쪽에 위치한다. 즉 양자강에 더 가까운 것이다. 또 회수는 강이 아닌 수라는 점에서, 강북과 강남이라는 용어 사용은 완전한 정합성을 확보하지 못한다. 이렇다 보니 강북과 강남의 기준을 회수가 아닌 양자강으로 판단하는 경우도 발생한다. 그러나 이는 강북과 강남이라는 단어에 따른 혼란으로, 회수를 중심으로 이해하는 것이 보다 보편적이며 일반적이다. 그러나 강북과 강남이라는 명칭에서 수반되는 양자강의 상징성으로 인해, 때로는 회수와 양자강을 모두 포함시키는 측면도 존재한다.

2) 인간의 감정을 용인하는 강남문화

중국의 국가 면적은 9,596,960km²로, 단일국가임에도 유럽대륙의 전체 면적인 10,180,000km²에 필적하는 광활한 영토를 가지고 있다. 물론 세계에는 러시아나 캐나다, 미국처럼 중국보다 영토가 넓은 단일국가도 존재한다. 그러나 이들 나라는 중국처럼 국토에 인구가 고르게 분포하는 위도나, 문명의 기원이 오래된 나라가 아니다. 이런 점에서 중국은 인류 역사상 매우 특수한 위치를 확보하는 국가임에 틀림없다.

---

5 『晏子春秋』, 「內篇雜下第六凡三十章」, 〈楚王欲辱晏子指盜者爲齊人晏子對以橘第十〉, "王視晏子曰, 齊人固善盜乎. 晏子避席對曰, 嬰聞之, 橘生淮南, 則爲橘. 生于淮北, 則爲枳."

실제로 중국사에서 진시황은 매우 상반된 평가를 받는데, 긍정적인 입장에서 주장되는 것 중 핵심에 '하나의 중국이 가능한 토대 완성'이라는 측면이 존재한다.[6] 즉 진시황이 아니었다면 중국은 유럽처럼 분열된 상태로 유전되었을 수도 있었다는 관점인 셈이다.

중국의 오랜 역사와 고른 인구분포는 기후적인 차이와 맞물려 강남과 강북에 서로 다른 문화가 발전하는 배경이 된다. 즉 강남과 강북은 하나의 중국 안에 있더라도 문화적으로는 큰 차이의 이질성을 확보하고 있는 것이다.

선진先秦 시대 중국은 철저하게 강북 중심이었다. 이는 중국 문명의 확립 왕조인 서주西周의 영토가 강남으로는 본격적으로 미치지 못했다는 점. 강남으로 영역이 확대되는 동주東周 시대의 강남 왕조인 초楚나 오吳·월越 등은 강북의 나라들이 사용하는 '공公' 칭호와는 달리 모두 '왕王'으로 불린다는 점 등을 통해서 확인해 볼 수 있다.

강북을 대표하는 철학이 예禮를 강조하는 유가며 정서적으로는 『시경詩經』이라면, 강남에는 자연을 강조하는 도가道家와 굴원(屈原, B.C. 343~278)으로 대표되는 비장미의 『초사楚辭』가 있다. 유가의 인仁은 "이인상여二人相與"[7], 즉 인간끼리의 관계며, 이로 인해 내면적인 의義와 외부적인 예禮가 강조된다. 예 역시 인仁과 마찬가지로

---

6 이성원, 「秦漢 帝國의 의의와 유산」, 『歷史學硏究』 제62권, 湖南史學會, 2016, p.206.

7 丁若鏞 著, 『論語古今注』 1, 「學而 第一」, "道者, 人所由行也. 仁者, 二人相與也."; 蔡振豊, 「丁茶山의 政治社會論」, 『茶山學』 제28권, 茶山學術文化財團, 2016, p.161.

관계성에 기반한다는 점에서, 유가는 집단적인 강북문화를 대변한다. 이에 반해 도가의 도는 진리 중심적이며 명철보신明哲保身을 강조하는 개인성을 가진다.[8] 실제로 도가가 양주楊朱를 필두로 하는 위아주의爲我主義와 관계가 깊다는 연구는 도가의 개인주의적인 측면을 잘 나타내준다.[9] 또 이와 같은 개인성은 장자莊子에서처럼 현실을 넘어선 자유에 대한 동경과도 잘 맞아 들어간다.

다음으로 『시경』에 수록된 305편의 시들은 크게 풍風·아雅·송頌의 세 가지로 나누어진다. 이 중 풍風인 국풍國風은 여러 나라의 민요를 바탕으로 하는 남녀 간의 사랑과 이별을 주제로 하고 있다. 그러나 대아大雅와 소아小雅를 아우르는 아雅는 국가의 공식 연회와 관련된 의식가이며, 송頌은 종묘의 제사에서 사용되는 제례악시祭禮樂詩이다. 즉 정감적인 것도 있지만 제도적이고 국가적인 측면에 큰 비중이 할애되는 것이다.[10] 이에 반해서 『초사』는 남방 초나라의 노래라는 의미로, 굴원과 송옥宋玉 및 경차景差 등에 의한 남방의 정감 문화를 대변한다. 이는 한나라 초의 유향劉向에 의해서 가장 먼저 정리·부각

---

8 狩野直喜 著, 吳二煥 譯, 『中國哲學史』, 乙酉文化社, 1997, pp.198~199.

9 馮友蘭 著, 『中國哲學史(下冊)』, 上海: 華東師範大學出版社, 2003, pp.86~92; 윤천근 著, 『楊朱의 生命哲學』, 外界出版社, 1990, pp.42~44; 유희성, 「楊朱는 극단적 이기주의자인가?」, 『東洋哲學硏究』 제47집, 東洋哲學硏究會, 2006, pp.375~381.

10 『詩經』이나 현재는 『禮記』에 편입되어 있는 「樂記」를 통해서 본다면, 先秦儒敎는 감정은 인정하지만, 그렇다고 감정 자체를 그대로 인정하는 것은 아니다. 즉 감정은 단절의 대상은 아니지만, 조절과 승화의 대상이라는 말이다. 이는 감정 자체를 긍정하는 것으로 발전하는 강남문화와는 논리적 층위가 다르다.

된다.[11]

『초사』의 압권은 단연 굴원의 「이소離騷」이다. 「이소」는 『이소경離騷經』이라는 별본別本으로 유행하면서 경전의 권위를 가질 정도로 널리 사랑받는 문학작품이다. 「이소」에서 굴원은 혼군昏君과 국정을 농단하는 권신들을 상대로, 비분강개하는 심정을 처연하면서도 강도 높게 토로한다.[12] 이는 '군주에게 세 번 간해도 바뀌지 않으면 물러나라'는 유교적인 관점과는 차이가 있다.[13] 실제로 굴원은 스스로의 울분을 참지 못한 채 멱라강(汨羅水)에 투신해 생을 마감한다.[14] 그런데 이 또한 부모에게 받은 신체를 온전히 해서 되돌린다는 유교적인 효

11 김인호, 「楚辭의 범위와 의미 고찰」, 『中國文學』 제81권, 韓國中國語文學會, 2014, pp.2~5; 손정일, 「楚辭學의 成立과 發展」, 『中國語文學論集』 제10호, 中國語文學研究會, 1998, pp.3~8.

12 沈成鎬, 「屈原의 歷史 認識」, 『國際言語文學』 제40호, 國際言語文學會, 2018, pp.169~173.

13 『禮記』, 「曲禮下第二」, "LJ02,017 三諫而不聽, 則逃之. 子之事親也, 三諫而不聽, 則號泣而隨之."; 『論語集註』, 「里仁第四」, LY0426 子游曰, "事君數, 斯辱矣.' …… 胡氏曰: '事君諫不行, 則當去.'; 『孟子』, 「萬章下」, "MZ100907 曰, '君有過則諫, 反覆之而不聽, 則去.'"; 이희주, 「조선 초기 간언형태와 권조구조 – '三諫不聽則去'를 중심으로」, 『韓國政治學會報』 36권 4호, 韓國政治學會, 2002, pp.71~74.

14 司馬遷 著, 『史記』 84, 「屈原賈生列傳第二十四」, "084/24 於是懷石遂自(投)(沈)〈汨羅〉以死."; 劉向 撰, 『新序』, 「節士篇」.
中國의 '端午'는 屈原이 汨羅江에 빠져 죽은 것을 애도하는 것과 관련된다. 그만큼 중국인의 屈原에 대한 선호는 매우 높다.
江筱倩, 「中國 端午文化 전승에 한국 강릉단오제가 주는 시사점」, 『東硏』 제4권, 東아시아比較文化研究會, 2018, pp.15~20.

인식과는 크게 상이相異하다.[15] 즉 유교와는 다른 정감적인 면모와 개인주의적인 감정적 측면이 강하게 목도되는 것이다.

이외에도 『초사』의 「천문天問」이나 「원유遠遊」 등에는 신화나 주술적인 상상의 내용이 다수 포함되어 있다.[16] 이 역시 괴怪·력力·난亂·신神을 비판적인 관점에서 보는 유교적인 인식과는[17] 차이가 있는 자유로운 관념이라고 하겠다.

이렇게 놓고 본다면, 중국은 선진 시대부터 거대한 영토와 기후환경의 차이에 의해서 강북과 강남이 서로 다른 이질적인 문화구조를 구축하고 있었음을 알 수 있다. 실제로 중국 문명하면 가장 먼저 떠오르는 것은 황하문명이지만, 이외에도 현대에 들어와서는 양자강(장강) 문명 역시 중요하게 평가된다는 사실은 시사하는 바가 적지 않다.[18] 즉 중국은 문명의 여명기에서부터 강북과 강남이라는 문화의 이질성을 갖추고 있었던 것이다.

물론 이 중 중국 문명의 중심은 섬서성陝西省과 관중關中평야를 중심으로 하는 강북문화이다. 강북은 정치적이며 집단적인 구조를 띠고 있는데, 이를 대표하는 사상이 바로 유가儒家이다. 이에 비해

---

15 『論語』, 「泰伯第八」, "LY0803 曾子有疾, 召門弟子曰, '啓予足! 啓予手! 詩云, 〈戰戰兢兢, 如臨深淵, 如履薄氷.〉 而今而後, 吾知免夫! 小子!'"

16 沈成鎬, 「屈原의 歷史 認識」, 『國際言語文學』 제40호, 國際言語文學會, 2018, p.166; 주정화, 「中國神話的文雅化－屈原『楚辭』」, 『東亞文化』 제31호, 서울大學校 東亞文化硏究所, 1993, p.15.

17 『論語』, 「述而第七」, "LY0721 子不語怪力亂神."

18 김병준, 「중국 고대 '長江文明'의 재검토」, 『中國學報』 제51권, 韓國中國學會, 2005, pp.181~187.

강남은 강남수향江南水鄕이라는 말에서처럼, 풍부한 수자원을 바탕으로 하는 풍요로운 경제력 및 개인의 완성과 자유에 대한 추구가 존재한다. 그러나 강남이 본격적으로 개발되는 것은 후한이 붕괴되고 삼국시대에 접어들어 오나라가 들어서면서부터이다. 오나라부터 이후의 강남 여섯 왕조의 시기를 6조 시대라고 하는데, 이때 현재의 남경南京을 중심으로 하는 강남의 경제력이 강북을 능가하는 양상이 확립된다.

3) 강남의 약진과 정감주의

중국사에서 강남이 한족문화에 본격적으로 편입되는 것은 삼국시대 오나라부터이다. 조조의 위나라는 220년 셋째 아들인 조비(曹丕, 재위 220~226)가 동한의 마지막 황제인 제14대 헌제獻帝에게 양위 받으면서 위나라를 개창한다. 그러나 제5대 조환(曹奐, 재위 260~265)이 265년 사마염司馬炎에게 양위하면서 위나라는 단명하고, 그 자리를 진晉이 대체하게 된다. 263년 촉한蜀漢은 위나라에 무너지고, 280년에는 오吳가 진에 평정되면서 삼국시대는 종언을 고한다. 진나라가 통일왕조의 위업을 달성하게 된 것이다.

그러나 291년 번왕藩王들의 권력다툼인 '팔왕八王의 난亂'이 촉발되어, 306년까지 무려 16년간 지속되면서 진나라는 황폐화된다. 이때를 틈타 북방의 흉노족에 의해 회제(懷帝, 재위 306~312)의 영가永嘉 연간(307~312)에 '영가의 난'이 발발한다. 이 과정에서 311년 제3대 회제가 죽고, 이후 제4대 민제(愍帝, 312~316)가 사로잡히면서 316년 진나라는 막을 내리게 된다. 이를 이후 건립되는 강남 왕조인 동진東晉과 구분하기 위해서 서진西晉이라고 칭한다.

서진이 멸망하는 과정에서 낭사왕琅邪王 사마예(司馬睿, 재위 317~322)가 강남의 건업建業, 즉 남경에 수도를 세우고 317년에 수립하는 왕조가 바로 동진이다. 이로 인해 중국사는 강북의 선비·흉노·갈·저·강의 5호에 의한 16국과, 강남의 오 → 동진 → 송 → 제 → 양 → 진으로 계승되는 6조 시대의 남북조 시대가 펼쳐지게 된다.

동한東漢의 붕괴와 삼국시대의 개막은 서한西漢 무제武帝 이래의 지배이데올로기였던 유교의 붕괴를 의미한다. 실제로 삼국시대의 개막은 장각張角의 도교 민란인 황건적의 난에 의해서 시작되며, 삼국시대를 통틀어 두드러지는 유교 인물도 이렇다 할 사람이 없다. 그렇기 때문에 위·진 시대를 대표하는 철학은 유교가 아닌 현학玄學이 된다. 현학은 삼현학三玄學이라고도 하는데, 이는 『노자』·『장자』·『주역』의 3가지 책을 텍스트로 하기 때문이다.

현학의 신도가新道家 유행은 철학적 논의를 정치나 현상에 대한 것이 아닌 본질과 형이상으로 변모시키게 되는데, 이를 귀무貴無와 숭유崇有라고 한다.[19] 이러한 강북의 사상적 변화는 출세간을 지향하는 종교인 불교가 격의불교格義佛教를 통해서 확대될 수 있는 한 배경으로 작용한다. 이후 불교에 호의적인 5호에 의해 강북에 16국이 명멸하면서 불교는 강북에서 확고한 위치를 차지하게 된다. 특히 당시는 전란의 시대였기 때문에 사후세계관이 부족한 유교나 신도가에 비해, 내세관이 발달한 불교가 더욱 유리한 위치를 확보할 수 있었다.

당시 강북에서의 불교 확대는 후조後趙의 불도징佛圖澄과 관련된

---

19 정세근, 「有와 無-魏晉玄學에서의 有無 論爭」, 『人文學誌』 제16권, 忠北大學校 人文學研究所, 1998, pp.287~306.

예를 통해서 단적인 판단이 가능하다. 후조의 군주였던 석륵石勒과 석호石虎는 신통이 뛰어난 불도징을 매우 신뢰했고, 실제로 불도징은 국사 겸 책사와 같은 역할을 수행하면서 전쟁에 많은 공을 세우게 된다. 이로 인해 893곳의 사찰이 창건되고 문도가 1만에 이르렀다.[20] 이 같은 불교의 성세에 위기감을 느낀 한족 재상이었던 왕도王度는 335년 '붓다(불교)는 이방인의 것이기 때문에 한족과 맞지 않는다'는 상소를 올리게 된다. 그런데 당시 군주였던 석호의 답변은 후조의 위정자들은 본래 이방인이므로 붓다는 당연히 숭배될 대상이라는 것이었다.[21] 이는 우리로 하여금 강북의 이민족 지배 시절에 불교가 확대되는 한 이유를 알게 한다.

위진에 현학이 주가 된 것과 달리 6조에서는 위진 시대에 시작된 청담이 크게 유행하는 모습을 보인다. 즉 일반적으로 널리 회자되는 바와 같이 위진현학과 육조청담인 것이다. 강남에 춘추 전국 시대에는

---

20 『高僧傳』 9, 「神異上－竺佛圖澄一」(『大正藏』50, 387a), "前後門徒幾且一萬. 所歷州郡興立佛寺八百九十三所."

21 같은 책, (385c), "中書著作郎王度奏曰. 夫王者郊祀天地. 祭奉百神. 載在祀典. 禮有嘗饗. 佛出西域. 外國之神. 功不施民. 非天子諸華所應祠奉. 往漢明感夢初傳其道. 唯聽西域人得立寺都邑以奉其神. 其漢人皆不得出家. 魏承漢制亦修前軌. 今大趙受命率由舊章. 華戎制異. 人神流別. 外不同內. 饗祭殊禮. 荒夏服祀不宜雜錯. 國家可斷趙人悉不聽詣寺燒香禮拜以遵典禮. 其百辟卿士下逮衆隸. 例皆禁之. 其有犯者與淫祀同罪. 其趙人爲沙門者. 還從四民之服. 僞中書令王波同度所奏. 虎下書曰. 度議云. 佛是外國之神. 非天子諸華所可宜奉. 朕生自邊壤忝當期運君臨諸夏. 至於饗祀應兼從本俗. 佛是戎神正所應奉. 夫制由上行永世作則. 苟事無虧何拘前代. 其夷趙百蠻. 有捨其淫祀樂事佛者. 悉聽爲道. 於是慢戒之徒因之以厲."

초와 오·월이 있었지만, 강남이 한족문화에 본격적으로 편입되는 것은 삼국시대 오나라부터임은 앞서 언급한 바 있다. 이 강남에 동진이 들어서게 되면서 강북 한족문화의 주류가 남하하게 되고, 강북은 5호라는 이민족 지배 시기를 거치게 된다. 즉 강남과 강북문화의 역전 현상이 발생하면서 강남이 한족문화를 계승하게 되는 것이다.

청담은 위진 교체기에 죽림칠현竹林七賢, 즉 완적阮籍·완함阮咸·혜강嵇康·산도山濤·향수向秀·유령劉伶·왕융王戎을 통해서 확립된다.[22] 사마씨의 전횡에 효과적으로 대응할 수 없었던 당시의 정치적인 현실 속에서, 지식인들이 현학의 본체론에 입각한 탈속의 자연주의를 표방했기 때문이다.[23] 즉 청담에는 어찌할 수 없는 상황에 따른 지식인의 고뇌가 깃들어 있는 것이다. 이와 같은 청담은 동진 시기에 더욱 유행하게 된다.

청담의 특징은 자연과 탈속인데, 이는 강북을 이민족에게 빼앗긴 '현실을 부정하고 싶은 방어기제적인 필연성' 속에서 작용하기가 용이했다. 즉 현실부정이라는 위진 교체기의 문제의식이 남조에서는 오랑캐로 천시하던 이민족에 의해 강북이 지배되는 상황 속에서 더욱 선명해질 수 있었고, 이것이 청담 유행의 한 배경이 되는 것이다.

그러나 현실을 부정한다고 하더라도 이것이 곧 자신의 부정으로까지 직결되는 것은 아니다. 이로 인해 청담의 주체는 현실에 오염染汚되지

---

22 정세근, 「竹林七賢의 정체와 그 비판」, 『東西哲學研究』 제21권, 韓國東西哲學會, 2001, pp.64~72.

23 李康範, 「竹林七賢을 통해 본 隱逸文化와 司馬氏의 정치폭력」, 『中國語文學論集』 제88호, 中國語文學研究會, 2014, pp.411~421.

않는 청정성을 지향하는데, 이는 청담에 주관주의와 정감주의적인 요소가 강하게 깃드는 배경이 된다.

청담의 상징 인물로 가장 선명하게 드러나는 것은 앞서 언급한 죽림칠현이다. 그러나 청담을 모은 문헌인 『세설신어世說新語』의 편집자는 남조 송나라의 유의경(劉義慶, 403~444)이며, 이의 주석註釋은 양나라 때의 유준(劉峻, 458~521)에 의해서 이루어진다. 이는 남조의 청담 유행을 반영하는 것이다. 그러므로 『세설신어』에 등장하는 죽림칠현의 이야기는 위진 교체기의 상황인 동시에, 남조의 시대적인 요청에 의해 대두되는 이야기임을 우리는 이해할 필요가 있다. 즉 『세설신어』는 남조의 현재와 조우하는 선택된 역사와 사상이며, 이를 통해서 우리는 강남 지식인들의 인식과 취향을 읽어볼 수가 있는 것이다.

『세설신어』를 보면, 죽림칠현 중 한 사람인 유령劉伶이 방에서 나체로 사는 것을 정당화하는 이야기가 수록되어 있다. 유령을 찾아온 사람들이 이와 같은 행태를 비판하자, 유령은 "나는 천지를 집으로 삼고 방을 잠방이(속옷)로 삼는다. 제군들은 어찌하여 내 잠방이 속에 들어와 있단 말인가?"라는 말로 응수한다.[24] 이는 유교에서 강조하는 예의 관점과는 완전히 다른, 개인적인 주관에 입각한 탈속적이고 자유로운 면모라는 점에서 주목된다.

유령의 일화는 자신의 입장에서의 편안함과 자연에 대한 추구를 나체라는 현상적인 실천으로 드러내고 있다. 물론 여기에는 내면적인

---

24 『世說新語』, 「任誕第二十三」, "23-6 劉伶恒縱酒放達, 或脫衣裸形在屋中, 人見譏之. 伶曰: '我以天地爲棟宇, 屋室爲幝衣, 諸君何爲入我幝中?'"

유령의 관점이 존재함은 재론의 여지가 없다. 그러나 이 일화에서의 초점은 나체라는 현상에 대한 판단에 맞추어져 있다.

같은 문헌의 왕자규王子逵에 대한 이야기는 유령보다도 더욱 주관적이다. 왕자규는 왕희지王羲之의 5번째 아들로 산음山陰, 즉 항주에 살고 있었다. 그런데 하루는 눈이 가득히 내리자, 불현듯 섬剡에 사는 친구인 대안도戴安道가 생각났다. 해서 밤새도록 배를 타고 대안도의 집으로 갔다. 그러나 그 집 앞에 도착했을 때 왕자규는 친구 집에 들어가지 않고 자신의 집으로 되돌아오는 선택을 한다. 다른 사람들이 그 이유를 묻자, 왕자규는 "나는 본래 흥에 겨워 갔다가 흥이 다하여 돌아왔다. 그런데 반드시 대안도를 볼 필요가 있겠는가!"라고 답한다.[25] 이 일화를 통해서 알 수 있는 것은 하루를 갔다는 행동보다도 자신의 심경변화가 더 중요시되고 있다는 점이다. 즉 철저한 주관중심과 내면의 감정에 대한 존중구조를 확인해 볼 수가 있는 것이다.

『세설신어』에는 감정의 존중을 넘어서 감정 그대로를 긍정하는 모습도 다수 확인된다. 이는 죽림칠현 중 한 사람인 왕융王戎의 이야기 등을 통해서 확인되는데, 이를 제시해 보면 다음과 같다.

> 왕융이 어린 아들인 만자萬子를 잃었다. 친구 산간山簡이 그를 위로하러 갔다. 왕융은 너무도 슬퍼 자신을 억제하지 못하였다. 산간이 말했다. "어린애는 품에 안을 정도로 작은데, 어찌 이 지경에 이른단

---

25 같은 책, "23-47 王子猷居山陰, 夜大雪, 眠覺, 開室, 命酌酒, 四望皎然. 因起仿偟, 詠左思招隱詩; 忽憶戴安道. 時戴在剡, 卽便夜乘小船就之. 經宿方至, 造門不前而返. 人問其故? 王曰: '吾本乘興而行, 興盡而返, 何必見戴!'"

말인가?" 왕융이 답했다. "성인聖人은 정情을 잊어버린다. 또 최하의 사람들은 정情에도 미치지 못한다. 그러므로 모든 정情이 (중간계층인) 우리에게 모여 있지 않은가!" 산간도 이 말에 감복하여 다시금 그를 위해 슬피 울었다.[26]

인용문에서와 같은 감정에 대한 긍정은, 본체론을 바탕으로 현상마저도 본체 안으로 끌어들여 승화하기 때문에 발생하는 측면이다. 이와는 조금 다르지만, 감정에 대한 긍정 인식은 현학의 시원자로도 평가받는 왕필(王弼, 226~249)로까지도 소급된다. 『삼국지三國志』 권28에는 왕필과 하안(何晏, 193?~249)의 오정五情에 대한 논의가 수록되어 있는데, 중국철학의 감정 인식에 있어서 시사하는 바가 매우 크다. 이를 제시해 보면 다음과 같다.

하안何晏은 『장자莊子』의 관점에 입각하여 성인聖人은 희喜·노怒·애哀·락樂이 없다고 하였는데, 그 논이 심히 정밀하여 종회鍾會 등이 이를 따랐다. 그러나 왕필王弼은 그렇지 않았다. 그는 성인이 사람들보다 빼어난 것은 신명神明이요, 같은 점은 오정五情이라고 보았다. 신명이 무성茂盛하므로 충화沖和를 체득하여 무와 통한다. 그러나 오정은 보통 사람과 같기 때문에 기쁨과 슬픔 없이 사물에 감응할 수는 없다. 그러므로 성인의 정情은 사물에 감응은 하지만

---

26 같은 책, 「傷逝第十七」, "17-4 王戎喪兒萬子, 山簡往省之, 王悲不自勝. 簡曰: '孩抱中物, 何至於此?' 王曰: '聖人忘情, 最下不及情; 情之所鍾, 正在我輩!' 簡服其言, 更爲之慟."

사물에 얽매이지 않는다. 이제 그 얽매임이 없다 하여 다시금 사물에 감응하지 않는다고 하는 것은 잘못됨이 많다.[27]

인용문을 보면 하안이 성인무정론聖人無情論을 주장한 것과 달리, 왕필은 오욕이 존재하지만 여기에 얽매이지 않는다는 성인유정무애론聖人有情無礙論을 강조하고 있다. 이는 배휘裴徽가 왕필에게 '공자는 무를 말하지 않았는데, 노자는 무를 강조한 이유를 묻는 것' 속에서도 살펴진다. 이때 왕필은 "성인(공자)은 무를 체득했으며, 무란 가르칠 수 없는 것이므로 유有만을 말하지 않을 수 없었다. 그러나 노자와 장자는 유를 완전히 벗어나지 못했다. 그러므로 항상 자신들의 부족한 점을 가르친 것이다."라고 답한다.[28] 현학의 특징 중 하나는 노자와 장자를 주로 다루면서도, 이들은 아이러니하게도 공자를 더욱 높게 평가한다는 점이다.[29] 이는 강북문화의 틀 속에서 강남문화를 수용한 영향 때문으로 판단된다.

그런데 왕필의 논의보다 왕융의 감정에 대한 인식은 보다 진일보한 동시에 보편성을 띠고 있다는 점에서 주목된다. 즉 왕필이 성인을

---

27 『三國志』 28, 「魏書二十八－王弼」, "何晏以爲聖人無喜怒哀樂, 其論甚精, 鍾會等述之. 弼與不同, 以爲聖人茂於人者神明也, 同於人者五情也, 神明茂故能體沖和以通無, 五情同故不能無哀樂以應物, 然則聖人之情, 應物而無累於物者也. 今以其無累, 便謂不復應物, 失之多矣."

28 『世說新語』, 「文學第四」, "4-8 王輔嗣弱冠詣裴徽, 徽問曰: '夫無者, 誠萬物之所資, 聖人莫肯致言, 而老子申之無已, 何邪?' 弼曰: '聖人體無, 無又不可以訓, 故言必及有; 老莊未免於有, 恒訓其所不足.'"

29 馮友蘭 著, 『中國哲學簡史』, 北京: 北京大學出版社, 1996, pp.187~188.

중심으로 오정의 기본을 긍정하고 있다면, 왕융은 보통 사람의 입장에서 감정의 발로 일체를 긍정하는 모습을 보이고 있는 것이다. 이는 우리로 하여금 '하안 → 왕필 → 왕융'의 변화를 읽어볼 수 있게 한다. 이와 같은 변화는 마침내 왕장사王長史의 "나는 마침내 정情 때문에 죽어야 하는가!"라는 단계로까지 발전한다.[30] 이렇게 본체론에 입각해서 감정을 긍정하는 중국철학적 흐름은 후일 남종선에 의한 '일상의 긍정'으로 완성된다.

동진 이래 강남의 문화적인 흐름이 중요한 것은 이 시기에 이르러서야 비로소 강북과 강남문화가 하나로 온전히 뒤섞이기 때문이다. 즉 강북과 강남의 각기 다르게 흐르던 흐름이 강북의 주류가 남하하는 과정에서 뒤섞이게 되는 것이다. 여기에서 중요한 것은 당시 강북은 한족이 아닌 오호五胡가 주도하고 있었기 때문에 강북은 한족의 중심에서 이탈해 있었다는 점, 또 강남의 한족이 강남문화를 강북문화로 바꾼 것이 아니라 오히려 강남문화에 동조되면서 변모하고 있다는 점이다. 이 같은 강남문화의 약진에는 풍부한 수자원과 따듯한 기후조건에 따른 강남의 풍요로운 경제력 역시 한몫했을 것임은 재론의 여지가 없다.

위진 남북조의 368년 분열기를 마감하는 것은 수隨나라로 장안 쪽의 대흥(大興, 581~605)에 수도를 두게 되는데, 2대 양제 때는 중심이 낙양(605~619)으로 옮겨진다. 장안과 낙양은 당나라 때까지 중국문화를 대표하는 정치와 문화의 중심지이다. 즉 강북이 주도하는

30 『世說新語』, 「任誕第二十三」, "23-54 王長史登茅山, 大痛哭曰: '瑯邪王伯輿, 終當爲情死!'"

통일이 이루어진 셈이다. 그러나 남조 시대 강남의 경제력과 문화적인 번성은 강북과 강남의 연결 필연성을 강력하게 대두한다. 이러한 결과가 바로 남경과 낙양을 연결하는 수나라의 대운하 건설이다.[31] 이로 인해 강북과 강남은 문화적인 확실한 연결점을 확보하게 된다. 또 이는 강남문화가 강북에도 영향을 미칠 수 있는 통로가 된다. 이와 같은 문화적인 변화와 흐름을 타고 당나라 중기부터 유행하기 시작하는 것이 바로 혜능의 남종선南宗禪이다.

4) 혜능의 당돌함을 보는 시각

강남문화의 개인 강조와 감정을 깊이 긍정하는 관점은, 강북의 도안道安과 구마라집에 의해서 확립되는 반야사상과 나집사철羅什四哲(도생道生·승조僧肇·도융道融·승예僧叡) 중 도생道生에 의해서 제기되는 돈오와 불성사상이 강남에서 큰 반향을 일으키는 배경이 된다. 혜능의 남종선을 구성하는 두 가지 사상은 '현상에 대한 인식인 공'과 '인간의 본질에 대한 본래 완성을 의미하는 불성'이다. 이 중 불성이 보다 강조되는데, 이는 도생에 의해서 강남에 전파된 『대반열반경』의 유행에 따른 것이다.[32] 강남의 『대반열반경』 유행은 양무제에 의해서 총 71편의 주석이 집대성되는 『대반열반경집해大般涅槃經集解』를 통해서

---

31 大運河가 洛陽에서 그치고 長安에 이르지 못하는 것은 낙양과 장안의 중간에 '砥柱之險'이라는 당시로서는 해결 불가능한 거대한 암초가 존재하기 때문이다. 박한제 著, 『江南의 浪漫과 悲劇』, 四季節, 2003, pp.256~289.

32 黃雲明 著, 李榮子 譯, 「道生의 涅槃佛性論에 대하여」, 『東西思想』 제7집, 慶北大學校 人文學術院, 2009, pp.291~299.

인지해 볼 수가 있다.[33]

강남에 유행한 청담에 현실부정과 자신에 대한 긍정이 존재한다는 점은 앞서 언급한 바 있다. 바로 이와 같은 연장선상에서 불교의 반야 사상과 불성론의 이중구조 또한 이해해 볼 수가 있는 것이다. 현학과 청담으로 대변되는 신도가는 불교의 발달과 함께 점차 불교로 대체되는 모습을 보이는데, 이는 불교에 신도가의 문제의식을 넘어서는 보다 정치精緻한 관점이 존재했기 때문이다.[34]

중국철학에서 가장 주관주의적이며, 이 속에 감정마저도 완벽하게 포괄하는 것이 선불교이다. 선불교는 초기의 달마(達摩, 혹은 達磨)와 혜가慧可에 의해 하남성의 숭산을 중심으로 시작되어, 후에는 도신道信과 홍인弘忍의 주된 거점인 기주의 쌍봉산雙峯山으로 옮겨진다. 그러나 이를 완성하는 것은 주지하다시피, 강북의 북종北宗이 아닌 강남 혜능의 남종南宗이다.

혜능 철학의 핵심은 불성이라는 본래 완성에 입각한 견성見性, 즉 견불성見佛性이다.[35] 이를 육조혁명六祖革命이라고 하는데,[36] 축약하면 본래 갖추고 있는 완전성에 대한 재발견 혹은 재인식을 의미한다. 이는 수행을 통한 확보가 아니라 '코페르니쿠스적 전회'이기 때문에 깨침에 있어서도 돈오의 구조가 필연적일 수밖에 없다.

혜능에 대한 자료를 집취한 『육조단경六祖壇經』에는 혜능이 빙무산

---

33 K. S. 케네쓰 첸 著, 박해당 譯, 『中國佛教 上』, 民族社, 1991, p.145.

34 같은 책, pp.70~163.

35 나카가와 다카 註解, 양기봉 譯, 『六祖壇經』, 김영사, 1994, p.19.

36 李英華, 「"六祖革命"与佛教中國化」, 『新東方』 第3期(2011), pp.30~34.

馮茂山(동산東山)으로 홍인을 친견하는 과정이 기록되어 있다. 이는 기존의 북방문화와는 다른 이질적인 내용을 포함하고 있어 주목된다. 좀 긴 듯하지만, 해당 기록을 제시해 보면 다음과 같다.

> 혜능은 어머니의 뒷일을 조치하고, 작별인사를 올렸다. 그리고는 30여 일을 지나지 않아 황매현에 이르러 오조를 예배했다.
> 조사께서 물었다. "자네는 어느 지방 사람이며, 무엇을 구해고자 하는가?"
> 내가 답했다. "제자는 영남 신주新州의 백성으로 멀리서 스님을 뵙고자 왔습니다. 오직 붓다 되기를 구할 뿐 다른 뜻은 없습니다."
> 조사께서 말씀하셨다. "자네가 영남인嶺南人이라면 오랑캐(갈료獦獠)인데, 어찌 감히 붓다가 된단 말인가?"
> 내가 말씀드렸다. "사람에게는 남북의 구별이 있을지언정 불성에는 본래 남북이 있을 수 없는 것 아닙니까? 오랑캐라는 이 육신은 화상과 같지 않지만, 불성에는 어떻게 차별이 있을 수 있겠습니까?"
> 오조께서 다시 나와 더 말하고자 하였으나, 좌우에 많은 사람이 있는 것을 의식해 대중을 따라서 일하도록 지시하셨다.
> 나는 스님께 여쭈었다. "제자는 스스로의 마음이 항상 지혜를 생하여 자성自性을 여의지 않아야만 복전福田이 된다고 생각합니다. 화상께서는 어떠한 일을 시키실지 궁금합니다."
> 조사께서 말씀하셨다. "너는 오랑캐치고는 근성이 예리하구나. 딴말 말고 후원에나 가 있거라."
> 혜능이 후원으로 물러나 어떤 행자의 지시로 장작을 패고 방아를

찧으며 8개월여를 보냈다.
조사께서 하루는 문득 나를 보고 말씀하셨다. "나는 네 소견이 쓸모 있다고 생각했다만, 나쁜 마음을 가진 이가 너를 해칠까 싶어 너와 말하지 않았다. 너도 눈치 채고 있었느냐?"
내가 말씀드렸다. "제자 또한 스님의 뜻을 알고 있었기에 방장실에 가는 것을 삼가며 다른 사람이 알지 못하도록 하였습니다.[37]

인용문에서 혜능이 출가를 위해 노모에 대한 뒷일을 마쳤다는 설정

---

37 『六祖大師法寶壇經』 全1卷, 「行由第一」(『大正藏』48, 348a), "「惠能安置母畢, 卽便辭違. 不經三十餘日, 便至黃梅, 禮拜五祖. 祖問曰: 『汝何方人? 欲求何物?』 惠能對曰: 『弟子是嶺南新州百姓, 遠來禮師, 惟求作佛, 不求餘物.』 祖言: 『汝是嶺南人, 又是獦獠, 若爲堪作佛?』 惠能曰: 『人雖有南北, 佛性本無南北; 獦獠身與和尙不同, 佛性有何差別?』 五祖更欲與語, 且見徒衆總在左右, 乃令隨衆作務. 惠能曰: 『惠能啓和尙, 弟子自心, 常生智慧, 不離自性, 卽是福田. 未審和尙敎作何務?』 祖云: 『這獦獠根性大利! 汝更勿言, 著槽廠去.』 惠能退至後院, 有一行者, 差惠能破柴踏碓. 經八月餘, 祖一日忽見惠能曰: 『吾思汝之見可用, 恐有惡人害汝, 遂不與汝言. 汝知之否?』 惠能曰: 『弟子亦知師意, 不敢行至堂前, 令人不覺.』"; 『南宗頓敎最上大乘摩訶般若波羅蜜經六祖惠能大師於韶州大梵寺施法壇經』 全1卷(『大正藏』 48, 337a), "弘忍和尙問惠能曰: 「汝何方人? 來此山禮拜吾, 汝今向吾邊, 復求何物?」 惠能答曰: 「弟子是嶺南人, 新州百姓, 今故遠來禮拜和尙, 不求餘物, 唯求作佛.」 大師遂責惠能曰: 「汝是嶺南人, 又是獦獠, 若爲堪作佛!」 惠能答曰: 「人卽有南北, 佛性卽無南北; 獦獠身與和尙不同, 佛性有何差別?」 大師欲更共語, 見左右在旁邊, 大師便不言, 遂發遣惠能令隨衆作務. 時有一行者, 遂差惠能於碓坊踏碓八个餘月."; 나카가와 다카 註解, 양기봉 譯, 『六祖壇經』, 김영사, 1994, pp.39~41; 후루타 쇼킨·다나카 료쇼 著, 남동신·안지원 譯, 『中國禪宗의 六祖, 혜능』, 玄音社, 1993, pp.61~69.

은 강북의 유교적인 효孝 관념을 나타낸다. 또 혜능이 홍인을 처음 친견할 때 본향本鄕을 물은 것 역시 유교의 농업사회적인 관점에 따른 것이다. 즉 여기까지는 강북문화에 입각한 측면이라는 판단이 가능하다.

다음으로 혜능의 출신지가 영남의 신주라는 말을 듣자 홍인이 갈료獦獠, 즉 오랑캐라고 말하는 것은 강북을 중심으로 하는 지역 차별적인 언행이다. 오랑캐 발언은 혜능도 인정하는 바이며, 뒤에서도 한 번 더 확인된다. 이는 강북의 유교적인 중화 중심의 화이관華夷觀이 작용되고 있는 결과이다.

고향이나 본관을 따지는 문화는 유교의 영혼관에 입각한 신토불이身土不二의 관점이다. 즉 여기에서도 유교적인 인식을 재차 확인해 볼 수가 있는 것이다.

또 이 기록을 통해서 우리는 당나라 중기까지도 강남은 강북에 비해 차별적인 시각 속에 있었다는 것도 알게 된다. 이 같은 인식은 '사람에게 남북이 있다'는 혜능의 언급을 통해서도 재확인된다. 즉 수나라 때 대운하가 완성되었음에도 불구하고, 전통적인 강북의 주류 인식 속에서 강남에 대한 차별은 항존하고 있었던 것이다.

그런데 특기할 만한 것은 그 다음에 살펴지는 혜능의 홍인에 대한 반발이다. 혜능은 불성의 보편성을 주장하며 홍인의 말에 말대답을 한다. 혜능이 주장한 논리는 불교적으로 전혀 문제가 없는 타당한 것이다. 그러나 강북의 유교문화 속에서는 이것이 설령 타당하다고 하더라도 어른에 대한 말대답은 쉽게 용인되는 것이 아니다. 특히 당시 상황은 행자로 입문하려는 혜능이 스승으로 모시려는 분이자 방장(주지)이었던 홍인을 상대로 자신의 견해를 피력하고 있는 것이라는 점에서 더욱 그렇다. 이는 자성自性 운운하며, 어떤 일을 시킬 것인지를 묻는 대목 속에서 한 번 더 확인된다. 즉 이 부분에서 우리는 강남의 개인을 중시하는 자기표현이 강한 문화를 읽어볼 수가 있는 것이다.

이렇게 놓고 본다면, 혜능과 홍인의 상면에는 강북과 강남이라는 두 문화권의 충돌이 존재함을 알 수 있다. 그런데 홍인은 혜능의 근성을 인정하면서 다른 사람이 해칠 것을 염려하는 것으로 인용문은 마무리된다. 즉 강남문화에 대한 배척이 아닌 용인의 모습이 확인되는 것이다. 이는 강남이 강북에 비해서 차별받기는 하지만, 그럼에도 당시에는 강남문화 역시 강북에까지 상당한 영향을 미치고 있다는 점을 인지하게 한다. 실제로 선종이라는 개인의 수행과 행복을 목적으로 하는 수행문화의 특징은 집단적이고 관계성을 중시하는 강북문화보다는 개인적이고 주관적인 강남문화에 보다 부합한다. 이런 측면에서 본다면, 개인성이 강한 수행문화인 선불교의 주류는 북종보다 남종이 태생적으로 더욱 유리했다는 판단도 가능하다.

주지하다시피 혜능은 법을 상속받은 뒤 영남嶺南으로 돌아간다. 이를 혜능이 강남에서 오후보임悟後保任하고[38] 가르침을 전개한 것과 연결시켜, 남종선이 태생적인 강남에 보다 잘 부합하기 때문이라는 판단도 가능하다.

혜능과 신수神秀 중 당대의 주류는 신수의 북종선이었다. 이는 신수

---

38 『六祖大師法寶壇經』 全1卷, 「行由第一」(『大正藏』 48, 349c).

가 장안과 낙양의 양경兩京을 거점으로 '양경법주兩京法主 삼제국사三帝國師'의 칭호를 듣는 것을 통해서 판단해 볼 수 있다.[39] 또 남종선의 대두 초기에 이와 같은 북종선의 압도 현상이 확인되는 것은, 홍인이 강남인인 혜능을 오랑캐로 보는 차별인식과 같은 연장선상을 통해서도 이해된다.

그러나 혜능 이후 남종선은 강서의 마조도일(馬祖道一, 709~788)과 호남의 석두희천(石頭希遷, 700~790)에 의해, '안사安史의 난'으로 기울어진 당나라 후기의 사상계를 주도한다. 이는 안사의 난으로 피폐해진 장안과 낙양에 비해 상대적으로 피해가 적었던 강남의 경제력과 문화가 강북에 더욱 큰 영향력을 미치는 것과 관련된다. 즉 강북문화의 퇴보와 강남문화의 약진 속에서, 남종선은 일시에 활짝 개화開花될 수 있었던 것이다.

후일 송명 신유학이 지적하는 남종선의 가장 큰 문제는 강북의 유교에서 가장 중요하게 여기는 윤리문제이다. 유교의 사회구조는 친친존존親親尊尊에 입각한 강상綱常의 윤리를, 가족에서 기반하여 국가로까지 확대하는 것이다. 소위 '수신제가修身齊家 치국평천하治國平天下'인 셈이다. 이에 비해 남종선은 주관심을 극대화해서 본래적인 깨달음 속에 객관적인 대상이 가설될 수 없도록 한다. 이러한 주관의 독존獨存 속에서는 윤리가 가설될 외부대상 자체가 존재할 수 없다. 남종선이 강력한 주관성을 견지하는 요인에는 강남문화의 유산을 계승한 결과가 작용한다. 이런 점에서 본다면, 송나라 때 중국사상계의

---

39 『楞伽師資記』 1(『大正藏』 85, 1290a); 鄭性本 著, 『中國禪宗의 成立史 硏究』, 民族社, 2000, p.380; 鄭性本 著, 『禪의 歷史와 禪思想』, 三圓社, 1994, p.238.

주류가 남종선에서 신유학으로 변모하는 것은, 남종선이 계승하고 있는 강남문화에 대한 반발과 강북문화의 회복이라는 판단도 일정 부분 가능하다.

3. 일원론의 세계관과 인간의 감정 문제

1) 이원론 문화에서 일원론으로 넘어온 불교

불교는 피안彼岸과 차안此岸, 또는 진제眞諦와 속제俗諦로 분절되는 이원론적인 인도문화를 배경으로 성립된다. 그러므로 이를 모사하는 출가승단은 세속과 분기되며, 붓다 당시의 초기불교에서 세속법은 승단에까지는 영향을 미치지 못했다.[40] 이 때문에 붓다 역시 출가승단의 독립성을 유지하기 위해 율律을 강조하며, 세속법과의 충돌을 최소화한다. 현재까지 전승되는 율장의 상당 분량이 세속 및 국가와의 갈등과 충돌을 피하기 위해 제정된 것이라는 점은 이를 잘 나타내준다.[41]

---

40 이를 알 수 있는 가장 대표적인 예가 연쇄 살인자였다가 출가한 앙굴리마라를 波斯匿王이 大臣의 건의에도 잡아 오지 않는 사건이다.
『增壹阿含經』 31, 「力品第三十八之一－六」(『大正藏』 2, 719b-722c).

41 廉仲燮, 「律의 改變 가능성과 〈僧侶法〉의 당위성 검토」, 『佛教學報』 제61집, 東國大學校 佛教文化研究院, 2012, pp.377~379; 廉仲燮, 「한국불교의 戒律 변화에 대한 타당성 모색」, 『宗教文化研究』 제24호, 韓神大學校 宗教와文化研究所, 2015, pp.92~93.
이는 出家의 전제조건인 遮難이나 肉食의 허용범위 등을 통해서 확인해 볼 수 있다.

차안과 피안의 분절은 차안적인 요소인 감정이나 느낌에 대한 부정으로 나타난다. 율장의 핵심에는 쾌락적 요소에 대한 금지가 있다. 이는 가장 기본적인 사미십계沙彌十戒(6. 불착향화不着香華 불향도신不香塗身, 7. 불가무창기不歌舞倡伎 불왕관청不往觀聽)에서부터 확인되는 율의 중요한 근간 중 하나이다.

이러한 인도문화적인 특징은 붓다 당시부터 확인되는 욕계欲界·색계色界·무색계無色界라는 삼계三界의 구조를 통해서도 판단된다. 삼계 중 가장 낮은 단계인 욕계의 '욕欲'은 욕망의 의미로 이는 인간의 감정과 직결되는 부분이다. 이에 반해 색계는 욕망 같은 감정은 없지만, 형체는 존재하기 때문에 느낌은 수반된다. 즉 욕망과 같은 거친 감정보다, 느낌은 미세한 영역으로 이해될 수 있는 것이다. 끝으로 무색계는 형체마저 없지만 정신적인 부분은 유지되기 때문에, 이런 경우에도 정신과 관련된 미세한 느낌은 존재하게 된다.[42] 그러나 열반에 이르면 불이 꺼진 것과 같으므로 느낌마저 작용하지 못하는 상태가 된다.[43] 즉 붓다 당시 수행문화의 목적과 초기불교에서는 감정이나 느낌은 부정의 존재로 극복대상이었을 뿐인 것이다.

佐々木閑 著, 「第4章 遮法」, 『出家とはなにか』, 東京: 大藏出版, 1999, pp.79~101; 平川彰 著, 『原始佛教の研究－教團組織の原型』, 東京: 春秋社, 1964, pp.29~33; 『四分律』 42, 「藥揵度之一」(『大正藏』 22, 868b).

42 『阿毘達磨俱舍論』 1, 「分別界品第一」(『大正藏』 29, 5c), "謂欲界中有諸妙欲. 色相顯了. 色界靜慮有勝喜等. 受相顯了. 三無色中取空等相. 想相顯了. 第一有中思最爲勝. 行相顯了."

43 木村泰賢 著, 朴京俊 譯, 「第6章. 涅槃論」, 『原始佛敎 思想論』, 經書院, 1992, pp.345~356.

그러나 중국을 중심으로 하는 동아시아는 세계관에서 이원론이 아닌 일원론을 견지한다. 하나의 세계만을 말하는 일원론에서는 차안에서 피안으로의 점진적인 이동이 불가능하다. 즉 본질적인 인식 환기에 따른 전환만 가능한 것이다. 이는 깨달음에 있어서 점오가 아닌 돈오의 필연성을 제기하는 측면이 된다.

또 하나의 세계만이 존재할 경우에는 이 세계 밖에 별도의 이상적인 가치가 성립할 수 없다. 이는 필연적으로 현실을 부정으로 보는 것이 아닌 현실긍정을 포함할 수밖에 없다. 유교가 입세入世주의를 강조하고,[44] 중국불교 역시 출세간이 아닌 출출세간出出世間에 경도되는 것은 이와 같은 배경문화에 따른 가치판단이라고 하겠다.

주지하다시피 선불교는 중국불교 중에서도 가장 중국적인 불교이다.[45] 이런 점에서 선불교는 철저하게 일원론적인 관점을 견지하는데, 이것이 바로 본성에 대한 자각을 통한 깨침인 돈오와 일상의 긍정이다. 전체가 본성의 현현顯現이 되어 일상이 긍정되는 상황에서는 인간의 감정 역시 부정될 수 없다. 이는 중국불교 안에, 초기의 인도불교와는 완전히 다른 인간의 욕망과 감정에 대한 인식이 존재할 수밖에 없다는 것을 의미한다.

---

44 『論語』, 「微子第十八」, "LY1806 夫子憮然曰, "鳥獸不可與同羣, 吾非斯人之徒與而誰與?"; 임헌규, 「孔子의 인문주의와 그 교육」, 『韓國哲學論集』 제46권, 韓國哲學史硏究會, 2015, pp.70~71.

45 沖本克己 著, 佐藤繁樹 譯, 『새롭게 쓴 禪宗史』, 佛敎時代社, 1993, p.99; 다마키코 기로·카마타 시게오 外 著, 정순일 譯, 『中國佛敎의 思想』, 民族社, 1991, p.65.

2) 중국철학의 인성론과 혜능의 불성 이해

중국철학의 핵심에는 춘추시대 말기부터 대두하는 인성론人性論이 존재한다.[46] 이러한 중국철학의 변화는 전통적인 인격천관人格天觀이 전쟁이라는 혼란하고 인간의 지력이 요청되는 시기를 맞아 붕괴되는 과정에서, 반대급부로 인간의 본성에 대한 문제가 강조되기 때문이다.[47]

인성론이란, 인간의 본성에 대한 철학적이며 개념적인 파악을 의미한다. 흔히 중국 인성론사에서 가장 크게 회자되는 것은 맹자孟子의 성선설性善說과 순자荀子의 성악설性惡說이다. 말만 놓고 보면 '성선'과 '성악'은 완전히 대립하는 것 같다. 그러나 사실 성선은 인간의 본질에 대한 관점에서의 정의이며,[48] 성악은 인간의 현 상태에 대한 인식이라는 점에서[49] 양자는 결코 대립 관념이 아니다. 마치 거울에 때가 끼어 있는 상황에서, 거울의 본질은 원래 맑은 것이라고 보는 것이 성선론이라면, 현재의 거울은 더러우니 잘 닦아서 깨끗하게 해야 한다는 주장이 성악론이라고 이해하면 되겠다. 그렇기 때문에 순자는 『순자荀子』의 첫 장인 「권학勸學」에서 '청출어람청어람靑出於藍靑於藍'과 같은 내용

---

46 張岱年 著, 김백희 譯, 「제2편 人性論」, 『中國哲學大綱(上)－中國哲學問題史』, 까치, 2000, pp.387~516.

47 廉仲燮, 「불교의 人性論과 中國繪畫藝術」, 『東洋藝術』 제32호, 韓國東洋藝術學會, 2016, pp.198~200.

48 정용환, 「告子의 性無善惡說과 孟子의 性善說」, 『東洋哲學硏究』 제51권, 東洋哲學硏究會, 2007, pp.130~138.

49 張岱年 著, 김백희 譯, 『中國哲學大綱(上)』, 까치, 2000, pp.395~404; 周桂鈿 著, 문재곤 外 譯, 『講座 中國哲學』, 藝文書院, 1996, p.269.

을 언급해 현상의 타파와 본질의 회복을 제창하고 있는 것이다.[50] 즉 중국철학에서의 성선과 성악은 인간의 본성을 어떤 방향에서 보고 있느냐와 관련된 것일 뿐, 양자는 공히 성선만을 말하고 있다고 하겠다.

맹자의 성선론은 본질적이기 때문에, 인간의 본성을 잘 보호하고 발양하는 양지양능良知良能이나 적자지심赤子之心 또는 호연지기浩然之氣를 기르는 것 등을 주장하게 된다.[51] 이에 비해 순자는 성악론에서, 현재 존재하는 인간의 문제를 되돌려 성인과 같은 선으로 돌아갈 것을 촉구한다. 이 때문에 맹자가 요堯·순舜과 같은 선왕先王주의를 이상으로 주장한 것처럼,[52] 순자는 본성의 회복 관점에서 우禹를 이상으로 하는 후왕後王주의를 내세우고 있는 것이다.[53] 즉 방법적인 차이가 존재하기는 하지만, 맹자와 순자는 공히 성선에 기반을 두고 이의 구현을 목적으로 하는 공통점을 보이고 있다는 말이다. 이 때문에 중국 인성론사에서 진정한 성악은 존재하지 않는다는 관점도 가능하다.

---

50 『荀子』, 「第一 勸學」, "S010101 君子曰 學不可以已. 青取之於藍, 而青於藍. 氷水爲之, 而寒於水."

51 吳錫源, 「孟子의 浩然之氣 硏究」, 『儒教思想文化硏究』 제34집, 儒教思想硏究所, 2008, pp.60~70; 남기호, 「『孟子』 修養論과 教育的 實踐方案」, 『仁荷教育硏究』 제19권 4호, 仁荷大學校 教育硏究所, 2013, pp.12~25.

52 『孟子』, 「滕文公上」, "MZ050102 孟子道性善, 言必稱堯舜."

53 『荀子』, 「第二十三 性惡」, "S231401-5 塗之人可以爲禹, 曷謂也? 曰, 凡禹之所以爲禹者, 以其爲仁義法正也. 然則仁義法正有可知可能之理, 然而塗之人也. 皆有可以知仁義法正之質, 皆有可以能仁義法正之具, 然則其可以爲禹明矣."

중국 인성론이 성선일 수밖에 없는 이유는 『상서尙書』「탕고湯誥」의 "오! 상제上帝께서 백성들에게 선함(衷衷)을 내리시니, 항상된 성性이 있음이로다."와[54] 『중용中庸』〈수삼구首三句〉의 "천명지위성天命之謂性"에서와 같은 천天과 성性의 연결구조 때문이다.[55] 천天은 전통적인 인격천人格天에서 춘추 말기부터 인격적인 요소가 축소되면서 법칙적인 의리천義理天으로 변모한다. 이러한 변화는 공자孔子에게서 확인되는 천관天觀 등을 통해서도 확인해 볼 수가 있다.[56]

중국의 천天은 하夏나라 때 절대자인 하느님을 나타내는 것으로 상商, 즉 은殷나라 때는 절대신의 명칭이 제帝로 바뀌게 된다. 은나라는 신정정치神政政治를 행했을 정도로 신에 대한 절대적인 의존을 보인 나라이다.[57] 이후 은이 주周로 바뀌게 되면서 하느님은 제에서 다시금 천이 된다. 이 천 역시 은나라의 제와 같은 인격천人格天, 즉 주재천主宰天이다.[58] 이런 절대적 신의 속성은 당연히 선善일 것일 수밖에 없다. 바로 이 천이 인간에게 부여한 속성이 성性이다. 즉 이런 구조에서는 인간에게 품부된 성 역시 선일 수밖에 없는 것이다. 성은 본성인 동시에 심과 결부될 때는 심성心性이 되며, 포괄적으로는 인성人性이

---

54 『尙書』, 「湯誥第三」, "SS商, 湯誥01: 惟皇上帝, 降衷于下民, 若有恒性, 克綏厥猷惟后."

55 『中庸』〈首三句〉, "天命之謂性, 率性之謂道, 修道之謂敎."

56 蒙培元 這, 李尙鮮 譯, 『中國 心性論』, 法印文化社, 1996, pp.50~64; 馮友蘭 著, 『中國哲學史(上冊)』, 上海: 華東師範大學出版社, 2003, pp.34~35.

57 金忠烈 著, 『中國哲學史 1』, 藝文書院, 1999, p.143.

58 김능근 著, 『儒教의 天思想』, 崇實大學校 出版部, 1988, pp.3~64; 狩野直喜 著, 吳二煥 譯, 『中國哲學史』, 乙酉文化社, 1997, p.65.

된다. 철학적인 주제로는 '심성론'이나 '인성론'인 셈이다.

일원론의 관점 속에서 심과 성은 두 가지로 분리될 수 없다. 이런 점에서 선불교 역시 심성미분리心性未分離의 관점을 취하고 있으며, 이는 전통적인 중국 인성론의 관점과 직결된다.[59] 그러나 신유학 중 성리학에 오면, 이들은 당唐·송宋의 불교를 비판하는 과정에서 심을 포괄적 관점으로 규정하고, 성性과 정情을 대립적인 관계로 이해하는 구조를 정비해 낸다. 즉 장재張載(횡거橫渠, 1020~1077)의 심통성정설心統性情說과[60] 이의 발전인 본연지성本然之性(천지지성天地之性)과 기질지성氣質之性, 그리고 사단四端과 칠정七情의 구조인 셈이다.

심통성정의 구조는 중국 찬술설이 유력한 『대승기신론大乘起信論』의 일심이문一心二門의 구조에 영향을 받은 것으로 판단된다.[61] 즉

59 方立天 著, 이봉순·황성규·김봉희 譯, 『中國佛教哲學－心性論(上)』, 韓國學術情報(株), 2010, pp.130~131.

60 『朱子語類』 5, 「性理二－性情心意等名義」, "橫渠心統性情語極好", "伊川性卽理也 橫渠心統性情 二句顚樸不破"

61 廉仲燮, 「불교의 人性論과 中國繪畫藝術」, 『東洋藝術』 제32호, 韓國東洋藝術學

기존의 심성미분리의 통체적인 관점을 보다 세분화하려는 노력이라고 하겠다.

심통성정의 구조에서 정情은 극복이나 승화 대상이 될 수밖에 없다. 이는 성性이 천리天理를 보존한 인간의 본래적인 완전성이라는 인식과는 차이가 있다. '존천리存天理 거인욕去人欲(알인욕遏人欲)'의 구조인데, 이렇게 되면 정감 혹은 감정이 긍정되기는 어렵다. 그러나 심성의 미분리는 신유학 중 육왕학陸王學, 즉 심리학心理學에서도 확인된다는 점에서, 중국 인성론의 본류는 심성의 미분리라는 것은 분명하다. 이런 점에서 본다면, 심성의 분리를 강조하고 정을 극복대상으로 인식하는 성리학은 중국의 인성론사에서는 이질적이라는 인식도 가능하다. 또 성리학의 인성론 변화는 중국불교 교종의 영향에 의해, 인도문화적인 차안과 피안의 이원론적인 관점이 영향을 끼친 것이라는 판단도 성립할 수 있다.

중국의 보편적인 인성론에서 심은 성과 직결된다. 또 혜능 당시는 당연히 송대에 확립되는 심통성정설의 개념은 도출되지 않았던 때이다. 그러므로 혜능은 불성을 곧 불로 이해하는 불성즉불佛性卽佛의 관점을 도출하는 것이다.

인도불교에서 불성이라는 표현은 대승의 『대반열반경』 등에서 확인되지만,[62] 이는 보편적인 관점은 아니다.[63] 왜냐하면 불성이 아트만과

會, 2016, p.200; 牟宗三 著, 林淸臣 譯, 『中西哲學之會通十四講』, 台北: 學生書局, 民國 85, p.95; 牟宗三 著, 鄭仁在·鄭炳碩 譯, 『中國哲學特講』, 螢雪出版社, 1996, p.329.

62 "一切衆生悉有佛性"은 『大般涅槃經』 6, 「如來性品第四之三」(『大正藏』 12,

같은 실아實我로 오인될 소지가 있기 때문이다. 실제로 이원론적인 배경을 가지는 인도 대승불교에서 사용되는 용어는 불성보다는 여래장如來藏이라는 미래성불의 가능성이었다.[64] 주지하다시피 대승불교에서는 '모두 다 붓다가 될 미래의 가능성을 가지고 있다'고 주장한다. 이러한 가능성을 '여래의 태胎', 즉 여래장이라고 한다.[65] 이 여래장이 윤회를 거치면서 미래에 붓다로 구현되는 것이다.

그러나 일원론을 배경으로 하고 또 철학의 중심이 인성론인 중국에서는, 미래의 내세적인 가능성인 여래장보다는 한자적인 의미에 있어서 보다 실체적인 성性이라는 글자에 주목한다. 성이라는 글자는 중국철학적 개념에서는 본유적인 완전한 본질을 의미한다. 이렇게 해서 유행하는 개념이 바로 불성이다. 이 같은 중국적인 변화양상은 『구경일

402c)을 필두로 반복해서 등장하는 『大般涅槃經』의 중심 어구이다.

63 廉仲燮, 「불교의 人性論과 中國繪畫藝術」, 『東洋藝術』 제32호, 韓國東洋藝術學會, 2016, pp.195~197.

64 『大方等如來藏經』 全1卷(『大正藏』 16, 457c), "一切衆生有如來藏."·"一切衆生如來之藏常住不變."; 鄭澔泳 著, 「3. 『寶性論』의 著者·成立年代」, 『如來藏 思想』, 대원정사, 1993, pp.69~75; 鄭澔泳, 「如來藏의 개념과 전개」, 『人文學誌』 제30권, 忠北大學校 人文學硏究所, 2005, p.100.

65 如來藏은 ①如來의 宗姓(gotra)·②如來의 胎(garbha)·③如來의 界(dhātu)·④佛性(buddha-dhātu)·⑤붓다의 因(hetu)과 같은 의미를 가진다.
이평래, 「如來藏思想 형성의 역사적 고찰」, 『佛教學報』 제29호, 東國大學校 佛教文化硏究院, 1992, pp.458~459; 鄭澔泳, 「如來藏의 개념과 전개」, 『人文學誌』 제30권, 忠北大學校 人文學硏究所, 2005, p.88; 김성철, 「초기 瑜伽行派의 "如來藏(tathagatagarbha)" 개념 해석」, 『印度哲學』 제27권, 印度哲學會, 2009, pp.98~103.

승보성론究竟一乘寶性論』의 영향을 받아 진제眞諦에 의해 개작되어 세친世親에게 가탁된 『불성론佛性論』이 크게 유행하는 것 등을 통해서 판단해 볼 수가 있다.[66]

불성이란 현재에 존재하는 붓다의 완전한 속성을 의미한다. 중국불교의 불성 주장 논리는 그것이 미래의 완전성이라고 가정하더라도, 진정한 완전성이라면 현재의 불완전이 미래에 완전으로 변모하는 것이 아니라 현재에도 완전함일 뿐이라는 관점에 근거한다. 즉 미래의 무한은 현재에도 무한일 수밖에 없다는 뜻이다.

일원론을 배경으로 하는 중국철학에서 불성이라는 단어는 지극히 현재적이며 완전한 가치이다. 그러므로 그 어떠한 불완전함으로도 이 완전함은 가려질 수 없다. 그러므로 인간은 단지 완전함을 인식하지 못하고 있을 뿐이라는 논리가 수반·성립될 수밖에 없다. 이러한 완전함에 대한 허구적인 불완전일 뿐이라는 인식의 올바른 전환이, 바로 남종선에서 말하는 돈오頓悟이다.

이와 같은 논리 전개가 가능한 것은 전국 시대에 맹자와 순자에 의한 성론이 어느 정도 이상 발전했기 때문이다. 이후 중국의 인성론은 한나라에 들어와 순열荀悅·동중서董仲舒·유향劉向·양웅楊雄·정현鄭玄·왕충王充 등에 의해서 계승 발전된다. 이렇게 다양하게 검토되는 인성론을 불교적인 관점에서 정리하는 문헌이 앞서 언급한 『대승기신론』이다. 이후에도 불교 안에는 수나라 때 천태의 성구설性具說이 있었고, 당의 화엄에서는 성기설性起說이 존재한다. 그런데 이 역시

66 高崎直道 譯, 『寶性論』, 東京: 講談社, 1989, p.397.

『맹자』에서 확인되는 "만물개비어아萬物皆備於我"[67]와 같은 통체적인 인식과 연결점이 존재한다. 이와 같은 다양한 중국 인성론의 흐름을 남방문화를 배경으로 재해석하는 것이 바로 혜능의 견불성, 즉 육조혁명이다.

혜능의 견성 구조는 현재에서 본성, 즉 불성을 자각하면 그대로가 붓다일 뿐이라는 '불성즉불佛性卽佛'의 논리이다. 이는 성리학에서 성性이 곧 천리天理라는 성즉리性卽理나 육왕학陸王學에서 마음이 천리天理라는 심즉리心卽理와 구조적으로 일치한다. 물론 성즉리에서는 성性을 중심으로 한다는 점에서, 심心을 중시하는 심즉리와는 차이가 있다. 그럼에도 전체적인 구조만은 동일하다는 말이다.

혜능의 견성이 불성즉불佛性卽佛에 대한 돈오적인 자각이라는 의미는 개체 자체의 완전성을 의미한다. 즉 나를 바꿔서 붓다가 되는 것이 아니라, 내 스스로가 붓다임을 자각하는 것이다. 이는 붓다라는 완전체에 개인을 맞추어 변모하는 것이 아니라, 개인을 강조하는 구조라는 점에서 강남문화의 존재를 인지해 볼 수 있다.

또 이런 구조 안에서는 정情 역시 붓다 안의 감정이자 정감이 된다. 즉 불완전을 완전으로 바꾸는 것이 아니라, 불완전 자체가 완전임을 긍정하고 이를 붓다로 재인식하는 관점인 것이다. 이렇게 놓고 본다면 일체는 완전일 뿐 불완전은 존재할 수 없으며, 바로 그렇기 때문에 현상과 모순에 대한 깊은 본래적 긍정이 존재하게 된다. 이러한 연장선상에 감정에 대한 깊은 긍정 역시 위치한다. 이는 위진 신도가 및

---

67 『孟子』, 「盡心上」, "MZ130400 孟子曰, "萬物皆備於我矣.""

육조청담의 정감주의를 계승하는 측면인 동시에, 양명학의 '현성양지現成良知'나 '만가성인滿街聖人'과 상통하는 측면이다.[68] 즉 중국철학의 정감 긍정에 있어서 우리는 '육조청담 → 육조혁명 → 양명학'의 흐름을 읽어볼 수가 있는 것이다.

3) 남종선의 현실긍정과 인간 감정의 문제

불성의 완전함은 그것이 절대이기 때문에 시간적으로나 공간적으로 그 어떠한 상황에서도 가려질 수 없다. 혹자는 태양은 언제나 밝지만 구름이 가릴 뿐이라고 한다. 그러나 완전한 태양을 가릴 수 있는 불완전한 구름이라는 개념은 자체로 성립될 수 없다. 즉 불완전함이 완전함을 장애한다는 주장은 어떠한 경우에도 가능하지 않다는 말이다. 또 화엄의 비유에는 아침에 태양이 떠오르면 큰 산을 먼저 비추고 대지는 늦게 밝아진다는 것이 있다.[69] 그러나 이는 우리가 일상에서 보는 불완전한 태양이기 때문에 발생하는 문제로, 만일 완전한 태양이 존재한다면 산꼭대기와 골짜기는 동시에 밝아지며 전혀 차등이 발생할

---

68 양태호, 「王陽明의 '致良知說'에 관한 研究」, 『東西哲學研究』 제8권, 韓國東西哲學會, 1991, pp.104~128; 陳來 著, 전병욱 譯, 『陽明哲學』, 藝文書院, 2003, pp.276~332; 『傳習錄』 下, 「黃省曾錄」, "313: 一日王汝止出遊歸. 先生問曰, 遊何見. 對曰, 見滿街人都是聖人. 先生曰, 你看滿街人是聖人, 滿街人到看你是聖人在. 又一日董羅石出遊而歸. 見先生曰, 今日見一異事. 先生曰, 何異. 對曰, 見滿街人都是聖人. 先生曰, 此亦常事耳."

69 『大方廣佛華嚴經』 50, 「如來出現品第三十七之一」(『大正藏』 10, 266b), "譬如日出於閻浮提, 先照一切須彌山等諸大山王, 次照黑山, 次照高原, 然後普照一切大地."

수 없다.

이와 같은 완전성에 대한 불성 인식이 확립되면, 인간의 감정 역시 완전성 안에 가설될 수밖에 없다. 이 문제를 남종선에서 구체적으로 대두시키는 인물이 즉심즉불卽心卽佛을 주장하는 홍주종洪州宗의 마조도일馬祖道一이다. 마조가 말하는 즉심즉불의 마음은 특수하게 변화된 마음이 아닌 일상의 마음, 즉 평상심이다. 그러므로 마조에게는 평상심이 곧 도가 되는데, 이러한 '평상심시도平常心是道'는 일상 전체에 대한 긍정인 동시에 모순을 넘어서는 완성으로서의 현실 인식에 다름 아니다.[70] 본체론의 관점에서 본래 완성이라는 구조를 끝까지 밀고 나가게 되면 평상, 즉 일상마저도 완성으로 귀결될 수밖에 없기 때문이다.

평상심시도의 관점에서 보면, 일상다반사日常茶飯事(항다반사恒茶飯事)와 행주좌와行住坐臥 어묵동정語默動靜이 개진皆眞이 된다.[71] 임제의현臨濟義玄은 "수처작주隨處作主 입처개진立處皆眞"을 말하지만,[72] 즉심즉불卽心卽佛의 구조 속에서는 굳이 수처작주를 하지 않아도 언제나 입처는 개진일 수밖에 없다. 실제로 임제는 『임제록』의 다른 곳에서 이와 같은 문제 역시 천명하는 모습을 보이고 있다. 이는 "불법은 노력이 필요 없다. 그저 일 없는 일상이면 될 뿐이다. 대소변을 보고

70 方立天 著, 이봉순·황성규·김봉희 譯, 「第19章 洪州宗의 平常心是道說」, 『中國佛教哲學－心性論(下)』, 韓國學術情報(株), 2010, p.127.

71 鄭性本 著, 『中國禪宗의 成立史 硏究』, 民族社, 2000, pp.865~868.

72 『鎭州臨濟慧照禪師語錄』 全1卷(『大正藏』 47, 498a), "爾且隨處作主, 立處皆眞, 境來回換不得, 縱有從來習氣·五無間業, 自爲解脫大海."

옷 입고 밥 먹으며, 피곤하면 눕는다. 어리석은 이는 나를 비웃겠지만, 지혜로운 이는 알 것이다."라고 하는 것이나,[73] "만약 어떤 사람이 도를 닦으면 도는 행해지지 않고, 만 가지 삿된 경계가 앞다투어 발생한다. 지혜의 검을 뽑아 들면 한 물건도 없으며, 밝음이 나타나지 않았는데도 어둠이 밝아진다."는 구절 등이 그것이다.[74] 즉 궁극적인 완성에 대한 긍정은 곧 불완전과 모순에 대한 긍정 역시 내포할 수밖에 없는 것이다. 이런 점에서 일체는 수처작주가 필요 없는 언제나의 개진이며, 그것은 처음부터 변화할 수 없는 불변이었던 것이 된다.

이렇게 되면 이제 주된 논점은 자연스럽게 현재라는 변화, 즉 작용으로 이동하게 된다. 본체론을 궁극적으로 밀어붙이게 되면 본체는 사라지고 작용만 남게 되는 것이다. 이와 같은 논리 전개는 화엄의 사종법계四種法界에서 이사무애법계理事無礙法界를 넘어서는 것이 사사무애법계事事無礙法界가 되는 것을 통해서도 판단해 볼 수 있다. 이쯤 되면 성性은 그 자체로 온전히 작용作用이 된다. 즉 '작용시성作用是性'이며 '전체작용全體作用'인 것이다.[75] 이렇게 되면 이제 그 어떠한 변화를 기다리지 않고도 자연은 모두 불성일 뿐인 현성現成이 된다.

---

73 같은 책, (498a), "師示衆云: 「道流! 佛法無用功處, 秖是平常無事－屙屎·送尿·著衣·喫飯·困來卽臥……. 愚人笑我, 智乃知焉."

74 같은 책, (499c), "古人云: 『路逢達道人, 第一莫向道.』 所以言: 若人修道道不行, 萬般邪境競頭生, 智劍出來無一物, 明頭未顯暗頭明. 所以, 古人云: 『平常心是道.』"

75 야나기다 세이잔 著, 추만호·안영길 譯, 『禪의 思想과 歷史』, 民族社, 1992, pp.135~138; 廉仲燮, 「中國哲學的 思惟에서의 '理通氣局'에 관한 考察」, 『東洋哲學硏究』 제50집, 東洋哲學硏究會, 2007, pp.334~335.

작용이 성이며, 전체가 작용만인 현재에서 부정될 것은 이제 아무것도 없다. 즉 남종선은 인간의 감정을 그 자체로 긍정하지 않을 수 없는 것이다. 이는 서구의 근세철학에서 대두되는 인간의 욕망에 대한 긍정인 인욕긍정론人欲肯定論과도 연결될 수 있는 부분이다. 물론 서구의 인욕긍정론은 르네상스 시대를 통해서 재발견된 인간의 이해에 기초하고 있다는 점에서, 전체완성을 배경으로 하는 남종선의 인욕긍정론과는 차이가 있다. 그러나 서구의 인욕긍정론이 근세에 대두하는 가치라는 점을 감안한다면, 이 같은 남종선의 논의는 인류 역사에 있어서 인욕긍정론의 시원을 연 일대 사건이라는 판단도 가능하다.

남종선의 인욕긍정과 관련해서 임제가 스승의 죽음에 통곡한 사건은 유명하다. 이때 다른 조문을 온 승려가 "깨달은 사람도 우느냐?"고 묻자 임제는 "슬픈데 어쩌나!"라고 답한다. 이 문답은 감정은 조절대상이 아닌 그 자체의 완전함으로, '감정 밖에 별도의 정각正覺이 있을 수 없고 정각이 곧 감정이라는 점'을 잘 나타내준다. 즉 작용시성과 전체작용의 무변한 경계인 것이다.

이는 앞서 검토한 왕융의 관점을 넘어서는 것인 동시에, 임제 자신이 천명한 수처작주라는 경계마저도 무력화시키는 천연의 본질에 대한 즉자卽自적인 수용이다. 이제는 감정 그 자체가 깨달음의 활발발活潑潑한 경지에 다름 아닌 셈이다. 이렇게 되면 감정은 인간 자체일 뿐이다. 즉 감정은 부정과 긍정의 대상을 넘어서 있는 삶의 변화이며 표현인 것이다. 그리고 이 감정은 우리의 호오好惡와 무관하게 언제나 진리의 현현顯現이 된다. 나와 진리의 일체성 속에서 감정은 언제나 정당한

옳음이 되는 것이다.

4. 미학으로서의 선불교와 인간 행복

선불교의 명상주의란 필연적으로 인식론에 따른 주관성을 벗어나기 어렵다. 명상이라는 내면적인 변화를 객관화시키는 것은 현재까지는 불가능한 일이며, 또 이러한 명상이 추구하는 행복 역시 객관적으로 계량화되거나 개념화되는 것은 쉽지 않다. 특히 선불교 중에서도 남종선은 태생적으로 강남문화에 입각해 주관을 중시한다는 점에서 더욱 그렇다. 즉 남종선은 철학보다는 미학 속에서 판단될 수 있는 가치인 것이다.

미적 판단은 인식 주관과 직결된다. 그러므로 미학은 합리성보다는 만족과 행복을 중심으로 구조화된다. 이런 점에서 인간의 감정마저 깨달음의 현현으로 수용하는 남종선은 중국철학 전체를 통틀어 가장 미학적이다.[76]

남종선의 영감으로부터 파생된 남종문인화南宗文人畵와 문인화의 시조인 당唐의 왕유王維(왕마힐王摩詰, 699~759)는 남종선의 미학적인 관점을 잘 나타내준다. 주지하다시피 남종문인화는 직업화인 공필화工筆畵와는 비교될 수 없는 다소 거칠지만 높은 정신이 투사된 그림이다.[77] 그런데 동아시아 회화사에서는 이런 문인화를 공필화와는 비교될

76 李澤厚 著,「第五章 形上追求」,『華夏美學』, 天津: 天津社會科學院出版社, 2002, pp.190~229.

77 黃尙周,「南北二宗說에 대한 고찰」,『東國大學校 慶州캠퍼스 論文集』제6집.

수 없는 탁월함으로 평가한다. 이는 명나라의 동기창董其昌이 선종의 남북종 분기에 대비해 이사훈李思訓의 공필화풍을 북종北宗으로 평하고, 왕유의 문인화풍을 남종南宗으로 서술하는 것을 통해서도 확인해 볼 수 있다.[78]

예술적 대상을 예술 작품이 아닌 그 속에 내재한 정신의 가치로 평가하는 것 역시 지극히 주관적인 인식인데, 이는 동아시아 회화사의 가장 두드러지는 특징이기도 하다. 남종선의 미학적인 흐름이 회화라는 지극히 현상적이고 기술적인 측면까지 압도하고 있는 것이다.

독일의 바움가르텐(1714～1762)이 철학으로부터 '감성적 인식의 학'으로 미학을 독립시킨 이후,[79] 오늘날에는 도리어 철학의 합리적인 관점보다도 주관을 통한 행복이 우위를 점하는 시대가 도래했다. 즉 이성보다도 감성이 우위가 되는 '철학 위의 미학' 또는 '철학을 넘어선 미학'의 시대가 펼쳐진 것이다. 이런 점에서 미학과 통하는 남종선은 인간 행복을 관통하는 가장 중요한 '일상의 인식 환기'가 아닌가 한다.

오늘날 우리는 4차산업 시대를 목전에 두고 있다. 지난 2016년

東國大學校 慶州캠퍼스, 1987, p.89; 廉仲燮, 「禪宗과 繪畫의 南北宗論에 관한 同·異 고찰」, 『東洋哲學硏究』 제53집, 東洋哲學硏究會, 2008, pp.358~362.

78 廉仲燮, 「董其昌 南北宗論의 내원과 의의」, 『禪學』 제19호, 韓國禪學會, 2008, pp.152~162; 조송식, 「董其昌의 繪畫史觀 및 藝術思想」, 『韓國美學會誌』 제36권, 韓國美學會, 2003, pp.51~56; 김대열, 「南北宗論의 출현과 明末 淸初 畫壇의 전개」, 『박물관기요』 제15권, 檀國大學校, 2000, pp.17~21.

79 최준호, 「바움가르텐 美學과 행복한 美學的 인간」, 『哲學探求』 제40권, 中央大學校 中央哲學硏究所, 2015, p.100.

1월 스위스 다보스포럼에서, 세계경제포럼 회장인 클라우스 슈밥은 '4차산업혁명'을 선포했다.[80] 이후 4차산업이라는 용어와 인공지능·사물인터넷·빅데이터 등의 변화 및 미래예측에 대한 명암은 전 세계적인 이슈였다. 우리나라 역시 4차산업 시대의 직업 소멸에서부터 삶의 가치에 이르는 다양한 논의들이 진행되어 왔다.[81]

그러나 4차산업에 의해서 제아무리 세상과 삶의 방식이 바뀐다고 하더라도, 인간의 행복 추구만은 항상할 것이다.[82] 아리스토텔레스가 『니코마코스 윤리학』에서 정의한 인간 삶의 목적인 행복과 행복에 대한 추구는 인간이 유기체로 존재하는 한 영속할 것이기 때문이다. 이런 점에서 존재의 모든 창을 행복으로 열어버리는 남종선의 가치는 4차산업 시대를 주도할 최고의 명상가치임에 틀림없다. 또 이러한 남종선의 행복은 사후가 아닌 현재에 입각한 존재의 행복이며, 이것은

---

80 클라우스 슈밥 著, 송경진 譯, 『클라우스 슈밥의 제4차 産業革命』, 새로운현재, 2016, p.37.
4차산업혁명으로 칭해지는 인더스트리 4.0의 개념은 독일 하노버의 2011년 박람회에서 언급된 바 있으며, 2013년 독일 정부에 의해서 소개되었다(Santos, Maribel Yasmina, e Sa, Jorge Oliveira, Andrade, Carina, Lima, Francisca Vale, Costa, Eduarda, Costa, Carlos and Martinho, Bruno (2017). A Big Data system supporting Bosch Braga Industry 4.0 strategy. *International Journal of Information Management*, 37, 750-760).

81 廉仲燮, 「인공지능 및 인공지능 로봇의 상용화와 불교적인 인간 이해」, 『韓國佛教學』 제85집, 韓國佛教學會, 2018, pp.79~87; 廉仲燮, 「4차 산업시대의 한국불교 출가문제와 미래적 대안」, 『禪學』 제50호, 韓國禪學會, 2018, pp.115~116.

82 廉仲燮, 「4차 산업시대의 한국불교 출가문제와 미래적 대안」, 『禪學』 제50호, 韓國禪學會, 2018, pp.117~122.

또한 감정을 동반하는 낭만적인 관점이라는 점에서 크게 주목되지 않을 수 없다.

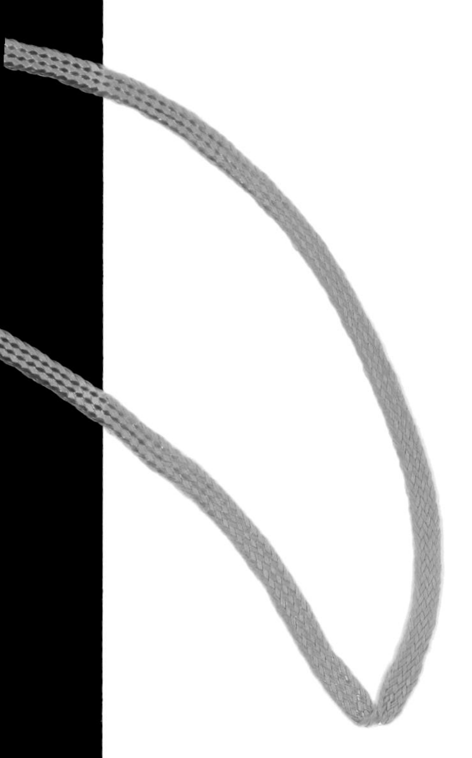

참고문헌

원전

『增壹阿含經』,『大正藏』 2.

『大方廣佛華嚴經』,『大正藏』 10.

『大般涅槃經』,『大正藏』 12.

『大方等如來藏經』,『大正藏』 16.

『四分律』,『大正藏』 22.

『阿毘達磨俱舍論』,『大正藏』 29.

『鎭州臨濟慧照禪師語錄』,『大正藏』 47.

『無門關』,『大正藏』 48.

『六祖大師法寶壇經』,『大正藏』 48.

『南宗頓教最上大乘摩訶般若波羅蜜經六祖惠能大師於韶州大梵寺施法壇經』,『大正藏』 48.

『高僧傳』,『大正藏』 50.

『楞伽師資記』,『大正藏』 85.

『論語』.

『論語集註』.

『孟子』.

『史記』.

『尙書』.

『世說新語』.

『荀子』.

『莊子』.

『傳習錄』.

『朱子語類』.

『中庸』.

『晏子春秋』.
『禮記』.
劉向 撰, 『新序』.
丁若鏞 著, 『論語古今注』.

단행본

나카가와 다카 註解, 양기봉 譯, 『六祖壇經』, 김영사, 1994.

김능근 著, 『儒敎의 天思想』, 崇實大學校 出版部, 1988.
金忠烈 著, 『中國哲學史 1』, 藝文書院, 1999.
박한제 著, 『江南의 浪漫과 悲劇』, 四季節, 2003.
劉明鍾 著, 『清代哲學史』, 以文出版社, 1995.
윤천근 著, 『楊朱의 生命哲學』, 外界出版社, 1990.
鄭性本 著, 『禪의 歷史와 禪思想』, 三圓社, 1994.
________, 『中國禪宗의 成立史 研究』, 民族社, 2000.
鄭滈泳 著, 『如來藏 思想』, 대원정사, 1993.

다마키코 기로·카마타 시게오 外 著, 정순일 譯, 『中國佛教의 思想』, 民族社, 1991.
牟宗三 著, 鄭仁在·鄭炳碩 譯, 『中國哲學特講』, 螢雪出版社, 1996.
木村泰賢 著, 朴京俊 譯, 『原始佛教 思想論』, 經書院, 1992.
蒙培元 逭, 李尙鮮 譯, 『中國 心性論』, 法印文化社, 1996.
方立天 著, 이봉순·황성규·김봉희 譯, 『中國佛教哲學—心性論(上)』, 韓國學術情報(株), 2010.
狩野直喜 著, 吳二煥 譯, 『中國哲學史』, 乙酉文化社, 1997.
야나기다 세이잔 著, 추만호·안영길 譯, 『禪의 思想과 歷史』, 民族社, 1992.
王茂·蔣國保·余秉頤·陶淸 著, 김동휘 譯, 『清代哲學3—清朝 中期의 哲學 成就와 思潮』, 신원문화사, 1995.
張岱年 著, 김백희 譯, 『中國哲學大綱(上)—中國哲學問題史』, 까치, 2000.

陳來 著, 전병욱 譯, 『陽明哲學』, 藝文書院, 2003.
周桂鈿 著, 문재곤 外 譯, 『講座 中國哲學』, 藝文書院, 1996.
沖本克己 著, 佐藤繁樹 譯, 『새롭게 쓴 禪宗史』, 佛教時代社, 1993.
K. S. 케네쓰 첸 著, 박해당 譯, 『中國佛教 上』, 民族社, 1991.
클라우스 슈밥 著, 송경진 譯, 『클라우스 슈밥의 제4차 產業革命』, 새로운 현재, 2016.
후루타 쇼킨·다나카 료쇼 著, 남동신·안지원 譯, 『中國禪宗의 六祖, 혜능』, 玄音社, 1993.

高崎直道 譯, 『寶性論』, 東京: 講談社, 1989.
牟宗三 著, 林清臣 譯, 『中西哲學之會通十四講』, 台北: 學生書局, 民國85.
李澤厚 著, 「第五章 形上追求」, 『華夏美學』, 天津: 天津社會科學院出版社, 2002.
佐々木閑 著, 『出家とはなにか』, 東京: 大藏出版, 1999.
平川彰 著, 『原始佛教の研究－教團組織の原型』, 東京: 春秋社, 1964.
馮友蘭 著, 『中國哲學簡史』, 北京: 北京大學出版社, 1996.
________, 『中國哲學史(下冊)』, 上海: 華東師範大學出版社, 2003.

논문

江筱倩, 「中國 端午文化 전승에 한국 강릉단오제가 주는 시사점」, 『東硏』 제4권, 東아시아比較文化硏究會, 2018.
김대열, 「南北宗論의 출현과 明末 清初 畵壇의 전개」, 『박물관기요』 제15권, 檀國大學校, 2000.
김병준, 「중국 고대 '長江文明'의 재검토」, 『中國學報』 제51권, 韓國中國學會, 2005.
김성철, 「초기 瑜伽行派의 "如來藏(tathagatagarbha)" 개념 해석」, 『印度哲學』 제27권, 印度哲學會, 2009.
김인호, 「楚辭의 범위와 의미 고찰」, 『中國文學』 제81권, 韓國中國語文學會, 2014.
남기호, 「『孟子』 修養論과 教育的 實踐方案」, 『仁荷教育硏究』 제19권 4호, 仁荷大學校 教育硏究所, 2013.

손정일, 「楚辭學의 成立과 發展」, 『中國語文學論集』 제10호, 中國語文學研究會, 1998.
沈成鎬, 「屈原의 歷史 認識」, 『國際言語文學』 제40호, 國際言語文學會, 2018.
양태호, 「王陽明의 '致良知說'에 관한 研究」, 『東西哲學研究』 제8권, 韓國東西哲學會, 1991.
廉仲燮, 「董其昌 南北宗論의 내원과 의의」, 『禪學』 제19호, 韓國禪學會, 2008.
______, 「불교의 人性論과 中國繪畵藝術」, 『東洋藝術』 제32호, 韓國東洋藝術學會, 2016.
______, 「4차 산업시대의 한국불교 출가문제와 미래적 대안」, 『禪學』 제50호, 韓國禪學會, 2018.
______, 「禪宗과 繪畵의 南北宗論에 관한 同·異 고찰」, 『東洋哲學研究』 제53집, 東洋哲學研究會, 2008.
______, 「律의 改變 가능성과 〈僧侶法〉의 당위성 검토」, 『佛教學報』 제61집, 東國大學校 佛教文化研究院, 2012.
______, 「인공지능 및 인공지능 로봇의 상용화와 불교적인 인간 이해」, 『韓國佛教學』 제85집, 韓國佛教學會, 2018.
______, 「中國哲學的 思惟에서의 '理通氣局'에 관한 考察」, 『東洋哲學研究』 제50집, 東洋哲學研究會, 2007.
______, 「한국불교의 戒律 변화에 대한 타당성 모색」, 『宗教文化研究』 제24호, 韓神大學校 宗教와文化研究所, 2015.
吳錫源, 「孟子의 浩然之氣 研究」, 『儒教思想文化研究』 제34집, 儒教思想研究所, 2008.
유희성, 「楊朱는 극단적 이기주의자인가?」, 『東洋哲學研究』 제47집, 東洋哲學研究會, 2006.
李康範, 「竹林七賢을 통해 본 隱逸文化와 司馬氏의 정치폭력」, 『中國語文學論集』 제88호, 中國語文學研究會, 2014.
이성원, 「秦漢 帝國의 의의와 유산」, 『歷史學研究』 제62권, 湖南史學會, 2016.
이평래, 「如來藏思想 형성의 역사적 고찰」, 『佛教學報』 제29호, 東國大學校 佛教文化研究院, 1992.

이희주, 「조선 초기 간언형태와 권조구조-'三諫不聽則去'를 중심으로」, 『韓國政治學會報』 36권 4호, 韓國政治學會, 2002.

임헌규, 「孔子의 인문주의와 그 교육」, 『韓國哲學論集』 제46권, 韓國哲學史研究會, 2015.

정세근, 「有와 無-魏晉玄學에서의 有無 論爭」, 『人文學誌』 제16권, 忠北大學校 人文學研究所, 1998.

______, 「竹林七賢의 정체와 그 비판」, 『東西哲學研究』 제21권, 韓國東西哲學會, 2001.

정용환, 「告子의 性無善惡說과 孟子의 性善說」, 『東洋哲學研究』 제51권, 東洋哲學研究會, 2007.

鄭滈泳, 「如來藏의 개념과 전개」, 『人文學誌』 제30권, 忠北大學校 人文學研究所, 2005.

조송식, 「董其昌의 繪畫史觀 및 藝術思想」, 『韓國美學會誌』 제36권, 韓國美學會, 2003.

주정화, 「中國神話的文雅化-屈原『楚辭』」, 『東亞文化』 제31호, 서울大學校 東亞文化研究所, 1993.

蔡振豐, 「丁茶山의 政治社會論」, 『茶山學』 제28권, 茶山學術文化財團, 2016.

최준호, 「바움가르텐 美學과 행복한 美學的 인간」, 『哲學探求』 제40권, 中央大學校 中央哲學研究所, 2015.

黃尙周, 「南北二宗說에 대한 고찰」, 『東國大學校 慶州캠퍼스 論文集』 제6집. 東國大學校 慶州캠퍼스, 1987.

黃雲明 著, 李榮子 譯, 「道生의 涅槃佛性論에 대하여」, 『東西思想』 제7집, 慶北大學校 人文學術院, 2009.

李英華, 「"六祖革命"与佛教中國化」, 『新東方』 第3期, 2011.

불교의 평정(平等), 그리고 주자학의 중화中和

한형조(한국학중앙연구원 인문학부 교수)

"좌절과 분노는 세상이 우리에게 던져주는 실망에 대한 비합리적인 반응이다." (세네카)

1) 평정: 삶은 자극과 반응의 연속이다. 불교 훈련은 수행자들이 사물에 감촉하고, 거기 반응하는 원초적 사태를 감시하고, 그 영향에 지배되지 않도록 독려한다. 가령 「티벳판 육도윤회도」가 보여주는 12연기는 제6 외부의 '자극(觸)'을 남녀의 포옹으로, 제7 거기 '감정적 반응(受)'을 눈에 화살이 박힌 모습으로 끔찍하게 묘사하고 있다. 『대승기신론』은 팔만의 장경을 집약하여, 이 '불을 끄는 법'을 일러준다. 망상을 떠나 사물의 실제에 가 닿는 법에 대하여, 그리하여 진정한 자유 혹은 평정에 이르는 길이 여기 담겨 있다.

2) 중화中和: 구더기 무서워 장을 못 담그나. 유교는 불교식 차단을 고목사회枯木死灰, 반생명적이라고 비평한다. 문제는 감정의 멸실이 아니라, 합리화라는 것. 분노가 치밀 때는 거기 휩쓸리지 말고, 한 발 물러서서, 맥락을 반추하고, 그 적정성을 음미할 일이다. 공자 또한 자절사子絕四, 이 반응이 자기중심적으로 고착되지 않도록 '무아毋我',

평생을 노력했다. 유교 심학心學 훈련의 이상은 중화中和이다. 훈련은 크게 세 부문으로 집약된다. 1) 감정적 발현의 적부를 성찰 제어하고(情), 2) 성격의 구조를 개선하며(心), 3) 자기 내부의 본성이 상처받지 않도록 유의하는 것(性)이다. "연비어약鳶飛魚躍", 솔개는 하늘로 날고, 물고기는 연못에서 뛴다.

조선조 500년 최대의 논쟁이 '사단칠정론'임을 보건대, 인간의 감정이 유교가 다루는 핵심 테제임을 쉽게 간파할 수 있다. 이 글은 불교와 유교가 이 문제를 다루는 방식의 차이를 대비하고, 유교의 해법, 혹은 길을 중점적으로 살펴보고자 한다. 스타일은 조직적이기보다 산만하며, 논설적이기보다 옛 텍스트의 목소리를 직접 들려주는 쪽으로 풀어가고자 한다. 아무렴, 누가 '고전'보다 나은 '해설'의 경지를 열 수 있겠는가.

다음은 김수영의 시, 「어느 날 고궁을 나오면서」이다.

왜 나는 조그마한 일에만 분개하는가
오십 원짜리 갈비가 기름 덩어리만 나왔다고 분개하고
설렁탕집 돼지 같은 주인년한테 욕을 하고
……
한번 정정당당하게
붙잡혀간 소설가를 위해서
언론의 자유를 요구하고 월남파병을 반대하는 자유를 이행하지
못하고

이십 원을 받으러 세 번씩 네 번씩

찾아오는 야경꾼만 증오하고 있는가

분노에도 '윤리학'이 있다는 것을 그는 생래적으로 알고 있다. 즉 우리는 어디에, 어느 만큼, 어떤 방식으로 분노해야 하는가? 김수영의 시는 이 오래된, 그러나 잊혀진 테제에 대해 정면으로 질문을 던지고 있다.

김수영은 분노가 공적인 권력, 거대한 체제를 향하지 못하고, 그저 '소시민적으로' 자신의 육신의 욕구를 통해 발현되는 것에 한없이 작은 자신을 느끼고, 때로 자기혐오에 빠진다.

그는 소시민적이지만 '정직'하다. 인간은 이념적으로는 거대한 악에, 사회적 공의에 분연해야 한다고 생각하지만, 실제로는 자신의 욕구와 관심, 편견에 사무치는 습성을 쉽게 벗어나지 못한다는 점에서 그의 고백은 비겁이 아니라 용기이다.

다산 정약용은 1799년 형조참의가 되었을 때, 수십 년 살인사건의 공초를 리뷰하고, 살인의 동기 네 가지를 재財, 색色, 주酒, 그리고 기氣로 정리했다. 예나 지금이나 금전과 치정이 살인의 주요 동기이고, 술김에 이성을 잃고 우발적으로 사단이 벌어진다고 칠 때, 동서고금 인간의 행태는 그다지 변하지 않았다 싶다.

그런데 마지막, 기氣는 무엇일까. 바로 분노, 욱하는 '격정'이다. 자신의 인격을 모독하거나, 나이와 층차의 권위(?)를 무시했다거나, 조상이나 가문을 욕보였다거나 했을 때 일어나는 살인이 "상당히 많았다"고 다산은 보고하고 있다. 그러고 보니, 이 점에서도 동서고금이 크게 다르지 않을 것이라는 생각이 들었다. 인간은 아직 침팬지에서 충분히 진화하지는 않았다고 해야 하나?

1. 불교, 격정의 불을 끄라

1) 티벳판 육도윤회도

분노는 왜 생기는 것일까. 그것은 인간의 소망이나 욕구가 좌절(frustration)되었을 때 생긴다고 J. Dolland는 자신의 책, *Frustration & Agression*에서 썼다. 이 점에서 인간은 여타 동물과 다를 바 없고, 어른이나 아이나 차이가 없다고 못을 박는다.

그러나 음식남녀飮食男女의 문화적·전통적 지형은 서로 다르다. 가령 어떤 문화권에서는 부모의 시신을 태우고, 어떤 문화권에서는 먹는 것이 그들을 위한 존중이라고 생각하기도 한다. 어느 현자는 이렇게 말했다. "한 문화권에서 중요하다고 생각하는 관습을 항아리에 넣고, 다른 문화권에서 혐오하는 것을 항아리에서 빼내면, 거기에는 결국 아무것도 남지 않는다."

개인적 차이 또한 적지 않다. 금전적 문제가 아니면 모욕도 참을 수 있는 사람이 있는가 하면, 테이블에 자신의 이름표가 없다고 회의실을 박차고 나가는 사람도 있다. 뺨을 맞고도 전혀 여유인 현자 소크라테스가 있는가 하면, 뿐인가, 예수는 다른 뺨을 들이밀라는 주문까지 했다.

텐친 팔모는 어느 자리에서 자신이 세계를 돌며, 가장 많이 받는 질문이 이것이라고 했다. "어떻게 하면 화를 다스릴 수 있습니까?"

세네카는 화의 재난에 대해 이렇게 말한다.

> 노바투스여, 너는 나에게 묻는다. 공격적 격정에 대하여, 자신의 파괴도 불사하는 분노에 대하여, 어떤 역병보다 치명적인, 학살과 독살, 고소와 맞고소, 도시의 파괴와 민족의 멸망을 몰고 오는 '분노'에 대하여……[1]

이 글이 다루고자 하는 주테마가 이것이다.

불교 또한 이 문제를 어느 영적 전통보다 심각하게 생각하고 여기 대응해 왔다. 팔만대장경을 아무 곳이나 펼쳐도 우리는 그 가르침과 만난다.

다음 그림은 티벳판 육도윤회도이다. 불교의 기획을 3개의 동심원 속에 포괄하고 있다.[2]

이 그림을 만다라로 걸어놓고, 상세히 음미하며 수련의 도구로 삼을 만하건만, 한국에서는 아마 낯설 것이다. 티벳에서는 집집마다 걸려 있을지 모르겠다. 에드워드 콘즈의 *Buddhist Meditation*에 이 그림에 대한 상세한 설명이 있다.[3]

---

1 세네카, 김경숙 역, 『화에 대하여』, 사이, 2013, p.39.

2 화정박물관 소장, 졸저, 『붓다의 치명적 농담』, 문학동네, 2013, p.123.

3 Edward Conze, *Buddhist Meditation*, Harpertorch Books, 1956, pp.152~157.

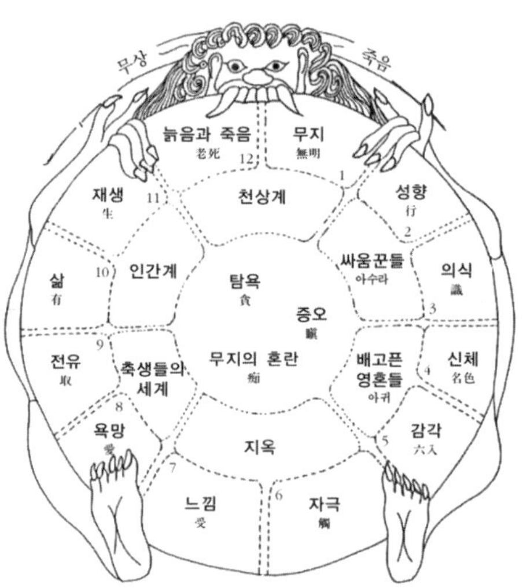

〈티벳판 육도윤회도六道輪廻圖〉

12개의 항목은 "삶의 고통으로 이어지는 도정"을 도식화한 것이다. 그래서 '생멸生滅연기'라 부르기도 한다. 그 안에 '외부의 자극'과 그에 대한 '감정적 반응'이 이 연관 고리의 중심에 자리하고 있다. 이 연쇄를 분명히 끊을 수 있다면 환멸還滅, 즉 삶의 고통이 멈추는 쪽으로 회귀할지 모른다. 이 진실을 언급한 유명한 경구가 있다. "이것이 있으므로, 저것이 있다. 저것이 없으므로 이것도 없다."

다시 강조하지만, 12연기에서 가장 중요한 계기는 6번째 '외적 자극(觸)'과 7번째 '그 감각적 반응(受)'이다. 그림을 자세히 보면 이 둘은 '남녀가 포옹하는 형상'과 '화살이 눈에 박혀져 있는 모습'으로 그려져 있다. 외적 자극과 그 반응이 얼마나 무섭고 위태로운지를 섬뜩하게 그려주고 있다. 불교는 전통적으로 '인드리야 구티', 이들에 대한 감시와 성찰이 불교 수련의 핵심임을 늘 강조해 왔다.

2) 지각(perception), 그 위태로운 촉수

불교의 이념은 '평정'에 있다. 이를 동서 정신주의적 전통의 공통 목표라고 불러도 좋지 않을까. 로마의 철인 에픽테토스도 "삶의 목적은 행복이며, 행복은 마음의 평정에서 온다."라고 적었다. 동양에서도 불교뿐만 아니라, 장자의 '혼돈'과 평정, 그리고 유교의 부동심 또한 같은 목표를 가지고 있다.

왜? 맨 처음 에피타프의 말처럼 분노는 세상에 실망한, 한 개인의 '비합리적인 반응'이기 때문이다.

그런데 인간사, 사바에 살면서 이들 격정을 잠재울 수 있을까? 경허가 탄식처럼 읊은, 지눌의 사구게가 있다.

> 돈오라, 내 이제 부처와 다르지 않지만, 다생多生의 습기習氣가 깊어서…… 바람은 멎었으나 물결은 아직 일렁이고, 진리를 알았지만 상념과 정념이 여전히 침노한다.[4]

역시나 '격정은 우리 몸의 오랜 습관'이다. 이 격랑은 깨달음과 더불어 즉각 해소되지는 않는다. 깨달음 이후에도 오랜 심신의 숙련을 기다려야 파도가 마침내 잠잠해질 것이다. 이것이 지눌이 캐치프레이즈화한 '돈오점수頓悟漸修'이다. 바다의 평온은 먼 길이다. 누구도 쉽게 '돈오돈수'를 말할 수 없다.

그럼 어떻게 외부 사물의 격동으로부터 자유로울 수 있을까. 우선 '깨달음'이 있어야 한다. 화두와 용맹정진 등의 험준을 '으박지르지' 않고, 이 깨달음을 설할 수는 없을까. 가령 『반야심경』이 그 최상의 취지를 집약해 주고 있지 않은가.

> 관자재보살께서는 깊은 반야바라밀다의 명상 속에서 오온五蘊이 모두 공空하다는 것을 통찰하시고, 일체의 고통으로부터 벗어나셨다.[5]

지금 보듯, 깨달음의 관건은 사물의 '비실재성'을 깨닫는 데 있다.

---

4 "頓悟雖同佛, 多生習氣深. 風停波尙湧, 理現念猶侵." 『보조전서』, 「수심결」, 보조사상연구원, 1989, p.37.

5 "觀自在菩薩 行深般若波羅蜜多時 照見五蘊皆空 度 一切苦厄." (『반야심경』 첫머리).

『금강경』도 같은 취지를 표명하고 있다. "범소유상凡所有相, 개시허망皆是虛妄." 불교에 들어서는 관문이 여기이고, 다들 곤혹스럽게 생각하는 바 또한 여기 있다.[6]

사물을 향한 최초의 반응은 '지각(perception)'일 것이다. 서양철학의 전통적 생각과는 달리 '지각'은 사물의 단순한 수용 혹은 반영이 아니다. 그것은 쇼펜하우어의 통찰처럼 인간 '의지'의 개입을 통해 비로소 인간의 정신 속으로 들어온다. 그것은 객관적이기보다 주관적 의욕과 관심의 산물이라고 해야 한다. 그의 주저의 제목처럼 "세계는 의지로 하여 표상된다."[7]

사물은 늘 우리의 사적 관심과 목적의 '자장' 아래 있다. '소유'가

---

6 사람들은 "무릇 모든 '소유'는 허망하다"라고 읽는데, 이건 좀 아닌 것 같다. 법정 스님의 『무소유』도 이 구절에 바탕했는지 모르지만, 소유는 일본식 한자이다. 위의 글은 분명히 "무릇 우리가 '有', 즉 '있다'라고 생각하는 바는 모두 환상이고 실체가 없다."라고 읽어야 옳지 않나 싶다. 물론 두 글자의 연관은 깊다. '있다'는 '유'가 곧 '소유한다'에 어원을 두기 때문이다. 한자의 유有는 그 어원이 '손이 볏단을 끌어 모아 쥐고 있는 모습'이다. 수확과 소유! '이기적'임을 뜻하는 사私자도 '벼를 칼로 베는 형상'을 하고 있다. 이 글자 하나가 인간의 근원적 진실을 웅변으로 전해주고 있다.

7 불교 해설에서 쇼펜하우어를 인용하는 것을 불편해하시는 분들도 있겠다. 다음과 같은 콘즈의 평가를 보라. "Although he had access to very few original documents, Schopenhauer reproduced the Buddhist system of thought from Kantian antecedents with such an accuracy that one may well believe that he remembered it from a previous life.(E. Conze, *A Short History of Buddhism,* Unwin Paperbacks, 1980)

'관심'을 부르고, 관심이 '지각'을 몰고 온다. '의지'와 '관심'을 결여한 소여는 아예 '지각'되지 않는다. 콘즈는 자신의 『금강경』 영역에서 다음과 같은 통찰을 보여주고 있다.

> 어떤 분리된 법(法, 다르마)도 주체적 지각의 활동이 없이는 지각될 수 없다. 지금, 아비다르마는, 특정한 지각 활동이 대상을 '집어들고', '주의하고', 그것을 '확인하고', 그것을 '꽉 거머쥐는 데' 있다고 가르친다! 영어의 경우도 이와 비슷한데, 지각(perception)이라는 말은 per-CAP(머리, 덮어씌운다)에서 왔고, capio는 '잡는다', '붙든다', '꽉 잡아 쥔다'는 뜻이다. …… 역시 어떤 것을 '붙든다'는 것에는, 그게 법法이든 비법非法이든 자동적으로 무엇인가를 향해 '선호'하는 행동이 포함되어 있고, 자기이해와 자기주장, 그리고 자기강화와 자기확대와 연관되어 있다. 이것은 이기적이지 않기(無我)가 어렵다.[8]

---

8 "No separate dharma can possibly be perceived without a subjective act of 'perception' taking place. Now the Abhidharma teaches that the specific function of perception consists in 'taking up' an object, 'noting and recognizing' it, 'seizing upon' it. Similarly, in our own language, 'perception' comes from per-CAP, and capio means 'to take hold of, seize, grasp'. But to seize on anything, either a dharma or a no-dharma, automatically involves an act of preference, bound up with self-interest, self-assertion, and self-aggrandizement, and therefore, unbecoming to the selfless." Edward Conze, *Buddhist Wisdom Books*, The Diamond Sutra,(Harper Torchbooks, 1958), p.34.

즉 우리가 "있다"고 생각하는 세계는 '세계 그 자체'가 아니다. 불교식 어법으로는 그것은 상相이지, 법法이 아니다. 우리가 보는 세계는, 이를테면 자아의 중력에 의해 휘어져 있고, 우리가 세계에 대해서 갖고 있는 인식은 개시허망皆是虛妄, 다 주관적 관심이 만든 허상에 불과하다는 것. 이를 화엄은 한마디로 "일체유심조一切唯心造"라고 불렀고, 이 환상의 구조를 정밀 분석·이해를 통해서 해방을 구하는 것이 유식唯識 철학의 중심에 있다.

그런데 우리는 이 허상이 허상인 줄을 모른다. 이 주관적 허상(망상, 환망)의 '세계' 위에서 일희일비一喜一悲, 우리네 감정들은 격동한다. 현실이라고 믿고 있는 세계가 사실은 뿌리 없는 환상이라는 뜻에서, 불교는 늘 '세계'를 여몽환포영如夢幻泡影, 꿈·환상·그림자라고 부른다. 너무나 생생해 보이지만, 그러나 깨고 나면 사라지는, 즉 사실은 없는 어떤 것……

그래서 말한다. 불교가 강조하는 진정한 세계, 즉 진여眞如, 여여如如, 혹은 법계法界 등의 이름으로 불리는 이 진정한 세계는 우리가 일상적으로 만나는, 혹은 구축한 표상적 세계와는 완전히 다른 어떤 것이다.

문제는 인간세가 이 근본 진실을 모른다(無明, 不覺)는 것에 있다. 안다면? 그는 도무지 그 허상에 일희일비하지 않을 것이다. 이 통찰은 쉽게 보이지만, 그러나 진정 그 진실을 믿고, 삶을 관조하고, 평정을 유지하는 사람은 글쎄, 많지 않아 보인다.

'의지'가 있으므로 '세계'가 존재한다. 유식唯識. 우리는 그 표상의 '자극'에 흔들리고, 그 '좌절'에 분노한다. 이들 기초 감정들은 수많은 파생적 감정들을 만들고, 그래서 '감정의 종류'들이 섬세해지고, 생주이멸生住異滅의 변화를 겪으면서 증폭 변형도 많아졌다. 그 내밀을 보자면 정신분석, 무의식을 통해야 할 경우도 많다. 사람들은 그 속을 또한 들키지 않기 위해서, 페르소나와 정당화가 인간 심리의 중심에 자리 잡게 되었다.[9]

불도 수행은 이 '뒤틀린' 인식, '혼잡한' 감정, '오래된' 자기기만을 '각성'하고, '치유'해 나가는 길이다.

3. 『대승기신론』의 지혜

1) 진여眞如, 세울 것도 부술 것도 없다

불교의 길은 팔만의 장경에 담겨 있다. 그것이 너무 산만하므로 그 이념과 방법을 짧은 책 속에 응축해 놓은 매뉴얼이 바로 『대승기신론』이다.

긴 해설은 지금 다룰 자리가 아니므로, 맨 처음에 실려 있는 몇 구절을 음미해도 불교가 노리고 있는 것이 '평정'이고, 외부에 의해 격동되지 않는 정신의 '자유'임을 한눈에 알 수 있다.

『대승기신론』의 3부 「해석분解釋分」 첫머리는 다음과 같은 핵심어구로 시작한다.

---

9 금전에는 담박한 사람이 권력욕에 사로잡혀 있을 수도 있고, 성적 욕구에서 어느 정도 자유로워진 수행자도 명예욕은 졸업하기 어렵더라는 고백을 들은 적도 있다.

> 진여란 무엇인가. 그것은 '전체성'을 가리킨다. 그것은 분리될 수 없는 하나이며, 이 세상의 모든 것을 포괄하며, 아니 그것 자체이며, 또한 진리로 들어서는 입구이다.[10]

우리가 아는 '사물'이란 인간의 생각과 표상, 그리고 편견에 의한 것일 뿐, 그 자체 실제성을 갖고 있는 것은 아니라고 했다.

'표상과 편견'을 떠나면 그야말로 '경계'가 사라진다. '경계'란 정의하기 좀 까다로운 말인데, 내 관심과 의미화의 대상, 혹은 문제적 정황이나 의도적 행위 등이라고 거칠게 정의할 수 있지 않을까.

가령 자연스럽게 식당에서 음식을 기다릴 때는 경계가 아니지만, 종업원의 서비스가 마음에 들지 않거나, 음식 맛이 없다고 눈살을 찌푸릴 때, 그때 '경계境界'가 일어선다. 그 마음을 내려놓으면 경계는 사라지고 평온은 다시 찾아올 것이다.

> 우리가 사물이라 부르는 '표상'들은 인간의 의지의 결과이다. 주관적 '생각'의 발동이 그치면 사물의 '경계성'은 사라진다.[11]

'망념妄念'이 불도 수행의 키워드이다. 우리는 사물을 자동적으로 선악, 미추, 호오 등의 이름으로 분류하고 '가치'를 매긴다. 흡사 신경질적으로 책상 위의 부저를 눌러대는 두어 살짜리 꼬마처럼 우리는

---

10 "心眞如者, 卽是一法界大總相法門體. 『대승기신론』, 明石惠達, 永田文昌堂, 1971. p.9.

11 "一切諸法, 唯依妄念而有差別, 若離妄念, 則無一切境界之相." (같은 책)

그렇게 나날을 살고 있다. 우리의 뇌는 순간순간 쉬지도 않고 머리 옆에서 재잘거린다. 어떤 뇌과학자는 그것을 '뇌 재잘거림(brain chattering)'이라고 불렀다.[12]

황제 마르쿠스 아우렐리우스가 단언했다.

> 남의 마음을 들여다보지 못한다고 해서 큰일이 일어나지는 않는다. 그러나 자기 마음의 움직임을 보지 못하는 자는 불행해질 수밖에 없다.

마음이 표상하지 않으면, 싸움의 도구로 부딪치지 않으면, 감정적 격분으로부터 떠난다면, 그때 세상은 필경 평등, 파도 없는 바다처럼 고요해진다. 거기는 아무런 높낮이가 없고, 하여 올라갈 것도, 무시될 것도 없다. 즉 이 세계에서는 일체의 '차이'와 '변화'가 빛을 잃는다.

> 그러므로 일체의 사물은 '본래, 근본적으로' 인간의 언어와 표지, 생각과 개념을 떠나 있다. 그러므로 사물들은 근본적으로 아무런 차이나 구분이 없다. '변화'를 말할 수도, '파괴'될 수도 없다. (이 자리에서 우리는) 다만 '일심一心'을 말할 수 있을 뿐. (이를 객관적 시각에서) 진여라고 부른다.[13]

---

12 생각과 언어는 연결되어 있다. 일반인들은 언어를, 위험을 피하고 생존을 얻으며 무리들끼리의 유용한 소통 수단으로 이해하고 있지만, 불교는 이 인간의 발명을 뜨거운 쇳덩이처럼 두렵게 생각하고 경계를 잊지 않는다. 그것을 어느 학자는 불교의 '언어 공포(lingua-phobia)'라고 부르기도 했다.

세계는 그 자체로 완전하다. 그 특성을 법계法界라고 부른다. 불완전하다고 생각하는 것은 인간의 호불호가 만든 망념妄念에 불과하다. 나와 세계 또한 분리되지 않는다. 이 전체성을 '일심一心'이라 부른다. 원효가 늘 읊었다는 이 말은, 조폭이나 야쿠자의 팔뚝에 새긴 충성 맹약이나 조직원의 징표가 아니라, '분열되지 않은, 더 이상 아무것도 원하거나 어디에도 흔들리지 않는 정신의 지속적 평정'을 가리킨다. 당연히 여기 '분노'나 '시기' 등의 인간적 감정은 발을 붙일 수 없다.

> 만일 내가 혐오하고 싫어하지 않는다면, 세상 어느 것도 버릴 것이 없다. 그래서 '모두(皆) 참(眞)'이라 부른다. 또 내가 바라는 열망하고 탐욕하는 것이 아무 것도 없다면, 세상은 그 자체로 완전하다. 그래서 '뭐, 마찬가지(同)로 같다(如)'라 부른다.[14]

> 그러므로 알라, 일체의 존재는 높낮이가 없어 '평등'하다. 고요한 바다처럼 높낮이가 없다면, 구분을 위한 아무런 '표지'가 없다는 말과 같다. 논할 것도, 표상할 것도, 지각도 없다면 그저 남은 것은 침묵하는 수밖에 없다. 그래서 "모든 것이 참이요, 그것은 그렇게 있다(眞如)."라고 부르는 것이다.[15]

---

13 "是故一切法從本已來, 離言說相·離名字相·離心緣相, 畢竟平等·無有變異·不可破壞. 唯是一心故名眞如." (같은 책)

14 "此眞如體無有可遣, 以一切法悉皆眞故 ; 亦無可立, 以一切法皆同如故." 나는 『대승기신론』의 이 구절이 이 경전의 중국 찬술, 적어도 두 언어가 교섭하는 중앙아시아쯤에서 작성된 증거 가운데 하나가 아닐까 짐작하게 한다.

15 "當知一切法不可說·不可念故, 名爲眞如."

'진여'는 그러나 특정한 '대상'을 가리킨 것이 아니다. 진여는 대상화되지 않으므로 이름이 없다. 그래서 벙어리 냉가슴이라고도 한다. 다만 '진여'는 이 실체 혹은 목표가 있는 지점을 가장 근접하게 일러주는 방편, 어쩔 수 없는 사다리일 뿐이다.

정리하자면, '경계성境界性'이 사라질 때 세상은 갑자기 온갖 '분별'을 잃고, 온갖 생각과 갈등으로 어지럽던 마음은 한순간 무無의 평화를 얻는다. 분별되지 않은 사물은 '전체'로 드러날 것이다. 진리의 입구는 바로 그 전체성에 머무르는 데 있다.

그러므로 이제 '방편'의 기능을 다한 언어는 버려져야 한다. 사다리는 치워야 하고, 강을 건넌 배는 묶어 두고 갈 길을 가야 한다. 『대승기신론』은 이를 "언어의 장대 끝에서 언어를 버리기(謂言說之極因言遣言)"라고 표현했다.

> 모든 언어는 방편적 도구일 뿐이다. 인간적 분별의 도구일 뿐. '진여'라는 말 또한 자신의 얼굴을 갖지 않는다. 그 말로 우리는 언어의 사다리 끝에서 그것을 차버린다.[16]

경계를 완전히 지우면, 무화시키면, 그때 우리는 세상에 대해, 나에 대해, 아무런 말도 할 수 없다. 콘즈는 말한다.

> 분별(vikalpa)이야말로 인간세의 고통을 산출하는 주 원흉이다.

---

16 "以一切言說假名無實, 但隨妄念不可得故. 言眞如者, 亦無有相. 謂言說之極因言遣言."

불경에서 스님들의 언사에서 끝없이 '무無'가 운위되는 것도 이와 연관되어 있다. '유有'는 곧 인간의 개입을 의미하는 것인데, 이것을 축소·제거·무화시키는 것이 불도 훈련의 기초가 되어 있다.

이와 연관하여 불교는 '감정'에 대해서, 그 오랜 무시이래의 습관을 혁신하고자 한다. 여러 생에서 축적한, 그리고 이 생에서 무의식적으로 익힌, 자동적으로 반응하는 이 격정의 수레바퀴를 그만, 멈추고자 한다.

2) 바라밀波羅蜜, 방법 혹은 훈련

제목은 책의 내용을 서리서리 포개놓은 압축파일이다. 『대승기신론』도 예외가 아니다. 대승大乘이란 무엇일까. 상식에 적혀 있는 대로 따라가면 길을 놓친다. 가령 "소승이 자기만의 구원을 노리고 있는 남방의 불교인 데 비해, 대승은 대중들을 모두 이끌고 구원에 이르고자 하는 북방불교의 이름"이라고 떠듬거리지 않도록 하자.

대승은 '크고 위대한 수레'라는 뜻이다. 수레는 사람들을 목적지로 데려다 주는 유효한 수단이다. 우리를 구원으로 인도할 그 수레는 어디 있는가. 바깥을 두리번거리는 고개를 향해 『기신론』은 일격을 가한다. "그 수레는 중생심衆生心, 다름 아닌 너희들 자신이다."

나는 이 대목에서 눈물을 쏟을 뻔했다. 사람들은 이 희망의 복음에 의아한 눈을 보낸다. "피조물인 내가…… 근심과 걱정, 경쟁과 생존에 내몰려 불면과 노고로 밤을 지새우는 내가…… 욕망과 좌절로, 미래에 대한 불안을 안고 살며, 사람들과 깊고 의미 있는 관계를 만들고 지속시키는 데 애를 먹는 내가……"

『기신론』은 사바娑婆에 부침하는 인간의 마음은 우리 마음의 '다만 한 측면'이라고 말한다. 그렇게 소외된 마음의 '심층'에, 혹은 망각의 지평에, 그에 영향 받지 않는 '또 다른 마음'이 존재한다!

이 붓다의 잠재성(佛性)은 성자뿐만 아니라 보통 사람, 나아가 극악한 죄를 지은 범죄자 할 것 없이 공평하게, 더도 덜도 없이 같이 있다. 이 마음의 바탕은 완전하고, 순수하며, 불가사의한 빛과 힘을 갖고 있다. 다만 무성한 번뇌와 어지러운 욕망, 그리고 이런저런 번잡사에 묻혀 있어 이 보물을 체크하지 못할 뿐이다.

그것은 흡사 영롱한 구슬이 진흙 속에 밟히고, 오랜 세월의 기름때가 절어 있는 것과 같다. 하도 오래 처박혀 먼지와 기름을 덮어쓰고 있다 보니 사람들은 자신의 본성이 청정淸淨, 맑은 샘물이며, 적멸寂滅이라, 원래부터 고요와 행복을 누리고 있다는 것을 망각해버렸다.

우리네 정신의 에너지는 「육도윤회도」가 보여주듯, 찰나에 팔만의 망상이 오가는 머릿속이 보여주듯, 극심한 파편화와 혼란을 겪고 있다. 빠른 속도로 도는 엔진처럼 머릿속은 윙윙거리고 벌통 속의 벌처럼 앵앵거린다. 이것이 무시이래無始以來 돌고 도는 윤회 속 인간의 모습이다. 그 속에 고요와 평안은 없다.

『기신론』은 이 쳇바퀴를 멈추고자 한다. 멈출 수 있을까.

멈출 필요가 없다는 사람들은 어쩔 수 없다. 엔진을 더 힘차게 가동하여 세속이 인정하는 가치들, 부귀와 재화, 지위와 명예를 획득해 나가는 데 현대인들은 너나없이 내몰리고 있다.

『기신론』은 이 어지러운 뺑뺑이 틀에서 그만 내리고 싶은 사람들, 자신의 존재를 묻고, 답을 찾는 수행자들을 위한 조언이다.

자연을 찾고, 쉬프트다운을 생각하며, 좋은 직장 높은 연봉보다 자신의 시간과 여유를 찾으려는 사람들이 늘고 있다고 한다. 앞으로 더욱 그럴 것이다. 노자老子가 말했듯, 발끝으로는 오래 서 있을 수 없고, 다리를 벌린 채로 뛰지는 못하는 법이다. 그 쳇바퀴 속에서는 진정한 평화, 신선한 공기를 맡기 어렵다.

'본성本性' 혹은 '불성佛性'은 이 억압과 소외를 참지 못하고 다양한 방식으로 자신의 존재를 알린다. 훈습薰習, 옷에 향이 배어들듯이 은밀하고 미약한 신호를 보내지만 세속의 소음과 먼지에 쩔은 주인은 그것을 알아채지 못한다.[17]

세속과 다른 길을 잡기는 쉽지 않다. 계기는 여럿이다. 가족과 친구들의 루틴 속에서 문득 새로운 가치를 발견하거나, 다른 이들의 선행과 자비에 격동될 수도 있고, 죽음이나 질병과 같은 한계상황, 혹은 운명의 계시 등 다양한 계기들이 본성의 각성을 일으킨다.

『대승기신론』은 여기 "과거·미래·현재의 수많은 부처와 보살들이, 착한 힘의 원군들이, 우주에 편만한 연민과 자비의 힘들이 우주 끝에서 끝으로 모스부호를 치며 중생들의 각성을 촉구하고 있다."고 일러준다. 우주는 각성된 신들의 지혜와 자비로 가득 차 있고, 우리 또한 그들 가운데 일원이다. 다만 우리만이 그 각성에 이르지 못하고 비자각 속에서 먼지와 때에 덮여 있어, 우주의 하모니에 동참하지 못하고

17 조셉 캠벨은 꿈과 무의식, 신화적 상상력, 그리고 철학이나 이야기들이 바로 그 오랜 열망의 내러티브를 담고 있다고 증언한다. 우주 안에 편만하고 누구에게나 존재하는 그 "깨끗한 사물의 부단한 훈습은 생사에 부침하는 삶을 역겨워하고, 고요와 열반을 확보하고 싶어 한다."

있다.

불교가 기독교와는 다르게 지식을 중요시할 뿐, 믿음을 배제한다는 것은 어리석은 소견이다. 믿음은 지식의 출발이다. 믿지 않고서는 아무것도 알 수 없다. 『기신론』은 자각의 네 단계로 신해행증信解行證을 제시했다. 믿음이 우선이고, 그 후 실천을 통해 이해와 확신이 깊어지는 바, 그 도정의 끝에서 최종적 체화가 일어나고 마침내 붓다의 말을 내 몸으로 증거할 수 있게 된다. 『화엄경華嚴經』도 깨달음의 첫 단계로 십신지十信地, 믿음을 들고 있음을 눈여겨보아야 한다.

이제 방법을 말할 때가 되었다. 이 불가사의한 진실을 믿고 증거하기 위해 수행자는 어떤 노력을 해야 하는가. 육바라밀이다. 여기에 여섯 가지가 있다.

– 우선 베풀기이다. 재물이든 지식이든 규모와 역량에 따라 베풀 줄을 알라.

– 두 번째는 규율을 지키고 선을 넘지 않는 자기관리이다.

– 세 번째는 세상의 억울한 일에도 참고 견디는 감내이다. 비방이나 태클도 웃어넘기고, 명예에 급급하고 칭찬에 우쭐한 마음도 참아주셔야 한다.

– 네 번째는 꾸준한 노력이다. 길을 나선 자, 주저앉거나 두려워말고, 묵묵히 굴하지 않고 자신의 길을 가는 것. 여기까지는 실천은 어려워도 알아듣기는 쉬울 것이다.

— 마지막이 어렵다. 지관止觀이라 불리는 불교만의 독특한 수련법이 그것이다. 지止는 절간 스님들의 좌선으로 대표되는데, 고요한 곳에 가부좌를 틀고 앉아 하는 명상을 떠올리면 되겠다. 번뇌와 망상이 어지럽게 번성하는 것은 사물에 대한 편의적이고 이기적인 반응의 연속, 그리고 증폭이라고 말한 바 있다. 지止는 그런 자동 반응을 스톱시키는 작업이다. 바깥의 일들이 정신에 영향을 미치지 않게 하고, 기억이라는 정보가 또한 정신을 혼란하게 하거나 장난치지 못하게 하는 것. 이를테면 사태에 자동으로 반응하는 분별, 판단을 멈추고, 머릿속에서 시시각각 재잘대고 있는 뇌에 '그만'이라는 명령을, 혹은 그 소리들이 일어났다 쓰러지는 것을 조용히, 한 발 물러서서 지켜보는 일이라 할 수 있을 것이다.

『기신론』의 원문을 인용해 본다.

세상은 본래 평온하다. 생각이 생각에 꼬리를 물게 하고, 사물이 마음에 물결을 일으키게 하지 마라. 그런 후, 그 마음도, 즉 마음의 물결을 일으켜서는 안 되겠다는 그 마음까지 제거하라. 생각에 굶주린 마음이 무료를 참지 못하고 해오던 대로 딴생각에 콩밭에 가 있는 수가 있으니, 이때 화들짝 본래 자리, 정신의 고요로 돌아오게 해야 한다…… 좌선을 풀고 일어나 길을 걸을 때도, 일을 할 때도 언제든 시시각각 이 훈련을 떠올리고 노력해야 한다. 이 각성과 머무름의 훈련이 오래되고 익숙해지면 마음이 안정되고 중심을 확보하게 된다. 좀 더 밀고 나가면 어느덧 가속력이 생겨 진여삼매眞如三昧로 진입하게 된다. 번뇌는 발아래 엎드리고 믿음은 크게

자라나 더 이상 후퇴를 염려치 않아도 된다. 이 효과를 의혹하지 마라.[18]

이 훈련은 하루아침에 쉽지 않다. 지루하고 단순해서, 금방 졸기 시작하는 수행자들도 많다.

이 훈련은 무의식을 건드린다. 그 과정에서 수많은 장애와 방해가 나타난다. 붓다 당시부터 그랬다. 『기신론』은 몇 가지 예를 들고 있다. 수행의 도중에,

귀신 도깨비들이 온갖 공포스런 형상으로 나타나기도 하고, 혹은 아리따운 여인네의 요염한 얼굴로 눈앞에 나타나기도 한다. 거기 흔들리지 마라. 그것들은 다만 허깨비들일 뿐이다. 천상의 보살이나 신격으로 등장하여 경전을 설하기도 하고, 지계持戒·인욕忍辱·선정禪定 등을 거룩하게 강의하기도 한다. 혹은 과거 너는 누구였다

---

18 云何修行止觀門? 所言止者, 謂止一切境界相, 隨順奢摩他觀義故. 所言觀者, 謂分別因緣生滅相, 隨順毘鉢舍那觀義故. 云何隨順? 以此二義, 漸漸修習, 不相捨離, 雙現前故. 若修止者, 住於靜處, 端坐正意, 不依氣息, 不依形色, 不依於空, 不依地水火風, 乃至不依見聞覺知, 一切諸想, 隨念皆除, 亦遣除想. 以一切法, 本來無相, 念念不生, 念念不滅, 亦不得隨心外念境界, 後以心除心, 心若馳散, 卽當攝來, 住於正念. 是正念者, 當知唯心, 無外境界. 卽復此心, 亦無自相. 念念不可得. 若從坐起, 去來進止, 有所施作,於一切時, 常念方便, 隨順觀察. 久習淳熟, 其心得住, 以心住故, 漸漸猛利, 隨順得入眞如三昧, 深伏煩惱, 信心增長, 速成不退. 唯除疑惑·不信·誹謗·重罪業障·我慢·懈怠. 如是等人,所不能入. 復次, 依如是三昧故, 則知法界一相. 謂一切諸佛法身·與衆生身, 平等無二. 卽名一行三昧. 當知眞如, 是三昧根本. 若人修行, 漸漸能生無量三昧. (같은 책)

고 일러주기도 하고, 미래의 사태에 대해 예언을 해주기도 한다. 다른 사람의 속마음을 알아맞히기도 하고, 청산유수의 언변을 장황히 늘어놓기도 한다. 세간의 명리名利에 악착시키는가 하면, 화를 내게 했다가 금방 웃는 변덕을 부리게도 한다. 무한 동정심을 일으켰다가 문득 내리 졸게 하기도 하고, 혹은 병에 시달리게 하기도 하며, 늘어지게 게으름 피게 하기도 한다. 그러다가 벌떡 일어나 정진을 하는가 하면, 에라 모르겠다, 작파하기도 한다. 불신과 의혹에 사로잡혔다가 생각이 많아지기도 하고, 또 혹은 수행을 작파하고, 세속 잡사에 골몰하기도 한다.[19]

이 장애들을 뚫고 나갔다고 해서 일이 끝난 것은 아니다.

하루, 이틀, 일주일쯤에 맛있는 음식을 미인이 들고 나타나기도 하고, 심신이 쾌적하고 배도 하나 안 고픈 경지가 나타나기도 한다. 폭식과 절식을 반복하게 하기도 하고, 사람 얼굴을 추하게 만들었다 잘생긴 얼굴로 만들었다 하기도 한다. 하여간, 이들 모두는 그동안 정신에 찌들어 있던 업장의 발현이니 혹하거나 흔들려서는 안 된다.[20]

지혜로 관찰할 뿐, 거기 달려들거나 잡아채지 말고 '생각 하나'로 오로지 밀고 나가라. 그럼 업장들이 절로 점점 떨어져 나갈 것이다.

---

19 같은 곳.

20 같은 곳.

— 아직 하나가 더 남았다. 관觀이 여기 보완되어야 한다. 지止는 생각을 끊는 작업이어서 상념이 주는 혼란과 그 증폭을 차단할 수 있지만, 그리하여 자기내부의 힘과 빛에 숨 쉴 틈을 주지만, 이것만 오로지 하게 되면 정신이 활동력을 잃고 침잠沈沒하거나, 그리고 세상사는 모두 귀찮다는 레세페르 무기력(懈怠)에 빠지는 폐단이 있다. 그래서 사물에 대한 적극적 '관찰'이 필요하다. 이 관찰은 그러나 세속의 그것처럼 에고와 경계를 강화시키는 것이 아니라, 그것의 무상함과 자기중심성을 투철 투명하게 읽고 해체하는 훈련이다.

> 세상의 일들, 그것들이 오래 머물지 않고 순간순간 변하는 것을 보라. 내가 과거에 떠올렸던 상념들은 지금 꿈처럼 아득하고, 지금 내가 갖고 있는 사물에 대한 판단들은 번개처럼 번득일 뿐이니, 미래에 내가 가질 인식들 또한 한 조각 구름처럼 일어났다 스러질 것이다.[21]

그렇게 순간순간 찰나에 일어났다 스러질 생멸生滅의 마음들이 나를 이토록 고통과 번뇌 속에 빠트리고 있지 아니한가. 이 핍박이 나만이 아니라, 주변 중생들이 다들 그러고 있는 데 대해 그는 연민을 느끼고, 그들을 모두 해방시켜 주겠다는 위대한 발원(誓願)을 세우게

---

21 "復次, 若人唯修於止,則心沈沒, 或起懈怠, 不樂衆善, 遠離大悲. 是故修觀. 修習觀者, 當觀一切世間, 有爲之法, 無得久停, 須臾變壞. 一切心行, 念念生滅, 以是故苦. 應觀過去所念, 諸法恍惚如夢. 應觀現在, 所念諸法, 猶如電光. 應觀未來, 所念諸法, 猶如於雲, 忽爾而起." (같은 책)

된다. 그는 어디서건 어느 때건 그 꿈을 이루기 위해 제 힘 닿는 데까지 게으름 없이 노력할 것이다. 이것이 위대한 정신의 영웅, 보살의 삶이다.

난처해하는 합리적 인간들에게 『기신론』은 말한다.

> 이 원리를 한번 떠올리는 것이 삼천대천세계, 온 우주의 사람들을 선한 길로 이끄는 것보다 훨씬 크고 위대하다. 하물며 실제 정신을 가다듬고 수행에 나서는 공덕이야 더 말할 나위 없다.[22]

그러고서 경계를 잊지 않는다.

> 이보다 위대한 일은 없으니, 불신과 비방은 더 큰 고통을 부를 것이다. 너 자신뿐만 아니라 수많은 사람에게 죄를 짓는 어리석음을 저지르지 마라. 과거와 현재의 보살들이 깨끗한 믿음을 얻기 위해 이 원리와 지침에 의지해 왔다. 미래의 보살 또한 그럴 것이다. 그러니 부지런히 나아가라, 공부하라. 부처의 깊고 위대한 소식을……[23]

---

22 "若人聞是法已, 不生怯弱, 當知此人, 定紹佛種, 必爲諸佛之所授記, 假使有人, 能化三千大千世界滿中衆生, 令行十善, 不如有人於一食頃正思此法, 過前功德, 不可爲喩." (같은 책)

23 "其有衆生, 於此論中, 毁謗不信, 所獲罪報, 經無量劫, 受大苦惱, 是故衆生. 但應仰信. 不應誹謗, 以深自害, 亦害他人, 斷絶一切三寶之種, 以一切如來皆依此法, 得涅槃故, 一切菩薩, 因之修行, 入佛智故. 當知過去菩薩已依此法, 得成淨信, 現在菩薩, 今依此法, 得成淨信, 未來菩薩當依此法, 得成淨信. 是故衆生, 應勤修

3. 유교의 해법: 중화中和

불교는 삶을 '불타는 집(火宅)'에 비유했다. 붓다는 어느 날 제자들을 이끌고 우루벨라의 산에 올랐다. 저녁노을로 불타는 하늘을 보며, 이렇게 말했다.

> 비구들이여, 사람도 저와 같이 불타고 있다.
> 눈(眼)이 타고 있고, 눈이 보는 대상(色)이 타고 있다. 귀와 소리, 코와 냄새, 혀와 맛이 타고 있다.
> 몸과 접촉, 의식과 그 대상이 타고 있다. 비구들이여, 이것은 무엇 때문에 이렇게 불타고 있는가.
> 다름 아닌 '탐욕(貪)'과 '분노(嗔)'와 '어리석음(痴)' 때문에 불타는 것이다.
> 생로병사, '근심(愁)'과 '슬픔(悲)'과 '번뇌(惱)'와 '괴로움(苦)'이 불타고 있다.
> 그러므로 비구들이여, 너희들은 이 모든 불타는 것과 그 원인에 대해 싫어하는 생각을 가져야 한다. 일체에 대해 싫어하는 생각을 가질 때, 탐욕과 분노와 어리석음의 불꽃이 꺼지고, 그때 근심과 슬픔과 번뇌와 괴로움에서 벗어나 해탈을 얻게 된다.[24]

그리하여 불교는 이 타오르는 '불'을 끄고자 한다. 그것이 '열반'이다.

學. 諸佛甚深廣大義." (같은 책)

24 브루스터, 『고타마 붓다의 생애』, 시공사, 1996, pp.97~98.

이 말의 본래 어원은 "불어서 끄다"라는 뜻이다.

불교와 마찬가지로 노장老莊의 입장도 '평정'을 유지하고 인간사의 가치와 행불행에 일희일비하지 말라고 가르쳤고, 그렇게 아예 감관을 닫아거는 '혼돈混沌'을 드높였다. 그런 점에서 유교는 불교와 노장을 같은 부류로 생각했다.

1) 무관심과 무절제 사이, 제3의 길

유교는 이와 달리 생각한다. 유교는 『중용』이 강조하듯 '최적(中)과 조화(和)'를, 다시 말하면 '적절한 감정의 발현'을 이상으로 삼았다.

> 희로애락의 미발未發을 중中이라고 한다. 발하여 절도에 맞는 것을 화和라고 한다. 중中은 천하의 대본大本이고, 화和는 천하의 달도達道이다. 중화中和를 성취하게 되면 천지天地가 제자리를 찾고 만물萬物이 육성, 번성한다.[25]

인간은 '살아있는' 유기체이다. 『중용』 첫머리의 선언처럼, 인간은 '정신 신체적 에너지'를 본구하고 있으며, 적절한 활동과 반응을 통해 자신을 구현한다. 만일 그것이 없다면, 그야말로 "고목사회枯木死灰", '마른 나뭇가지, 죽은 재'나 다름없을 것이다. 이건 좀 아니지 않은가?

우리가 물어야 할 것은 어떻게 이 '감정'의 최적과 조화를 확보할 것이냐이다. 물론 이 경지가 저절로 확보될 리가 없다. 그에 걸맞은

---

25 "喜怒哀樂之未發, 謂之中; 發而皆中節, 謂之和; 中也者, 天下之大本也; 和也者, 天下之達道也. 致中和, 天地位焉, 萬物育焉. (『中庸』 첫 장)

훈련이 필요하다. 수신修身·수양修養이 바로 그 성숙의 기술을 통해 지선至善에 닿기 위한 노력이고, 유학은 공맹 이래 2천년을 그 노하우를 나름대로 축적해 왔다.

『맹자』에 불가사의한 구절이 하나 있다.

"선생님의 평정(부동심)과 고자의 그것과의 차이를 말씀해 주시지요." "고자는 '말이 납득되지 않을 때, (그 이유와 해결을 찾아) 마음을 동원하지 말고, 마음이 석연치 않을 때, (그 영향이) 신체를 흔들지 않도록 하라.' 했네. 뒷부분은 괜찮아. 그러나 처음 조언은 문제가 있어. 말이 납득되지 않을 때는 마음에 조회를 해 보아야 하지. 무릇 '의지(志)'는 신체(體)를 끌고 가는(帥) 힘이고, 신체를 채우는 것은 컨디션(氣)이지. 의지가 집중되면 컨디션은 따라가네. 그래서 충고하노니, 그 의지를 단단히 붙들고, 컨디션을 폭주시키지 말라." "의지가 앞서면 신체는 따라간다면서요? 의지를 굳건히 하라는 말씀은 알겠는데, 왜 또 신체를 흔들지 말라 하십니까?" "의지가 이끌면 신체가 따라가지만, 또 거꾸로 신체가 의지를 격동시키기도 한다네. 예를 들면 몸이 엎어지고 자빠지면 그 마음이 평정을 잃고 허둥대지 않나?"[26]

---

26 曰, 敢問夫子之不動心與告子之不動心, 可得聞與. 告子曰, 不得於言, 勿求於心. 不得於心, 勿求於氣. 不得於心, 勿求於氣, 可. 不得於言, 勿求於心, 不可. 夫志, 氣之帥也. 氣, 體之充也. 夫志至焉, 氣次焉. 故曰, 持其志, 無暴其氣. 旣曰, 志至焉, 氣次焉. 又曰, 持其志, 無暴其氣者, 何也. 曰, 志壹則動氣, 氣壹則動志也. 今夫蹶者趨者是氣也, 而反動其心. (『맹자』「公孫丑」上2)

고금의 여러 해석자들이 이 구절을 두고 고심해 왔다. 읽기가 좀 까다롭지만, 이곳은 맹자 심학心學의 핵심이 있는 곳이다.

본문을 보자. 고자의 부동심不動心의 비결은 "부득어언不得於言 물구어심勿求於心, 부득어심不得於心 물구어기勿求於氣"였다.

고자는 아마도 노장 계통의 인물이었을 것이다. 고자는 말에 상처받거나, 마음에 새겨두지 말라고 권한다.

특히 한국인들이 남의 '말'에 취약하다고 한다. 타인을 너무 의식하는 오랜 문화의 흔적인 듯도 하다. 황제 철학자는 충고한다. "누구보다 자신을 소중히 여기는 사람들이, 어떻게 자신에 대한 평가를 다른 사람에게 맡긴단 말이냐."

우리는 타인에게 자신을 납득시킬 필요가 없다. 맹자의 말대로 "스스로 돌아보아 떳떳하다면, 나는 내 길을 간다."는 정신이 필요하다. 우리가 남에게 하는 말은 기실 객관적이지도 않고, 다만 주관적 감정이나 편견의 노정 아닌가. 대체로 다른 사람의 평가는 우호적이지 않고, 영향력도 별로 없다. 그렇게 "납득이 안 되어도 그냥 무시해라!"가 고자의 해법이다.

12세기 '새로운 유학(Neo-Confucinism)'을 창도한 주자의 해석에 따르면[27] 고자의 태도는 이렇게 풀이된다.

> 네가 어떤 말을 들었을 때, 그것이 이해되지 않거나 용납되지 않을

---

27 "告子謂, 於言有所不達, 則當舍置其言, 而不必反求其理於心. 於心有所不安, 則當力制其心, 而不必更求其助於氣. 此所以固守其心, 而不動之速也." (『맹자집주』「公孫丑」上2)

때, 그 시비선악을 굳이 가리려 하지도 말고, 마음속에 담아두지도 마라. 더구나 그것에 슬퍼하거나 화를 내는 등 정서적·감정적 반응으로 연결시키지 말라.

그런데 라이벌인 맹자는 이 태도가 좀 미흡하다고 생각한다. "마음의 '평정'을 다칠까 싶어, 일체 외부와 교감하지 않고, 내부의 성채만 단단히 지키자는 말이냐? 그게 어디 목석이지 사람이냐?"라는 항의가 거기 들어 있다.

맹자가 제시하는 말을 의역하면,

어떤 말이 마음에 들거나 거슬린다고 하여 일희일비할 필요는 없겠지. 그러나 그 말이 옳고 그른지, 어떤 점에서 일리가 있고 없는지는 따져봐야 할 게 아니냐.[28]

맹자는 이를테면 '합리적 태도'를 제안하고 있다. 발화된 말들이 설령 비난이건 칭찬이건, 또 어떤 구체적 정보이건, 실제에 합당한지를 차분하게 점검하는 것이 우선이다. 그 비판이 진정 내 결점이나 부족함, 미성숙을 지적한 것이라면 깊이 새겨 반성과 성장의 기회를 삼을 것이고, 만일 아니라면…… 애먼 소리, 당파적 편견 등이라면 한 귀로 흘려보내면 될 것이다.

그리하여 유교는, 특히 주자학은 '감정'을 부정하고 말살하는 것이 아니라, 그것들을 '합리화'하고 '적정한 조화와 균형'을 유지하기를

---

28 "不得於心 勿求於氣, 可. 不得於言 勿求於心, 不可." (위의 곳)

원했다. 인간이 가족과 사회 속에 있다면, 그리고 정치적 필드를 떠날 수 없다면, 오불관언吾不關焉의 '평정'이 해답일 수는 없지 않은가. 집을 떠난 수도사들도 이 감정을 충분히 무화시켜 고요에 이르기는 어렵다.

2) 유교 심학心學이 향하는 곳-감정, 성격, 그리고 본성

12세기 주자학은 '감정'을 둘러싼 두 극단을 이렇게 보았다. 하나는 1) 불교와 노장처럼 오로지 내적 '평정'을 추구하는 자세이다. 2) 그렇다고 일반인들처럼 '무절제'하게 감정을 분출하는 것은 더욱 큰 문제이다. 이들은 때로 범죄와 무자비로 연결되기 십상이다. 주자학은 이 사이에서 이를테면 '제3의 길', 합리적 격정의 가르침을 제시했다.

주자학의 이 '해법'을 간결하게 집약하고 있는 글이 하나 있다. 주자의 선배인 명도明道 정호(程顥, 1032~1085)가 동시대의 또 다른 대학자인 장횡거張橫渠가 제기한 질문에 서신으로 답변한 「정성서定性書」가 그것이다.

좀 길지만 '전체'를 보여주기로 한다. 번호는 편의상 필자가 붙였다.

(1) 횡거(장재) 선생이 명도(정호) 선생에게 말했다. "본성을 '안정시켜도(定)' 발동을 피할 수 없고, 외부의 영향에 방해를 받는데, 그럼 어쩌지요?" 명도 선생이 말했다. "안정이란 발동할 때나 고요할 때나 한결같아야 한다. 지나간 것을 좇아가지도, 오는 것을 마중하지도 않고, 내부와 외부의 구분도 없다. 만일 내 본성이 외적 자극을 좇아 나서면 내 본성에 안팎을 구분하는 것이 된다. 그리고 본성이

단지 외부의 사물에 이끌려 들어갈 뿐이라면, 그때 무엇이 '내' 안에 남는 것일까. 이들은 바깥의 유혹을 의도적으로 끊으려는 시도인 바, 생명이란 본래 안과 밖이 없다는 것을 모른 소치이다. 안과 밖이 이렇게 둘로 갈라지면 어떻게 '안정'을 불쑥 말할 수 있겠는가.

(2) 무릇 천지의 영원함은 그 마음이 만물을 덮지만 무심하고, 성인의 영원함은 그 정이 만사에 응하지만 무정하다. 그러므로 군자는 툭 트여 공정한 마음, 상황에 순조롭게 응하는 법부터 배워야 한다. 『주역』에 왈, '확고하면 길하다. 후회가 없다. 종종 걸음으로 오가면 친구들이나 너를 따를 것이다.'라고 했다. 외부의 유혹을 일일이 제거하려고 들면, 동쪽 하나가 사라질 만하면 서쪽에서 새 유혹이 생길 것이다. 시간도 무한정 있지 않고, 유혹의 계기도 끝이 없으니 그것을 다 제거할 수는 없다.

(3) 인간의 정동(의 표출)은 무엇엔가 덮여(은폐되어) 있어, 최적의 이상(도)에 나아가지 못한다. 그 병폐를 정리하자면 '이기적 고착(自私)'과 '계산적 고려(用智)'이다. 자신의 관심에 고착되어 있으면 의미 있는 성과를 구현해 내지 못하고, 계산적 고려로는 자각적 통찰로 사물을 있는 그대로(자연) 보지 못한다. 외부의 사물을 싫어하는 마음으로 '아무것도 존재하지 않는' 경지를 찾아나서는 것은 흡사 거울을 뒤집은 다음 얼굴을 비추어 보는 것과 같다.

(4) 『주역』(의 간괘)에 말했다. '등 뒤에 자리 잡아 얼굴을 볼 수 없고, 뜰을 거닐되 사람을 보지는 못한다.' 맹자도 말했다. '내가 지식을 미워하는 것은 천착, 즉 엉뚱한 데를 뚫고 들기 때문이다.'

외부의 사물을 배척하고 안의 자신을 지키려 하기보다 안과 밖을 함께 잊는 것이 낫다. 안팎을 다 잊으면 깨끗하게 아무 일이 없다. 일이 없으면 안정되고, 안정이 있는 곳에 통찰력이 있다. 투명한 정신이 존재할 때, 사물에 대응하는 것이 (정신에) 무슨 누를 끼칠 수 있을 것인가.

(5) (예를 들어) 성인의 기쁨은 사물이 기쁠 만하기에 그런 것이고, 성인의 분노도 사물이 분노할 만하기에 그러하다. 그러하기에 성인의 희로애락은 마음에 연루된 것이 아니라 사물에 달려 있다. 성인은 사물에 응하지 않는 사람이 아니다. 그러니 외부에 응하는 것이 틀렸고, 내부를 추구하는 것이 옳다고 할 수 있겠는가. 지금 이기적 고착과 계산적 고려에 물든 (일반인의) 희로애락으로 성인의 희로애락의 '올바름'을 판단하면, 대체 어쩌자는 것인가.

(6) 무릇 사람의 격정 가운데 쉬 격발되고, 제어가 어려운 것 가운데 분노만 한 것이 없다. 분노가 일어날 때, 거기 휩쓸리지 않고 사태의 시비를 객관적으로 읽게 되면, 외적 자극이 나를 현혹시킬 수 없다는 것을 알지니, 그때 목표(도)에 거의 절반 너머 도달한 것이라 하겠다."[29]

---

29 (1) 橫渠先生問於明道先生曰, 定性未能不動, 猶累於外物, 何如. 明道先生曰, 所謂定者, 動亦定, 靜亦定, 無將迎, 無內外. 苟以外物爲外, 牽己而從之, 是以己性爲有內外也. 且以性爲隨物於外, 則當其在外時, 何者爲在內. 是有意於絶外誘, 而不知性之無內外也. 旣以內外爲二本, 則又烏可遽語定哉.

(2) 夫天地之常, 以其心普萬物而無心. 聖人之常, 以其情順萬事而無情. 故君子之學, 莫若擴然而大公, 物來而順應. 易曰, 貞吉悔亡. 憧憧往來, 朋從爾思. 苟規規於外誘之除, 將見滅於東而生於西也. 非惟日之不足. 顧其端無窮, 不可得而

이 글에서 가장 먼저 눈에 띄는 것은 '감정'을 물리치는 것을 해법으로 제시하지 않았다는 것, 그것이다. 주자학은 사람과의 대면을 줄이고, 사물의 영향력을 차단하고자 애쓰지 않는다. 그것은 '인간적'이지 않다.

그리고 그것은 가능한 일도 아니다.

진정 '평정(定)'이란 고요를 고집하고, 사물과의 교섭을 끊는 데서 찾는 것이 아니다. 사물의 영향을 물리치지 않으면서, 사람들과의 관계를 적극 열어두면서, 어떻게 '평정'과 '합리성'을 확보할 것이냐, 이것이 주자학의 과제였다.

이 취지를 율곡은 다음과 같은 시로 읊은 바 있다.

율곡은 어머니를 잃은 슬픔에, 19세 어린 나이에 금강산을 유력한 적이 있었다. 그때 함께 지내던 지정智正이 몇 년 후 불쑥 산사에서 독서하던 율곡을 방문했다. 밤새 회포를 나눈 다음날, 떠나는 그에게

除也.

(3) 人之情各有所蔽, 故不能適道. 大率患在於自私而用智. 自私則不能以有爲爲應迹, 用智則不能以明覺爲自然. 今, 以惡外物之心, 而求照無物之地, 是反鑑而索照也.

(4) 易曰, 艮其背, 不獲其身, 行其庭, 不見其人. 孟子亦曰, 所惡於智者, 爲其鑿也. 與其 非外而是內, 不若內外之兩忘也. 兩忘則澄然無事矣. 無事則定, 定則明. 明則尙何應物之爲累哉.

(5) 聖人之喜, 以物之當喜, 聖人之怒, 以物之當怒. 是聖人之喜怒, 不繫於心, 而繫於物也. 是則聖人豈不應於物哉. 烏得以從外者爲非, 而更求在內之爲是也. 今以自私用智之喜怒, 而視聖人喜怒之正, 爲何如哉.

(6) 夫人之情, 易發而難制者, 惟怒爲甚,. 第能於怒時, 遽忘其怒, 而觀理之是非, 亦可見外誘之不足惡, 而於道亦思過半矣. (『近思錄』, 「爲學之要」)

율곡은 다음과 같은 시를 주머니에 찔러 주었다.

……

법륜法輪도 심인心印도 본래 징표가 없거니　　法輪心印本無徵
삼계三界와 육도六道를 누가 증거하리오　　三界六道誰汝證
우리 유가에 진정한 즐거움의 경지 있어　　吾家自有眞樂地
외물外物을 끊지 않고 능히 성性을 기른다네　　不絶外物能養性
고원을 찾고 특이를 세우는 것은 모두 중中이 아니라　求高立異摠非中
스스로를 돌이켜 진실(誠)하다면 거룩함(聖)에 이를 수 있다오
反身而誠可成聖[30]

“외물을 끊지 않고 본성을 기른다(不絶外物能養性).” 외물을 끊을 수 있을까. 사람과 더불어 살고, 일 속에 묻혀 사는 인간이, 외부의 자극을 받지 않고, 거기 어떤 형태로든 반응하지 않고 살 수 있을까. 우리를 위협하는 수많은 자극들, 불교식 표현을 빌리면 “수천 개의 화살이 꽂힌 상처 입은 짐승”이 사람일진대, 그 자극들을 어떻게 다 피하겠는가. 「정성서」에서 말한 바 있다.

동동 걸음을 쳐 보아야, 하나하나씩 외물의 유혹을 제거해 보아야, 동에 멸하면 서에 나타날 것이다. 하루 날이 새도록 힘만 들고, 단서는 무궁할 것이니 이들을 다 어떻게 제어한단 말인가.

30 율곡, 『율곡전서』, 「산인 지정에게 주다(贈山人智正)」, 한국학중앙연구원, 1988, p.71.

감각을 다 닫아걸고, 고목사회槁木死灰, 감정의 불씨를 꺼트리면, 그것이 과연 바람직한 것일까.

주자학은 세계를 '감응感應', 자극과 반응의 체계로 이해한다. 당구알의 충돌에서, 사계절의 변화, 꽃과 짐승의 변화, 그리고 인간의 본질까지 주어진 성性은 외적 자극에 반응하는 것이 '생명'의 특성이라는 것이다.

안회는 공자의 수제자이다. 지독한 가난과 궁핍 속에서도 자신만의 즐거움을 지켜나갔다. 그 즐거움의 정체가 무엇일까가 주자학의 핵심 화두 가운데 하나였다. 정명도의 동생 정이천의 대답『안자소호하학론顔子所好何學論』안에 다음과 같은 글이 들어 있다.

> "안자는 그 가난과 결핍 속에서도 자신의 삶을 즐겼다는데 '무슨 공부, 어떤 수양을 해서 그럴 수 있었습니까.'" "천지는 정기를 담고 있는데, 그 가장 순수한 것을 받은 것이 인간이다. 그 바탕은 그래서 참되고 고요하다. 발현되지 않을 때, 그것은 인의예지신仁義禮智信의 다섯을 본질로 하고 있다. 그런데 인간이 형태(신체)를 가지므로 외물外物이 그 신체(의 감각)를 촉발시켜, 내부(中)에 갖춘 에너지가 발동 반응한다. 그것이 희로애락애오욕의 칠정七情으로 드러난다. 칠정이 불꽃처럼 치성하고, 질펀히 펼쳐지면, 본래 받은 본성(에너지)에 훼손이 간다.(情旣熾而益蕩, 其性鑿矣.)[31]

---

31 "顔子之所好, 果何學歟? 曰 :「天地儲精, 得五行之秀者爲人. 其本也眞而靜. 其未發也五性具焉, 曰仁·義·禮·智·信. 形旣生矣, 外物觸其形而動於中矣. 其中動而七情出焉, 曰喜·怒·哀·懼·愛·惡·欲. 情旣熾而益蕩, 其性鑿矣." (『근사

사물의 자극에 반성 없이, 미성숙하게 반응하는 것이 일상화되면, 본래의 '본성'에 훼손이 간다. 그럼 어떻게 해야 하나? 당연히 반응을 성찰하고 그 구조를 교정해야 한다! 이것이 유교 수련의 중심에 있다. 어떻게? 정이천은 세 가지 층위에서의 훈련을 주문하고 있다.

> 그러므로 학자는, 배우는 자들은 감정을 (1) '적정한 상태, 합리적 수준(中)으로 통제하고, (2) 마음의 구조, 즉 성격을 교정해 나가며, 나아가 (3) 발현 이전, 내부의 본성에 유의하고, 그것을 양성하는 것이 그것이다.(故學者約其情使合於中, 正其心, 養其性而已.)

> 수행자는 '자기 마음'의 움직임에 극히 유의해야 한다. 마음의 움직임과 변화, 반응의 패턴 등을 깊이 유의해야 한다.(然必先明諸心.) 그런 다음 나아갈 바를 알고(知所往), 그런 다음 적극 그 길을 구현하려는 노력을 해야 한다.(然後力行以求至焉.) 안자가 공자에게서 배운 것이 바로 이것이다.(然必先明諸心, 知所往, 然後力行以求至焉. 若顔子之非禮勿視·聽·言·動, 不遷怒貳過者, 則其好之篤而學之得其道也.)

불교도들은 유교 또한 특히 주자학이 '마음의 움직임에 유의하고, 그 수련과 교정'에 집중한다는 것을 알고 놀랄지도 모른다. 유교의 학문은 외적으로는 예학禮學이지만, 실제 중심은 '심학心學' 즉 마음의 훈련이다. 지금은 심리학이라는 용어의 득세로 잊혀진 용어가 되어

록』, 「爲學之要」)

버렸지만…….

주자 심학의 전모를 여기서는 다 보여드릴 수 없다. 위에서 적은 '세 가지'만 간략하게 짚어드리고자 한다.

(1) 약기정約其情

「정성서」는 끝부분에 예를 하나 들고 있다.

> 무릇 인간의 감정 가운데 울컥 발출하여 제어가 난감한 것이 분노가 제일 심하다. 분노가 치밀 때는 그 분노에 휩쓸리지 말고, 그 분노의 메커니즘과 적부를 관찰하도록 한다. 또한 외부에서 오는 자극에 희비하지 않는 법을 알면 도를 반쯤은 이루었다 하겠다.[32]

칠정 가운데 가장 급박하게 날뛰고 제어가 어려운 것이 분노이다. 그 분노에 휩쓸지 말 것을, 그리하여 그것을 '관찰'하고 그 적부와 맥락을 이해하도록 정신은 한발 물러서는 연습을 하라. 그 훈련이 깊어지면 외부의 자극이 내 분노의 돌발로 이어지지 않을 정도로, 야생마 길들이듯, 순치가 되어 갈 것이라는 것이다.

(2) 정기심正其心

"마음을 바로잡는다"는 말이 막연하게 들릴지 모르겠다. 발출된 '정情'을 일일이 좇아다니면서 합리화하는 '감시'와 '성찰'은 공부의 시작이지

---

32 "夫人之情, 易發而難制者, 惟怒爲甚. 第能於怒時, 遽忘其怒, 而觀理之是非, 亦可見外誘之不足惡, 而於道亦思過半矣." (『근사록』, 앞의 책)

만, 그것으로는 충분하지 않다.

주자학은 이 발동의 구조, 즉 '성격'의 교정을 요구한다. 동일한 자극에 반응은 제각각이지 않은가. 어디에 반응할지, 어느 만큼 반응할지, 사람마다 다르다. 윤리적 가치에 반응할지, 병리적 집착에 고착될지는 이른바 성격이 결정한다.

여기 심心은 현대적 용어로 '성격 구조'를 가리킨다. 성격의 연마, 훈련이 앞의 감정의 합리적 제어(約其情使合於中)보다 더 근본적이고, 원인 치료적이다. 이 용어는 『대학』에서 나왔다. 이른바 '8조목條目' 안에 성의정심誠意正心이 있는 것을 기억할 것이다. 거기 정심장正心章의 충고는 이렇다.

> 내 마음속에 '분노'가 있으면…… 공포, 애착, 혹은 걱정이 있으면 마음은 평정(正)을 얻지 못한다. 그 감정에 혼란된, 마음의 부재 상태에서는 보아도 보이지 않고, 들어도 들리지 않고, 먹어도 그 맛을 모른다.[33]

마음속에 불건전한 감정이 점거하고 있으면 그때 '마음은 부재(心不在)' 상태가 된다. 이를 방심放心이라고 한다. 유교 심학心學의 시작은 바로 이렇게 '집 나간 마음(放心)'을 다시 자기 속으로 불러들여 오는데서 시작한다.

---

33 "所謂脩身在正其心者, 身有所忿懥…… 有所恐懼…… 有所好樂…… 有所憂患, 則不得其正. 心不在焉, 視而不見, 聽而不聞, 食而不知其味. 此謂脩身在正其心." (『大學』, 正心章)

'구방심求放心'은 불교가 말하는 '명상(mindfulness)'에 가깝다. 놀랄지 모르겠는데, 두 사유는 마음의 훈련을 아주 깊게 공유하는 바 있다.

그럼 수신修身은? 성의정심이 자신의 심리 '내부'를 향해 있다면, 수신부터는 '외부'를 향한다. 그것은 사람을 향한 '태도(attitude)'와 연관된 덕목이다. 짐짓 『대학』의 원문을 자유롭게 번역해 보자면,

> 사랑은 눈을 멀게 하지. 만만하면 무시하고, 두려운 상대에게는 무릎을 꿇는다. '공정(impartial)'하기는, 편파적이지 않기는 정말 어려워라. 때로 동정심에 흔들리고, 그리고 결정적으로 오만으로 무너진다.[34]

(3) 양기성養其性

아직 일이 끝나지 않았다. 발출하는 감정을 감시 성찰하고, 오래 구조화된 성격을 고치는 것으로 일이 끝난 것이 아니다. 주자학의 훈련은 '그 이전'에 가 닿아 있어야 한다고 생각한다. 불성佛性이나 무의식 같은 것.

외부와의 반응 이전에 자신의 '본성'의 에너지를 명상하고, 그것이 훼손되지 않도록 지키고, 양성養性하는 일이 더 근본적이고 절실하다. 성즉리性卽理, 이 에너지는 무의식에 닿아 있고, 자아의 흔적이 미약하

---

34 "人之其所親愛而辟…… 賤惡, 畏敬而辟…… 哀矜而辟…… 敖惰而辟焉…… 故好而知其惡, 惡而知其美者,天下鮮矣! 故諺有之曰, 人莫知其子之惡, 莫知其苗之碩." (『大學』 修身章)

며, 그리하여 '자연'의 전체적 생명력과 닿아 있다. 그리고 그것은 본래 선하다.

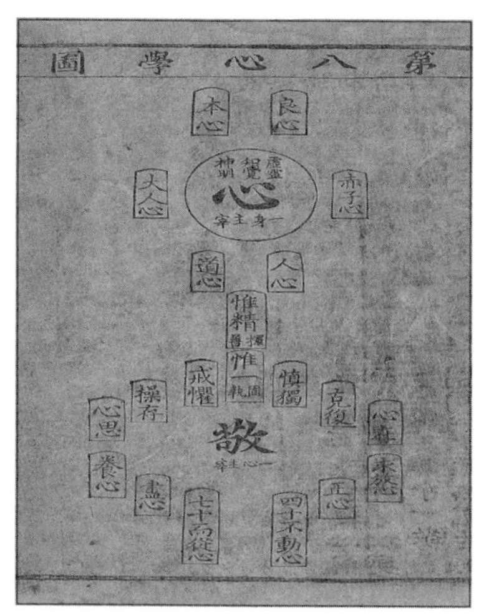

〈퇴계 『성학십도聖學十圖』 중 제8 심학도心學圖, 제9 경재잠도敬齋箴圖〉

이렇게 볼 때 유교는 예禮의 사회적 규범을 제외하면, 마음의 훈련은 (1) 감정의 발출 → (2) 성격의 구조 → (3) 인간의 본성의 돌봄이라는 연속구조로 이루어져 있다. 이 세 분야 전부를 정화 훈련시켜야 비로소 '자연적 감정'의 발출이 점차 가능해질 것이다.

그러나 현대의 우리는 이 '훈련'을 문화적으로 도야 받지 못했다. 학교는 교과서와 성적에 매달리고, 여러 종교들은 위안이 우선인 듯하다. 가장 필요한 것은 감정을 위시한 '자기 훈련의 도량'이라고 생각한다. 에리히 프롬은 인간이 발출하는 감정의 '대부분'이 불건전하고, 때로 병적이라고 충격적으로 진단한 바 있다. 자각과 훈련이 절실하다. 지금부터라도 일만 생기면 타인을 비난하고, 운명을 탓하는 경향부터 다스리는 운동부터 펼칠 일이다.

수련의 시작은 자신의 '감정'을 성찰하고 '메아 쿨파', "내 탓이오"라고 가슴을 치는 데서 시작한다. 불교의 「참회게」도 이렇게 낭송한다.

> 그동안 내가 지어온 그 수많은 악업은 나도 모르게 뿌리박힌 삼독, 그 탐욕과 질투 분노와 어리석음 때문이었어라. 몸으로, 입으로, 그리고 마음으로 낳은 그 모든 잘못을 나 이제 참회하나이다.[35]

근본 물음은 이것이다. 왜 인간의 '감정'은 건전하지 못할까?

그 병폐를 한마디로 정리하면, 앞에 「정성서」에서 짚은 대로, '이기적 고착(自私)'과 '계산적 고려(用智)'이다.

놀랄지 모르겠는데, '무아無我', 나의 이기적 계산적 작용을 컨트롤하지 않으면 '건전한 감정'의 발현이 불가능하고, 합리적 판단 또한 기대할 수 없다. 퇴계가 선조에게 해준 마지막 충고를 보자.

> 미성숙한 인간은 사적 욕구가 고착되어 있어 너와 나가 소통되지 못하고, 내 자신의 공감능력이 훼손되고 맙니다. 마음은 돌처럼 단단히 굳어져 버렸습니다. 하여 내 '사랑의 본성'을 살려, 유아지사有我之私를 깨고 무아지공無我之公을 확장해 나가십시오. 딱딱한 돌이 융화동철融化洞徹, 물아무간物我無間하도록 하십시오.[36]

---

35 "我昔所造諸惡業, 皆有無始貪瞋癡. 從身口意之所生, 一切我今皆懺悔."(「懺悔偈」)

놀랄지 모르겠는데, 공자의 평생 노력이 이 '무아'의 훈련이었다. 『논어』에 짤막한 구절 하나가 있다.

> 공자께서는 네 가지를 끊으셨다(子絶四). 불건전한 동기(意), 그 고집(必), 그것의 패턴화(固), 그리고 이것이 성격(我)으로 굳어지지 않도록 하셨다.[37]

위의 번역은 주자의 주석에 따른 것이다.[38]

해석하자면, 여기 의意는 자기중심적(partial) 동기 혹은 트라우마를 가리킨다. 그 의지는 필必, 자신을 구현하고자 하며, 이 행동은 반복되고 패턴화될 것(固)이다. 이것이 우리가 자아, 혹은 성격(我)이라고 부르는 것의 정체이다. 성격은 다시 충동을 예비하고 있으니, 이 넷은 서로 물린 사이클로 되어 있다. 공자의 무아 수련은 흡사 앞에서 본 티벳판 육도윤회도를 연상시킨다.

---

36 "不仁之人, 私欲蔽錮, 不知通物我推惻隱, 心頑如石… 吾與天地萬物其理本一, 狀出仁體, 因以破有我之私, 廓無我之公, 使其頑然如石之心, 融化洞徹, 物我無間." (『退溪先生文集』, 「西銘考證講義」, 권7)

37 "子絶四 : 毋意, 毋必, 毋固, 毋我." (『논어』 「자한」)

38 "絶, 無之盡者. 毋, 史記作「無」是也. 意, 私意也. 必, 期必也. 固, 執滯也. 我, 私已也. 四者相爲終始, 起於意, 遂於必, 留於固, 而成於我也. 蓋意必常在事前, 固我常在事後, 至於我又生意, 則物欲牽引, 循環不窮矣. 程子曰: 「此毋字, 非禁止之辭. 聖人絶此四者, 何用禁止.」 張子曰: 「四者有一焉, 則與天地不相似.」 楊氏曰: 「非知足以知聖人, 詳視而默識之, 不足以記此.」" (『논어집주』, 같은 곳)

불건전한 이 사이클, 혹은 윤회의 고리를 벗어날 수 있을까. 공자는 평생을 이 강고한 쇠사슬을 끊기 위해 노력해 온 사람이라고 지금 『논어』는 증거하고 있다. 공자 또한 무아無我를 향해 나아간 사람이다.

농담 삼아 말하면, 공자는 이 경지를 아마도 60에 얻은 듯하다. '이순耳順'이라지 않았나.[39]

그는 환갑이 되어서야 '순한 귀'를 얻을 수 있었다. 그것은 50에 얻었다는 지천명知天命, 존재의 소명보다 더 높은 단계의 경지라는 생각이 든다. 역시나 하루아침에 꿈꿀 일은 아니고, 오랜 성찰과 숙련을, 게으르지 않게 정신을 단련해야 비로소 넘볼 수 있는 경지라는 생각이 든다. 불교 수련 또한 다르지 않을 것이다.

무아, 퇴계의 표현을 빌리면 사욕폐고私欲蔽錮의 돌덩어리가 깨어져 나가면, 감정의 반응이 '자연'이 준 그대로를 표현하게 된다. 하루에 수천의 일을 응대해도 피곤한 일이 없다. 내가 없기 때문이다. 이것이 진정한 '평정(定性)'이다.

성인의 기쁨은 자기 것이 아니다. 사물이 기쁜 것이므로 그는 기쁘고, 사물이 화를 일으키므로 성인은 화를 낸다. 성인의 기쁨과 분노는 '자신의 성격 구조'와 '편향된 인식'에 기인한 것이 아니다.[40]

---

39 "At sixty nothing that I heard disturbed me." Lin, Yutang, *The Wisdom of Confucius*, The Modern Library, 1938. p.159.

40 "聖人之喜, 以物之當喜, 聖人之怒, 以物之當怒. 是聖人之喜怒, 不繫於心, 而繫於物也." (앞의 『근사록』, 같은 곳)

이상한 표현일지 모르지만, 성인의 화는 '내가 내는 것이 아니라, 사물이 내는 것(是聖人之喜怒, 不繫於心, 而繫於物也.)'이다.

주자학자들은 이를 '거울' 혹은 '저울'에 비유하기를 즐겨한다. 거울은 그 자체로 무無이다. 사물들은 있는 그대로 자신을 비추고, 그리고 지나갈 것이다. 미인을 추녀로, 추녀를 미인으로 비출 능력이 거울에는 없다. 거울은 그야말로 무無, 혹은 무아無我의 상징이다. 저울추도 마찬가지, 사물의 무게를 추는 그대로 반영할 뿐, 그것은 그 자체로는 무無라 할 만한 것인가.

고착을 벗고 자유로워진 성격, 즉 성숙한 성현은 '자연'을 닮는다.

> 하늘과 땅을 보라. 사물에 차이를 두거나 편애하는 법이 없다. 때가 되면 이 웅덩이 저 밭에 꼭 같이 비를 내리고, 만물을 적신다. 성현도 마찬가지이다. 그 또한 자신의 자연적 반응으로 만물을 대한다. 그에게는 사적 욕구나 편견이 없다. 군자는 이 태도를 배울 것인 바, 핵심은 툭 트인 공적 자세로, 사물이 오면 맞고, 그리고 자연스럽게 응하는 것이다.[41]

자연이 무심無心으로 골고루 비를 뿌리듯이, 성현은 무정無情, 즉 자기 편향이 없다. 그는 이를테면 '자아'가 없다고 말할 수도 있다. 그렇다면 당송대 유학자들의 해법은 불교적 이념의 사회화, 혹은 업그레이드 버전이라고 읽을 수도 있겠다.

---

41 "夫天地之常, 以其心普萬物而無心, 聖人之常, 以其情順萬物而無情. 故君子之學, 莫若廓然而大公, 物來而順應." (같은 곳)

「정성서」의 문제의식은 현재적이다. 일상이 번다하고 복잡해졌고, 사람들의 관계는 단편화되었다. 휴식과 고향에 대한 열망은 커졌고, 자신의 삶을 어떻게 통제하고 고양시켜 나가야 할지 막막한 세상이기에 이 훈련은 더욱 절실한 바 있다. 고전에 담긴 인간의 기술은 언제나 새롭고, 동서고금의 방법들은 서로 공유하고 있다.

유교는 사회적 삶에 대한 철학이다. 유학자들은 속세를 떠나 해탈을 달성한다는 것은 사회적 존재인 인간이 구현해야 할 올바른 길이 아니라고 생각했다. 그럼 과연 속세를 떠나지 않고, 일을 통해, 일상 속에서 자신의 존재와 대면하고 성숙의 고지를 도달할 수 있을까. 송대 주자학(Neo-Confucianism)은 이 화두에 대한 새로운 응답이다. 즉 공자의 가르침을 살리면서 불교의 장점을 흡수하는 동시에 불교철학에 대응할 수 있는 제3의 길을 찾은 것이다.

즉 세상을 떠나지 않고, 세상 속에서, 일과 관계 속에서 자신의 에너지를 최고도로 구현하는 방법을 가르치고 있다.

4. 안회의 '분노'를 읽는다

1) 공자는 '학學'의 이름으로 무엇을 배우고 가르쳤나

유교의 감정 훈련의 실례를 하나 들려드릴까 한다.

공자가 긴 방랑을 마치고, 고향 노나라에 돌아왔다. 당시의 노나라 제후 애공이 물었다.

"당신의 제자 가운데, 누가 '학(學, 배움)'을 좋아했습니까." 공자가 대답했다. "안회顔回라는 이가 있었지요. 분노를 다른 이에 옮기지 않고, 잘못을 두 번 저지르지 않았습니다. 불행하게도 일찍 죽었습니다. 지금은 없지요, 그만큼 '학(배움)'을 좋아하는 사람을 들어보지 못했습니다."[42]

위의 번역은 주자의 집주의 주석에 따른 것이다.[43]

이 글에서 몇 가지를 알 수 있다. 공자가 가르친 것, 그리고 제자들이 배운 것이 교실에서의 '지적 학습'에 한정되지 않는다는 것. 오히려 몸으로 하는 예절 등의 '적절한 행동거지,' 아울러 자신의 격정을 제어하는 정신 심리적 도야까지, 이를테면 총체적 삶의 기술(art of living)이었다는 것을 알 수 있다.

그런데 과연 안연의 평생 공부라 할 만한 불천노不遷怒가 주자가 읽은 대로 "동대문에서 맞은 뺨을 남대문에서 풀지 않는다."이고, 불이과不貳過가 "실수를 두 번 반복하지 않는다."일까.

이에 대해 다산 정약용의 『논어고금주論語古今註』는 좀 다른 '이견'을 갖고 있다.[44]

---

42 哀公問, "弟子孰爲好學?" 孔子對曰, "有顔回者好學, 不遷怒, 不貳過. 不幸短命死矣, 今也則亡, 未聞好學者也." (『논어』「雍也」2)

43 好, 去聲. 亡, 與無同. 遷, 移也. 貳, 復也. 怒於甲者, 不移於乙 ; 過於前者, 不復於後. 顔子克己之功至於如此, 可謂眞好學矣. 短命者, 顔子三十二而卒也. 旣云今也則亡, 又言未聞好學者, 蓋深惜之, 又以見眞好學者之難得也. (『주자집주』, 같은 곳)

44 補曰遷. 移也. 不以貧苦而有怨尤. 是不遷怒也. ○補曰貳. 歧也攜也. 有過則勇改之. 無所歧攜. 是不貳過也. 心無餘戀. 爲不貳. 子曰有不善. 未嘗不知. 知之未嘗

(1) 불천노不遷怒는 "동대문에서 뺨 맞고 남대문 가서 화풀이하는 것"을 가리키지 않는다. 그것은 가난과 궁핍의 삶을 주어진 운명으로 수용하는 자세를 말한다.("補曰遷. 移也. 不以貧苦而有怨尤. 是不遷怒也.)

다시 말하면 여기 '옮긴다(遷)'는 말은 "자신의 가난과 곤경을 사회에 대한 울분으로, 술독의 자기연민으로, 초월적 집행자에 대한 원망으로 표출하는 것"을 가리킨다.(貧賤憂患. 君子順受. 不怨天不尤人. 此之謂不遷怒也.)

일반적으로 "소망이나 욕구가 좌절되면 동물이나 아이, 어른 할 것 없이 공격적인 행동을 한다." 그런데 안회는 이 고리를 훌쩍 벗어났다는 점에서 위대하다.

(2) 불이과不貳過에 대한 생각 또한 현격히 다르다. 다산은 이貳가 '중첩'으로 포개는(竪說) 의미로 쓰인 적이 없다고 비평한다. 그것은 이를테면 '가로(横說)', 즉 분열의 의미로서, 불이과不貳過는 "잘못을 거듭하지 않는다"가 아니라, "자신의 잘못을 자각하고 개선에 적극적"이라는 뜻임을 알린다. 여기 이貳는 의혹하거나 갈등하지 않는다는 뜻이라는 것이다.

復行. ○邢曰顔回三十二而卒. 又云凡事應失而得曰幸. 應得而失曰不幸. 惡人横夭則惟其常. 顔回應得壽考而早卒. 故曰不幸. ○補曰人之壽殀. 命於天. 故年壽曰命. ○純曰亡如字讀. 謂今也則不在世. 詩云予美亡此.

何曰怒當其理. 不移易也. ○駁曰非也. 朱子謂怒於甲者. 不移於乙. 此方是不遷怒也. 然今人以灌夫怒於田蚡. 去罵程不識. 爲怒甲移乙. 此則誤矣. 此惟狂亂者有之. 豈必顔子而後能之. 貧賤憂患. 君子順受. 不怨天不尤人. 此之謂不遷怒也. ○又按貳之爲言. 横說也. 非竪說也. 分携曰貳. 兩屬曰貳. 未聞重累層疊. 可謂之貳也. (정약용, 『논어고금주』, 같은 곳)

그럼, 위의 구절은 이렇게 다시 번역된다.

“(제자들 가운데), 누가 ‘학(學, 배움)’을 좋아했습니까.” 공자가 대답했다. “안회라는 이가 있었지요. 자신의 처지를 사회를 향한 불평, 운명에 대한 원망으로 돌리지 않았고, 잘못이라고 깨달았으면 개선에 망설임이 없었지요. 안타깝게도 일찍 죽어, 지금 세상에는 없지요. 지금은 그이만큼 ‘학(배움)’을 좋아하는 사람을 들어보지 못했습니다.”

안회의 가난과 곤궁은 스승 공자도 걱정할 정도였다.

공자가 말했다. “현자로구나, 안회여. 도시락 통 하나, 물 한 병에, 거처는 누추한 골목 안이라. 보통 사람들은 그 간난을 견디지 못할지나, 안회는 자신의 즐거움을 바꾸려 하지 않는다. 현자로구나, 안회여.”

공자는 제자의 빈 쌀독이 늘 걱정이었다.

공자가 말했다. “안회는 경지에 이르렀다. 자주 쌀독이 비는데도……(이와 달리) 사(賜, 자공)는 흙수저로 태어났는데도(不受命), 상당한 부를 축적했다. (경영의) 예측이, 기획이 틀린 적이 없다.”[45]

---

45 子曰, 回也其庶乎, 屢空. 賜不受命, 而貨殖焉. 億則屢中. (『논어』「선진』18)

우리 자신을 떠올려 보라. 가난과 궁핍 속에서 세상을 원망하고, 체제에 분노하지 않기는 어렵다. 공자도 그것을 알았기에, 그토록 백성들의 삶을 개선하고 세상의 질서를 바로잡고자 애썼다.

> 부자이면서 '교만'을 떨거나 갑질을 하지 않기는 쉽다. 그러나 가난과 궁핍 속에서 불만과 분노를 갖지 않기는 어렵다.[46]

안회와 대비되는 사람이 자공이다. 공자에게 질문을 던지는 사람이고, 외교적 언변에, 경영능력 또한 탁월했다. 물가를 예측하고 재화를 거래해서 수만금의 재산을 모았다. 공자가 죽자, 삼년상을 지내고 다들 떠나는 마당에, 3년을 더 무덤을 지켰다.

그가 스승에게 이런 '자랑'을 한 적이 있다.

> 자공이 말했다. "가난해도 비굴하지 않고, 돈이 있다고 함부로 갑질을 않는 것, 이 정도면 대단하지 않습니까?" 공자가 말했다. "그렇지. 그러나 말이야, 가난 속에서 자신의 삶을 즐기고, 부의 안정 위에서 예禮를 좋아한다면 (즉 타자를 배려하고, 공공성에 눈뜬다면) 더 좋지 않을까."[47]

이처럼, 유교는 '가난'을 찬미하지도 않지만, 정당한 방법으로 얻은

---

46 子曰:「貧而無怨難, 富而無驕易. (『논어』「憲問」10)

47 子貢曰, 貧而無諂, 富而無驕, 何如. 子曰, 可也, 未若貧而樂, 富而好禮者也. (『논어』,「학이」15)

'부'를 경멸하지 않는다. 공자는 나아가 곤궁 속에서도 자신만의 즐거움을 찾을 것을, 그리고 가진 부를 의미 있게 쓰는 법을 권고하고 있다.

2) 현대사회를 향한 유교의 조언

유교가 생각하는 성숙한 인간상은 다음과 같은 것이다.

> 군자는 주어진 자리에서 최선을 다할 뿐, 그 밖의 것은 바라지 않는다. 마침 부와 명예를 가졌다면 거기 걸맞게 살고, 가난과 궁핍 속에 있다면 또 그에 걸맞게 산다. 야만의 환경 속에 있을 때는 거기 적응해서 살 것이며, 환난이 닥칠 때는 거기 의연히 대처해 나간다. 이렇게 군자는 어느 상황에서나 자신의 힘과 가치를 실현한다.
>
> 높은 지위에 섰다고 아랫사람을 억압하지 않고, 낮은 자리에 처했다고 위를 향해 빌붙지 않는다. 그는 다만 자신을 돌아볼 뿐, 남에게 바라는 바가 없다. "위로 운명을 탓하지 않고, 아래로 세상을 원망하지 않는다!" 군자는 이처럼 운명을 사랑하며 주어진 삶에 최선을 다한다. 반면 소인은 행운을 기대하며 위태로운 함정으로 발을 들이민다.
>
> 공자가 말했다. "활쏘기는 군자와 닮았다. 과녁을 빗나가면 자신을 돌아다본다는 점에서 그렇다."[48]

---

48 君子素其位而行, 不願乎其外. 素富貴, 行乎富貴. 素貧賤, 行乎貧賤. 素夷狄, 行乎夷狄. 素患難, 行乎患難. 君子無入而不自得焉. 在上位, 不陵下. 在下位, 不援上. 正己而不求於人, 則無怨. 上不怨天, 下不尤人. 故君子居易以俟命, 小

『중용』의 군자 상을 여기서 뚜렷이 그려볼 수 있다. 그러나 현대인들에게 이 이상을 강요하는 사람은 더 이상 없어 보인다. 이 교훈을 진지하게 생각하는 사람도 거의 없다. 경탄할 품성이지만, 가능하지도, 바람직하지도 않다고 이의를 제기할 사람도 있겠다.

이 태도가 유효하기 위해서는 안팎이 협력해야 한다. 즉 자신의 삶에 자족하고 운명에 순응하기 위해서는 사회가 공정하고, 법률과 제도가 합리적으로 운용되어야 한다. 이 '질서'가 흔들리거나, 지도층에 대한 '불신'이 만연할 경우, 안회처럼 "분노를 옮기지 않기"가 어려울 것이다.

현대 한국, '불평등'이 심상치 않다. 세대 간 계층 간 갈등도 위험수준으로 보인다. 가난과 궁핍의 삶이 젊은이들을 좌절시키고, 많은 것을 포기하도록 강요하고 있다. 연애와 결혼, 출산을 위한 여건이 열악해지고, 적절한 직업과 상승의 사다리도 치워지고 있다.

자공처럼 '교만 갑질하지 않기'도 어렵고, 안회처럼 '가난 속에서 자신의 성장을 위해' 노력하기도 힘든 세상이다. 영화 『기생충』이 이 풍속도를 집약적으로 보여주고 있다. 지하의 삶과 지상의 삶은 극명하게 대비된다. 그리고 아이러니컬하게도 상위 20% 정도조차 자신이 하위 80%에 속해 있다고 믿는다는 것이다. 『맹자』 첫머리의 경고처럼, '이익'을 가치의 중심에 세울 경우 적어도 상위 1%가 아니면 다들 자신이 루저라고, 실패자라고 생각할 수도 있다.

人行險以徼幸. 子曰, 射有似乎君子. 失諸正鵠, 反求諸其身. (『중용』 14장)

예전에 비하면 물건은 넘치고 겉으로는 풍요로워졌는데, 『성경』의 탄식처럼 우리는 '기쁨'을 빼앗겨 버렸다. 영국의 한 저널리스트가 쓴 최근의 한국보고서 제목은 "*Korea, the impossible country*"였다. 한국어판 제목이 묘했다. 『기적을 이룬 나라, 기쁨을 잃은 나라』.[49] '기적–기쁨, 이룬–잃은'의 가까운 음운들이 나를 말할 수 없이 우울하고 착잡하게 했다.

한자경 교수의 책을 읽다가, 이런 구절과 만났다.

> 자식이 장차 경쟁사회에서 밀려나지 않기를 바라는 부모는, 오로지 자식의 성적과 등수에만 관심을 가진다. 자식이 착한 마음으로 이웃과 함께하며 낮게 처하기보다는 좋은 머리로 높은 자리에 올라가 재략과 권력을 누리기를 바란다. 하늘로 날아오르려는 강남 8학군의 사교육 현장은 총 대신 펜으로 싸우는 일종의 전쟁터이다. 승자든 패자든 모두 전쟁의 상흔을 안고 살아간다. 승자는 평생 오만의 병을 앓고, 패자는 줄곧 열등감에 시달린다.[50]

한 교수는 현대 자본주의가 욕망을 조절하는 데, 그리고 분노를 조절하는 데 어려움을 겪고, '환자들(?)'이 늘어나고 있다고 우려한다.[51]

---

49 다니엘 튜더, 노정태 옮김, 『기적을 이룬 나라, 기쁨을 잃은 나라』, 문학동네, 2013.

50 한자경, 『공적영지』, 김영사, 2018, p.104.

51 같은 책, p.123.

화려한 도시와 풍요의 역설에서 길을 잃은 우리는 어디로 가야 하나. 한 교수의 농담 아닌 진담 같은, "조물주 위에 건물주"가 있는 세상에, 자본이 인간 평가의 척도이며 인간의 등급도 교환가치로 평가받는 세상, 그리고 이제 세습의 징후들이 공공연해지고 있고 젊은 세대의 좌절과 절망감은 더더욱 깊어지고 있는 듯하다.

이런 판국에 젊은이들에게 자공의 자부, 안회의 낙도樂道를 권유하거나 가르칠 수 있을까. 역시나 후오백세後五百歲인가? 불교의 '평정'은 거의 꿈같은 이야기이고, 유교의 '자족'도 거의 시대착오로, 혹은 이즈음말로 정신승리로 불릴 듯하다.

모름지기 안팎의 훈련이 필요하다. 언필칭 심학心學과 '마음공부'를 외쳐온 유교나 불교는 사회적 체제와 질서의 측면에 더 근본적인 관심과 개선을 위해 노력해야 할 듯하다.

그럼에도 기초는 역시 탐욕과 격정을 다스리는 자기 내적 훈련이다. 『대학』이 권하듯 '자기 훈련(修身)'이 우선하지 않으면 유효한 사회적 책임을 기대할 수 없기 때문이다.

위의 취지에 공감하는 몇 예외적 인사들에게 다음과 같은 화두를 던져 드리기로 한다.

– 우리 '자신'을, 우리네 삶을 어떻게 경영할 것인가.

– 불교처럼 평정을 위해, 무아를 연습, 일체의 감정적 격동을 잠재울 것인가.

– 유교처럼 인간됨을 목표로, 공정에 기초, 적절한 분노 등의

감정의 발동을 연습할 것인가.

그리고

— 조선 시대에 사단칠정론四端七情論은 왜 일어났고, 쟁점은 무엇이었나? 그리고 그것은 현재에도 여전히 의미 있는 논쟁인가?

참고문헌

원전

『大乘起信論』

『般若心經』

『千手經』

『보조전서』, 보조사상연구원, 1989.

『近思錄』

『論語古今註』

『四書集註』

『聖學十圖』

『栗谷全書』

『二程文集』

Lin, Yutang, *The Wisdom of Confucius*, The Modern Library, 1938.

Edward Conze, *A Short History of Buddhism*, Unwin Paperbacks, 1980.

____________, *Buddhist Meditation*, Harper Torchbooks, 1956.

____________, *Buddhist Wisdom Books*, Harper Torchbooks, 1958.

J. Dolland, *Frustration and aggression*, Yale University Press, 1989.

단행본

김수영, 『김수영 전집 1』, 민음사, 2018.

다니엘 튜더, 노정태 역, 『기적을 이룬 나라 기쁨을 잃은 나라』, 문학동네, 2013.

루키우스 안나이우스 세네카, 김경숙 역, 『화에 대하여』, 사이, 2013.

마르쿠스 아우렐리우스, 강분석 역, 『마음의 철학』, 사람과책, 2001.

__________________, 박문재 옮김, 『명상록』, 현대지성, 2018.

E.H 브루스터, 박태섭 역, 『고타마 붓다의 생애』, 시공사, 1996.

한자경, 『空寂靈知』, 김영사, 2018.

한형조, 『왜 동양철학인가』, 문학동네, 2000.
김달진 역, 『법구경』, 현암사, 1997.
폴커 초츠, 김경희 역, 『붓다』, 한길사, 1997.
에리히 프롬, 최승자 옮김, 『존재의 기술』, 까치, 1994.
__________, 황문수 역, 『인간의 마음』, 문예출판사, 2004.
조셉 니담, 김영식 & 김제란 역, 『중국의 과학과 문명: 사상적 배경』, 까치, 1998.
카르마 츠앙, 이찬수 역, 『화엄철학』, 경서원, 1997.
크리슈나무르티, 정현종 역, 『아는 것으로부터의 자유』, 물병자리, 2002.
퇴계 이황 저, 한형조 독해, 『성학십도, 자기 구원의 가이드맵』, 한국학중앙연구원, 2018.

느낌과 인간의 행복

양선이(한국외국어대학교 미네르바교양대학 교수)

느낌은 우리가 고통을 느낄 때 '고통스럽다'고 하는 주체의 사적이고 내적인 감각 상태와 유사하다고 할 수 있다. 서양철학에서 이를 '감각질(qualia)'이라고 부르기도 한다. 이 글은 첫째, 현대철학에서 느낌 이론이 철학의 주요 논제로 대두되게 된 배경을 소개한다. 현대철학에서 감정 논의에 단초를 제공해 준 사람이 윌리엄 제임스이다. 제임스에 따르면 감정은 '내적인 신체적 느낌'에 불과하다. 즉 감정이란 지각에 의해 야기된 신경 생리학적 발생에 대한 주관의 감각적 '느낌'이다. 제임스의 이러한 생각은 서양 근대철학에서 데카르트와 흄에게서 물려받은 것이다. 데카르트에 따르면 감정이란 신체 속에 있는 동물 정기의 활동에 대한 주관의 지각이다. 감정은 '느낌'으로서 우리의 신경·생리학적 변화와 신체의 움직임에 대한 지각이라고 말할 수 있다. 데카르트는 감정을 신체적 느낌이라고 보면서도 감정은 행위하고자 하는 의지와 사고와도 관련되기 때문에 단순히 신체적 느낌만은 아니라고 보았다. 감정에 관한 데카르트의 생각 중 신체적 느낌의 요소를 가장 잘 부각시킨 철학자가 데이비드 흄이다. 이 글에서는 흄과 흄을 따르는 현대의 느낌 중심의 감정 이론가들의 문제점을 살펴보았다. 나아가 이러한 문제점을 극복하기 위해 20세기에 등장한 순수 인지주의 입장을 살펴보았다. 20세기 초에 등장한 감정에 관한 순수 인지주의 이론에 따르면 감정은 사고나 믿음으로 환원될 수 있거나, 평가적 판단과 동일하다. 감정을 이와 같이 보게 되면 감정의 대상성 및 지향성은 잘 설명할 수 있으나, 감정을 구성하는 요소에서 뺄 수 없는 신체적 증상은 부차적인 것이 되고 만다. 이와 같은 문제점을 해결하기 위해 21세기에 들어서 등장한 감정에 관한 지각 이론은 감정에서 판단의 요소와 신체적 느낌의 요소 둘 다를 감정의 구성요소에 포함시키고자 한다. 둘째, 이 글에서는 현재 감정 이론에서 가장 주목받는 이론인 지각 이론을 소개하고 감정을 지각적 상태로 보게 되었을 때 인간의 행위 설명과 관련하여 장·단점을 살펴보았다. 끝으로 느끼는 존재로서의 인간이 어떻게 행복에 이를 수 있는지를 에피쿠로스학파, 스토아학파, 그리고 흄의 철학을 중심으로 살펴보았다.

1. 느낌이란 무엇인가?

느낌(feeling) 또는 감정이란 오늘날 심리철학자들이 말하는 '고통'의 고통스러움과 같은 '감각질(qualia)'이라는 정신 현상이다. 예를 들어 우리가 고통을 느낄 때 '고통스럽다'는 것은 무엇을 의미하는가? 그것은 '영희는 미모가 출중하다' 또는 '지구는 둥글다'와 같은 판단이나 믿음과 같이 시비를 가릴 수 있는 것과는 다르다. 전통적으로 감정은 '쾌락을 추구하고 고통을 회피하고자 하는 욕망'에서 비롯된다고 정의된다. 이러한 맥락에서 현대 감정 이론에서 윌리엄 제임스를 포함한 현대 신경 생리학자들은 감정을 논할 때 감정을 근본적으로 비인지적이고 비지향적(non-intentional)이고 비자발적, 혹은 수동적인 상태로 보고 있다.

그러나 흔히 우리는 정서 현상을 신체적·생리적 변화나 특정 행태 패턴과 같이 외적인 것으로 파악하기보다는 주관의 사적이고 내적인 정신상태로 파악한다. 다시 말해 우리는 감정의 상태를 다른 그 어떤 경험외적인 요소의 매개 없이도 파악할 수 있는 것으로 이해하는 경향이 있다. 즉 감정은, 감각을 할 때처럼 '직접적이고 자명하며 오류불가능한' 의식적 상태이다. 뇌과학자들은 공포라는 감정을 뇌의 편도체의 활성화와 동일시하곤 한다. 이때 뇌과학자들이 말해야만 하는 것은 공포가 편도체의 활성화에 의해 일어난다는 사실뿐만 아니라 편도체의 활성화 상태에 대한 우리의 '느낌'이 어떤 것인가를 밝혀야 한다.

편도체의 활성화를 'F-상태'라 부르자. 이러한 상태는 주관 자신이 'F임'을 느끼지 않고도 주관이 F 상태에 있을 수 있는 그런 상태이다. 예컨대 동물원의 조련사가 사자를 봤을 때 그의 편도체는 공포상태에 (F-상태) 있을지라도 그는 '두려움(공포감)'을 느끼지 않을 수 있다. 왜냐하면 사자의 모습은 그의 편도체의 활성화를 야기하지만 그가 사자를 다스릴 수 있다는 '믿음' 때문에 그는 두려운 감을 느끼지 않을 수도 있다. 길을 가다 뱀을 보았을 때 느끼는 공포 상태와 실제로 뱀에게 물려 본 경험이 있는 사람이 느끼는 공포 상태의 차이는 고통을 통해 말해질 수 있을 것이다. 그렇다면 뇌과학자들은 '고통'의 '고통스러움'과 같은 감각질을 어떻게 설명할 것인가?

정서에 관한 신경 생리학적 접근에 대해 제기될 수 있는 또 하나의 반론은 감정의 개별화 문제와 관련된다. 예컨대 화가 났을 때의 정서와 약이 올랐을 때의 정서의 차이는 무엇인가? 또 선망과 시기, 수치심과 당황감은 어떻게 구별되는가? 이후에 살펴볼 서양 근대 영국 철학자인 데이비드 흄과 그를 따르는 철학자들은 화가 났을 때와 약이 올랐을 때의 차이는 그것이 각기 다르게 느껴질 뿐이다라고 답할 것이다.

"문제는 은근히 부아가 났을 때와 은근히 약이 올랐을 때의 순수 느낌의 요소가 진정 근본적으로 상이한 것인가 하는 문제이다."[1]

'분노'와 '약 오름'이 순수하게 어떤 느낌의 차이를 갖는가? 하는 현상학적 물음에 대해 뇌과학자들은 분노와 약 오름은 두 개의 상이한 H 상태와 G 상태에 대한 인지여야만 한다고 주장할 것이다. 그런데 만일 누군가가 우리가 분노와 약 오름의 순수 느낌의 차이를 구별하지 못하고 두 경우 모두에서 질적으로 동일한 어떤 하나의 느낌의 요소 F만을 인지한다고 주장한다면, 뇌과학자들은 왜 그런지를 설명할 수 없다. 이는 곧 그들이 순수 감정의 인식론적 지위를 부정하는 결과를 초래하는 것이다. 감정에 관해 연구하는 뇌과학자들은 두 개의 상이한 감정에 내포되는 본질적인 순수 느낌의 요소가 동일한 것으로 개별화되든 상이한 느낌들로 개별화되든 간에 그 느낌의 요소 자체에 대해 그것이 '무엇'이라고 설명할 수 없다. 이제 이와 같은 문제의식을 가지고 서양철학에서 느낌의 문제를 중요하게 다룬 철학자들의 입장을 살펴보기로 하자.

1) 서양 현대 영미철학의 느낌 이론(Feeling Theory of Emotion)

존 데이(John Deigh)에 따르면 감정에 관한 인지주의는 영국 경험론자들의 느낌 중심의 감정 이론에 대한 반발로 등장했다.[2] 영국 경험론자

---

1 임일환, 「인식론에서의 감성: 감정과 정서의 이해」, 『감성의 철학』, 대우학술총서, 1996. p.9 참조.

2 John Deigh(1994), "Cognitivism in the Theory of Emotion", *Ethics* 104, pp.825~826.

로크는 감정을 쾌락과 고통에 대한 내적 감각으로 보았고, 흄은 감정을 쾌와 고통에 대해 반성해 보았을 때 일어나는 생생한 느낌으로서 반성인상으로 보았다. 즉 이들은 감정이 신체적 감각과 유사한 속성을 가지며, 신체적 감각처럼 사고를 포함하지 않는다고 보았다. 영국 경험론자들의 감정에 대한 이와 같은 생각은 윌리엄 제임스의 비인지주의 감정이론에 틀을 제공했다고 볼 수 있다.[3] 감정에 관한 비인지주의를 이해하기 위해 우선 윌리엄 제임스의 감정 이론에 대해 잠시 살펴보기로 하자.

감정을 신체적 감각이나 지각과 유사하게 본 데카르트와 흄의 사상을 계승하여 윌리엄 제임스는 감정에 관한 느낌 이론(feeling theory of emotion)을 발전시킨다. 그의 『심리학의 원리』에서 윌리엄 제임스는 다음과 같이 말하고 있다.

> 감정에 관한 우리의 일반적인 생각으로는, 어떤 사실을 정신적으로 지각하면 감정이라 불리는 정신적 감정이 일어나고, 그러한 마음의 상태가 신체적 변화를 일으킨다는 것이다. 내 이론에 따르면 이와 반대로 흥분을 일으키게 하는 사실을 지각하면 신체적 변화가 따르고, 그 신체 변화에 대한 느낌이 바로 감정이다. 상식적으로는, 우리가 운을 놓쳤을 때 섭섭해서 울며, 곰을 만났을 때 무서워 도망가며, 경쟁자에게 모욕을 당했을 때 분노하게 되어 때린다.

---

3 윌리엄 제임스의 감정 이론과 지향성의 문제에 관해서는 양선이, 「윌리엄 제임스의 감정 이론과 지향성의 문제」, 『철학연구』, 제79집. 철학연구회, 2007, pp.107~127을 참고.

> 내 이론이 옹호하는 가정에 따르면 이와 같은 일련의 순서는 잘못된 것이며, 한 정신상태(감정 또는 정서)가 다른 정신상태(지각)에 의해 직접 유래되는 것이 아니라 그와 같은 신체적 표출은 이 두 정신상태 사이에 삽입되어야 한다는 것이다. 따라서 가장 합리적인 주장은 다음과 같다. 즉 위의 예의 경우에, 우리는 유감스럽거나 화나거나 두렵기 때문에 울거나 대항하거나 몸을 떠는 것이 아니라 우리가 울기 때문에 슬픔을 느끼고, 우리가 때렸기 때문에 화가 나고, 몸을 떨기 때문에 두려움을 느낀다.[4]

상식인들은 말하길, 우리가 어떤 감정을 경험한 후에 신체적 변화가 일어난다. 우리는 전율을 느끼고서 심장이 뛴다고 생각한다. 그리고 당황하고서 얼굴이 붉어진다고 생각한다. 그러나 제임스는 상식과 반대로 나갔다. 그에 따르면 신체적 변화가 우리의 감정적 경험에 앞선다. 우리는 심장이 뛰고 난 연후 전율을 느낀다. 제임스에 따르면 "자극을 유발하는 사실에 대해 지각했을 때 생기는 신체적 변화에 대한 '느낌'이 바로 감정이다."[5] 따라서 제임스에게 있어 감정이 생겨나는 인과적 연쇄는 다음과 같다. 즉 먼저 대상에 대한 지각(인지)이 있으면 다음으로 몸에 신경 생리학적 변화가 생기고, 그런 다음 그것에 대한 인식 주관의 '느낌'이나 의식이 발생한다. 여기서 제임스는 다양한 감정이 갖는 고유한 느낌을 '신체적 감각'과 동일시하여 믿음이나 판단을 감정의 구성요소에서 부차적인 것이라 보았다. 이렇게 하여

---

4 William James(1890/1950), Vol. 2, pp.449~450.

5 James(1884), 'What is an emotion?', *Mind 9,* p.190.

그는 극단적 비인지주의 혹은 정서주의라는 명칭을 부여받게 된다. 한편 제임스는 최소한의 인지주의 요소라고 할 수 있는 지각, 즉 신체적 느낌에 대한 지각조차도 감정을 구성하는 데 있어 어떤 역할도 하지 않으며, 그것은 감정의 인과적 선행요건에 불과하다고 보았다. 그는 다음과 같이 말하고 있다.

> 빠른 심장 박동, 가쁜 호흡, 떨리는 입술, 맥 빠진 사지, 온몸에 소름이 끼치거나, 닭살과 내장의 거북함이 없다면 공포라는 감정이 어떤 것인가를 내가 생각하기가 불가능할 것 같다. …… 내 생각에, 감정이 모든 신체적 느낌으로부터 분리된다는 것은 상상하기 힘들다. 나의 상태를 더욱 주의 깊게 살펴보면 볼수록 내가 갖고 있는 기분이라든지, 정서라든지, 정념이라는 것들은 그와 같은 신체적 변화들로부터 실제로 구성된다는 것에 나는 설득 당하게 된다.(James, 1890, p.452)

따라서 제임스에 따르면 감정은 '내적인 신체적 느낌'에 불과하다. 달리 말해 감정이란 지각에 의해 야기된 신경 생리학적 발생에 대한 주관의 감각적 '느낌'이다. 예를 들어 길을 가다 뱀을 보았을 때(감각적 지각), 심장이 쿵쿵 뛰고, 손에 땀이 나고…… 등등의 신경 생리학적 변화에 대한 '느낌'이 바로 '공포'라는 감정이다. 한편 제임스는 분노나 공포와 같이 신경 생리학적 변화에 대한 주관의 느낌으로 설명할 수 있는 '조야한 감정(coarser emotion)'과 사랑이나 자긍심과 같은 '미묘한 감정(subtler emotions)'을 구분하고, 후자와 같은 감정들도 조야한 감정들의 결합으로 설명 가능하다고 보았다.[6] 여기서 이와 같은 감정들의 차이는 신경 생리학적 변화의 양이나 유형의 차이에서 비롯된다고 보았다. 감정에 관한 제임스의 이와 같은 생각은 감정의 상태와 신체 속의 변화 간에 상관적인 관계가 있다고 본 다윈의 주장에서 비롯된다.[7] 감정 연구와 관련하여 다윈의 주된 관심은 전 인류에게 공통적인 얼굴 표정과 관련된 감정에 관한 것이었다.[8]

다윈이 감정을 얼굴 표정과 관련하여 연구하게 된 이유는 인간 얼굴의 독특한 근육 구조를 연구한 찰스 벨이라는 사람의 영향을 받았기 때문이다.[9] 찰스 벨에 따르면 인간 얼굴의 근육 구조는 인간 고유의 감정을 표현하도록 하기 위해 신이 고안한 것이다. 하지만 벨과 달리 다윈은 이와 같은 생각을 진화론의 우위를 설명하는 쪽으로 발전시켰다. 다윈에 따르면 인간 얼굴의 근육 구조는 신의 고안에 의해 주어진 것이 아니라 우리 조상들로부터 물려받은 것이며, 우리 조상들 자신은 그러한 것을 생존을 위한 적응의 유용성 때문에 결과적으로 획득하게 된 것이다. 그래서 그와 같은 것을 후손들에게 물려준 것이다. 이와 같은 관점에서 볼 때 어떤 얼굴 표정들은 적응의 기능을

---

6 제임스의 조야한 감정과 미묘한 감정의 구분은 다윈과 현대 다윈주의자들의 원초적 감정(basic emotion)과 복합적 감정(complex emotion)의 구분에 상응한다.

7 감정과 물리적 반응의 연관을 다룬 다윈의 생각은 신체적 변화가 우리를 행위하도록 한다는 점에서 감정과 행위를 동일시하는 행동주의에도 영향을 주었다. 이에 관해서는 Ryle(1949), Ch. 4를 참조하라. 또한 B. F. Skinner(1953)와 J. B. Watson(1919)을 참고하라.

8 Darwin(1889/1988).

9 Charles Bell, *Anatomy and Philosophy of Expression*.

가진다. 예컨대 놀람과 눈썹이 올라가는 것 사이의 관계는 우연적인 것이 아니다. 왜냐하면 그와 같은 눈썹의 움직임은 선사시대 때부터 보통 놀람을 촉발하는 환경 속에서 그 역할을 잘해 왔기 때문이다. 따라서 다윈은 주장하길, 안면 근육 운동은 우리 조상들이 물려준 자연적 성향의 산물이다.

감정이 육체적 감각이나 지각과 유사하다고 보는 데카르트와 흄의 생각에다 감정을 안면 근육 운동과 관련된 것으로 보는 다윈의 사상을 결합했을 때 제임스에게 있어 감정은 다음과 같은 것이 된다. 예컨대 공포는 눈과 입을 크게 벌리고, 눈썹을 치켜 올리고, 콧구멍이 벌려지고, 심장박동이 빨라지고, 혈압이 올라가고, 몸을 떨며, 숨을 가쁘게 쉬고, 입이 마르고, 목소리가 떨리고 등등을 포함하는 증상이다. 한편 그가 미묘한 감정이라고 말한 사랑, 자부심이나 죄책감과 같은 도덕적 감정은 다음과 같이 말해질 수 있을 것이다.

> 아마도 죄책감이라는 감정은 눈을 내리깔고 턱이 아래로 쳐지는 얼굴 표정으로 나타날 것이다. 죄책감을 느낄 때 보다 더 원초적인 감정인 당혹이라는 것으로부터 차용한 얼굴 붉어짐의 경우도 있을 수 있다. …… 도덕적 감정은 우리로 하여금 행위를 하도록 자극하는 것이라고 일반적으로 믿어진다. 미적인 감흥은 뼛속 깊이 파고드는 찌릿한 느낌으로 말할 수 있을 것이다. 지적인 감정은 놀람이나 즐거움과 중복될 수 있고 거의 확실히 신체적 징표를 갖는다.[10]

---

10 Prinz(2004), *Gut Reactions*, Oxford University Press. p.50.

2) 서양 근대철학의 느낌 이론(Feeling Theory of Emotion)

감정에 관해 비인지주의를 이상과 같이 이해했을 때, 데카르트와 흄은 감정(emotion)을 신체적 느낌과 동일시함으로써 비인지주의로 분류되기도 한다. 이러한 점에서 이들은 감정에 관한 비인지주의자의 전형인 윌리엄 제임스 이론의 모태가 되었다고 볼 수 있다.

(1) 데카르트의 정념론에 대한 하나의 해석으로서 느낌 이론

데카르트는 그의 『정념론』 제1, 2부에서 정념(passion) 또는 감정(emotion)에 관해 논의하고 있다. 이를 위해 그는 먼저 신체와 영혼의 기능을 구분한다. 그에 따르면 영혼의 주된 기능은 사고이며, 신체의 그 기능은 운동과 열이다. 다음으로 그는 모든 사지의 운동을 극도로 미세한 물질 덩어리이면서 동시에 '가장 생기 있고 미세한 피의 덩어리인 동물 정기의 운동'으로 설명한다.

데카르트에 따르면 영혼의 기능인 사고는 두 종류이다. 하나는 영혼의 활동과 욕구이며, 다른 하나는 그 영혼의 정념들이다. 여기서 욕망은 두 가지 종류로 구분된다. 즉 하나는 신과 같은 비물질적인 어떤 것을 지향하는 것이며, 다른 하나는 우리의 신체를 어떤 방식으로 움직이는 것을 목표하는 것이다. 정념들은 우리 안에 있는 온갖 종류의 지각들 아니면 인식들이라고 일반적으로 이름 붙일 수 있을 것이다. 영혼의 다른 기능인 정념들은 육체에 일어나는 모종의 변화에 대한 '지각'이다.[11] 예컨대 공포라는 정념은 '낯설고 위협적'인 동물을 보았을

11 Descartes, *The Passion of the Soul,* 17.

때 뇌 속에 그 동물에 대한 상(像)을 형성하고, 그렇게 형성된 상(像)으로부터 방사된 정기들 중 일부는 기억을 통해 그와 같은 동물에 대한 이전의 경험과 어떤 방식으로든 연결된 후에, 그리고 결국 그러한 것이 해로운 것이라고 판단된 후에,

> 거기서 등을 돌리고 다리로 하여금 도망가도록 움직이는 데 기여하는 신경들 안에 자리 잡으려고 나아간다. 또 일부는 심장의 입구를 여닫는, 아니면 적어도 피를 심장에 보내는 다른 부분들을 분란시키는 신경 안으로 나아간다. 그 신경 안에서 이 피는 평상시와는 다른 방식으로 묽게 되어 두려움의 정념을 유지하고 강화하는 데 알맞은 정기들을, 즉 뇌의 기공들이 열려 있도록 하는 데 알맞은, 아니면 적어도 그 기공들을 다시 여는 데 알맞은 정기들을 뇌에 보낸다. 왜냐하면 그 정기들이 그 기공들 안에 들어간다는 단순한 사실들로부터 그들은 이 선(송과선) 안에서 독특한 운동을(정신으로 하여금 이 정념을 느끼도록 하기 위해 자연적으로 일어나는) 자극하기 때문이다.(The Passion of the Soul; 56)

결국 감정에 관한 데카르트 입장을 한마디로 요약하자면, 감정이란 신체 속에 있는 동물 정기의 활동에 대한 주관의 자각이다. 데카르트는 감정이란 뇌 속에 있는 감각들이 좋고 나쁜 어떤 것을 탐지해서 신체로 하여금 어떤 반응을 하도록 할 때 일어나는 것이라고 믿었다. 감지에서 행동으로의 전이는 동물 정기의 움직임에 의해 가능하다. 이와 같은 동물 정기는 신체와 뇌 사이에서 메시지들을 전달하는 미세한 입자들

이다. 데카르트에 따르면 동물 정기는 송과선을 통해서 뇌와 영혼 사이를 연결하는 메신저이기도 하다. 감정(또는 정념)은 감각과 행동을 매개하는 동물 정기의 움직임을 영혼이 지각할 때 일어난다. 따라서 감정을 느끼는 것은 우리의 육체가 행위를 준비하는 것을 경험하는 것이다. 이러한 점에서 데카르트는 윌리엄 제임스의 선조라고 볼 수 있다. 따라서 공포는 달아날 때 움직여지는 사지에 대한 주관의 자각(의식), 즉 심장 주변이 조이고, 맥박이 빨라지고 등등에 대한 자각을 말한다. 이러한 설명에 의하면 공포는 세계에 대한 어떤 지식도 제공하지 않으며, 세계에 대한 우리의 태도를 반영하지도 않는다. 감정은 '느낌'으로서, 우리의 신경 생리적 변화와 신체의 움직임이라고 할 수 있다. 그렇다면 데카르트에게 있어 공포라는 감정은, 어떤 것이 위협적이고 그래서 나는 도망가고 있다는 것에 대한 의식(지각)이 아니라 내가 달아나고 있고 어떤 신경 생리학적인 상태에 있음을 동시에 주관적으로 '느끼는 것'이다. 감정에 관한 데카르트의 입장이 이러하다면, 그가 감정을 '영혼의 정념' 그리고 '지식의 형태로서의' 정념이라고 말한 것과는 달리 그는 감정을 아주 수동적이고 감각과 유사한 상태로 보고 있다고 할 수 있다.

하지만 데카르트는 강한 의미의 '신체적 느낌 이론가'로 볼 수 없다. 왜냐하면 그에 따르면 감정은 행위하고자 하는 '의지'와 '사고'와도 관련되기 때문이다. 예컨대 데카르트는 공포와 증오를 다음과 같이 정의하고 있다. 즉 '공포'란 어떤 것을 쉽사리 얻을 수 있을 것 같지 않다는 믿음과 함께 생기는 '욕망'이고, '증오'는 해롭게 보이는 어떤 것에서 멀어지고자 하는 '욕망'이라고 정의하고 있다. 데카르트를 인지주의자로 해석할 것이냐 아니면 '(신체적) 느낌 이론가'로, 또는 절충주의로 해석할 것이냐는 논의가 있는데, 이러한 논의는 이 글의 범위를 넘어선다. 감정에 대한 데카르트 입장에서 신체적 느낌을 강조한 부분을 가장 잘 발전시킨 사람은 영국 철학자 데이비드 흄이다. 우리는 감정에 관한 흄의 입장을 통해 감정(emotion)이 정념(passion)과 달리 왜 수동적이고 감각과 유사한 상태인지를 알게 될 것이다.

(2) 흄에 있어서 감정의 의미: 느낌 이론

흄은 '감정(emotion)'을 쾌락과 고통과 같은 신체적 동요 상태로 보았다. 흄에 따르면 감정(emotion)은 '쾌락'과 '고통'이라는 신체적 동요와 관련되는 것으로서 반성이 들어간다기보다 '감각과 관련된 인상'으로 분류하는 것이 낫다. 흄에게 있어 감정이 쾌락과 고통과 유사한 이유는 그것이 감각 인상과 같이 '신체적 느낌'과 관련되면서 어떤 반성적 요소도 포함하지 않기 때문이다. 이와 같은 점이 감정 이론에서 흄의 이론을 신체적 느낌 이론으로 분류하는 계기가 된다고 할 수 있겠다.[12] 감정을 '쾌와 불쾌와 같은 신체적 느낌'과 유사한 상태로 본 흄의 사상을 이해하기 위해서는 쾌와 불쾌에 관한 흄의 생각을 먼저 살펴볼 필요가 있다. 흄은 쾌락에 관해 다음과 같이 말하고 있다.

> 쾌락이라는 말로써 우리는 서로 아주 다르며, 약간의 유사성만을 가지는 감각들을 포괄한다는 것은 분명하다. 훌륭한 음악 한 곡과 맛있는 포도주 한 병은 똑같이 쾌락을 제공한다. …… 하지만 이에

---

12 Lyons(1980), p.8과 Alston(1980), p.480 참조.

대해 우리는 그 포도주가 조화롭다거나, 음악이 훌륭한 맛을 가지고 있다고 말할 수 있을까?(T 427)

포도주가 주는 쾌락에 대해 조화롭다고 할 수 없듯이, 음악 작품이 주는 쾌락에 대해 맛있다고 할 수 없는 이유는 각각이 제공하는 쾌락은 독립적인 특성을 갖는다는 것이다. 우리는 이와 같은 특성을 쾌락의 '현상학적 특성'이라고 부를 수 있을 것이다. 만일 감정이 쾌락이나 불쾌와 같이 신체적 느낌과 같은 것이라면, 흄에게 있어 감정은 현상학적으로(phenomenologically) 알려진다고 할 수 있을 것이다. 이와 같은 '질적' 또는 '현상학적'인 내용을 갖는 감정은 육체적 감각이나 지각처럼 주관에게 어떻게 보이는가, 또는 느껴지는가에 따라 규정될 수 있기 때문이다. 달리 말하면 흄에게 있어 감정이란 '감각 경험을 한다는 것이 어떤 것인가(what it is like to experience a sensation)'와 유사하다. 이것을 이해하기 위해 현대철학자들의 '감각질'에 대한 논의를 잠시 살펴보기로 하자.

의식의 사적인 영역을 설명하기 위해 현대 미국의 철학자인 토마스 네이글(Thomas Nagel)은 박쥐의 경험의 예를 든다. 박쥐는 반향정위(echolocation)를 이용함으로써 어둠 속에서 길을 찾아낸다. 박쥐는 인간에게는 들리지 않는 소리를 내서, 반사되어 돌아오는 메아리(반향)의 크기와 방향으로 주변 환경에 대한 그림을 그린다. 반향정위는 박쥐가 소리를 이용해 '볼' 수 있게 해준다. 여기서 우리는 우리 자신에게 다음과 같이 질문할 수 있다. "한 마리의 박쥐가 된다는 것은 어떤 것일까? 박쥐가 경험하는 것처럼 세계를 경험하는 것은 어떤 것이어야만 할까?" 한 마리 박쥐가 반향정위를 이용하여 '볼' 때, 박쥐에게는 어떠한 그 무엇이 분명 존재한다. 그것은 아주 특이한 경험이며, 우리의 경험과는 근본적으로 다른 어떤 것임에 틀림없다. 그런데 네이글이 지적한 것처럼, 우리는 그 경험이 어떤 것인지 알 수 없다. 우리는 박쥐가 소리를 내어 '볼' 때, 박쥐의 신경체계에서 일어나는 일들에 대해서는 모든 사실을 알 수 있을지도 모른다. 하지만 그렇다고 해서 박쥐에게 그 경험이 어떠한가에 대해서는 알 수가 없다. 박쥐만이 알 수 있는 그 경험의 주관적 성질은 우리에게는 알려지지 않은 채로 남아 있다. 이처럼 흄이 감정이 쾌락이나 불쾌와 같이 신체적 느낌과 같은 것이라고 했을 때, 감정은 현상학적으로(phenomenologically) 알려지는 사밀성을 갖는다고 할 수 있다.[13]

하지만 흄에게 있어 감정이 단순히 느낌에 불과하다고 보면 그를 오해하는 것이다. 왜냐하면 흄은 감정이 행위를 위한 동기 또한 갖는다고 보았기 때문이다. 그에 따르면 감정은 우리로 하여금 행위하게끔 강요하는 특별한 종류의 느낌인 욕망을 포함하고 있다. 예를 들자면 공포는 도망가고 싶은 욕구인 '느낌'을 포함한다.

3) 비인지주의 느낌 이론의 문제점

영국 경험론자들의 느낌 중심의 감정 이론과 윌리엄 제임스의 비인지주의 감정 이론은 감정의 지향성 문제와 합리성을 설명하는 데 있어 어려움에 봉착하게 된다. 감정을 쾌와 고통에 대한 신체적 감각으로

---

13 T. Nagel(1979), "What is it like to be a bat?", in *Mortal Question*, Cambridge University Press, pp.165~180.

이해하게 되면, 이 같은 신체적 감각은 아픈 근육의 통증이나 온탕에 있을 때의 편안한 느낌과 같이 '누군가' 혹은 '어떤 것'을 향해 있지 않기 때문이다. 즉 지향적 상태라고 볼 수 없다. 우리는 감정이 무언가를 향해 있거나 무엇에 대한 속성이라고 생각한다. 예를 들어 어떤 이가 화가 나거나 두려워한다는 것은 누군가 혹은 무언가에 대해 화가 나 있거나 두려워하는 것이다. 여기서 누군가 혹은 무언가가 감정의 지향적 대상이라 할 수 있다. 감정에 관한 느낌 중심 이론이나 제임스의 비인지주의는 이와 같은 지향성을 설명할 수 없다는 비판을 받아왔다.

느낌 중심의 감정 이론은 감정의 지향성 문제를 설명 못할 뿐만 아니라 감정의 대상성과 관련하여 제기되는 또 하나의 문제인 '적합성(fittingness)'을 설명하는 데도 실패한다. 왜냐하면 신체적 지각만으로는 그 감정이 그 대상에 적합하게 일어났는지를 판가름할 수 없기 때문이다. 예컨대 거미를 보고 공포를 느낄 경우, 느낌 이론가들은 공포와 관련된 신체적 증상과 공포 감정을 동일시하지만, 이 경우 거미에 대한 공포는 일반적으로 적합하지 못하다고 평가된다. 비인지주의자들은 이와 같이 어떤 감정이 그 대상이나 상황에 맞게 적절하게 일어났는지 하는 감정의 합리성과 관련하여 어려움에 봉착하게 된다. 20세기에 들어서면서 현대 인지주의는 이와 같은 비판에 힘입어 느낌 중심 이론을 대체하는 설득력 있는 입장으로 자리 잡았다. 그러나 2000년대에 들어서서 약 10년간 지향성 및 합리적 평가의 문제를 인지주의가 성공적으로 해결했는지에 관해 의문을 제기하고 대안적 해결책을 제시하고자 하는 연구들이 활발히 진행되어 왔다.

4) 인지주의로의 이행

먼저 20세기 초 느낌 중심의 감정 이론에서 인지주의로의 이행에 있어 발전으로 보이는 측면은 감정을 사고와 연관시킴으로써 지향성을 설명하고자 했다는 점이다.[14] 그렇게 하는 데 있어 인지주의자들은 사고는 판단의 형식으로 표현되는 명제적 내용을 갖는다고 보았으며, 판단의 형식을 띄는 명제적 사고가 어떻게 지향성을 설명할 수 있는지에 초점을 맞추고 있다. 가령 케니는 감정의 대상은 감정을 느끼는 사람의 '믿음'이라고 주장한다. 예컨대 어떤 이가 독이 없는 뱀이라도 그것을 위험하다고 믿으면 그 뱀이 공포를 일으킬 수 있다.[15] 따라서 케니에 따르면 믿음이 감정에 본질적이며, 감정이 믿음에 의해 대상을 지향한다. 케니와 유사하게 어떤 인지주의자들은 감정은 '평가적 판단(evaluative judgment)'이라는 명제적 사고를 포함한다고 주장한다. 평가적 판단 이론이라 불리는 이러한 이론에 따르면 감정의 대상은 주체가 그것이 어떤 속성을 갖는다고 판단하거나 믿을 때 주체가 마음속에서 갖는 평가적 속성이다. 즉 이 같은 평가적 속성은 주체가 대상에 귀속시키는 것이며 이는 믿음이나 판단을 통해 이루어진다. 가령 연민의 대상이 불행하게 보이는 어떤 것이어야 한다면 연민이라

---

14 물론 20세기에 들어서기 이전에도 느낌 중심의 이론에서 인지주의로의 이행이라 할 수 있는 연구들(1990년 이전의 연구들)이 있었다. 이에 관한 자세한 논의는 임일환 교수의 글을 참고하라. 임일환, 「감정과 정서의 이해」, 『감성의 철학』, 대우학술총서, 1996. 그러나 필자는 존 데이(1994)를 필두로 하여 그 이후의 논의를 중심으로 다루고자 한다.

15 A. Kenny(1963), *Action, Emotion and Will,* London: Routledge & Kegan Paul, pp.187~194.

는 감정은 대상의 상태가 부당하게 불행하다는 판단을 함축한다. 이와 같은 평가적 판단 이론의 대표적인 철학자는 누스범(N. Nussbaum)과 솔로몬(R. Solomon)이다.

솔로몬과 누스범은 사고나 인지적인 요소가 본질적으로 또는 부분적으로 감정을 구성한다고 주장한다. 이들에 따르면 각각의 감정은 우리의 안위와 관련된 어떤 일반적 속성에 대한 생각으로 구성된다. 예를 들어 분노는 누군가가 나에게 모욕을 주었을 때 그와 같은 생각 때문에 생길 수 있고, '슬픔'은 큰 '상실'에 대한 생각 때문에 생긴다. 친구가 죽었을 때, 나는 친구가 죽었다고 생각하고, 이어서 그 친구의 죽음은 큰 '상실'이라고 '추론'할 수 있다. 이때 이러한 추론적 사고가 감정을 구성한다(constitute)고 누스범은 주장한다. 한편 누스범에 따르면 감정이란 "가치 의존적으로 보이는 것들"에 대해 동의하는 판단이다.[16] 예를 들어 누스범은 그녀의 어머니가 돌아가셔서 그녀가 큰 슬픔을 느낄 때, 그녀의 어머니가 그에게 매우 중요한 사람이라고 여기지 않았다면 그는 어머니의 죽음을 두려워하거나 그녀의 회복을 간절히 소망하거나 그를 상실했다는 것에 대해 슬퍼하지 않았을 것이라고 주장한다. 즉 그녀의 어머니의 죽음이 그의 삶의 안녕(well-being)을 힘들게 만들 수 있다고 판단할 때 큰 슬픔을 느끼게 된다고 누스범은 주장한다.[17] 또 다른 대표적인 인지주의자인 로버트 솔로몬(R. Solomon)에 따르면 감정이란 세계의 구조를 우리에게 제시하는 평가적

---

16 M. Nussbaum(2007), "Emotion as Judgments of Value and Importance", in R. Solomon(ed.), *Thinking about Feeling,* Oxford University Press, p.189.

17 Nussbaum., Ibid.

판단이다. 그것은 하나의 사건을 중립적인 방식으로 해석하는 것이 아니라 '평가적'으로 판단하고 그것에 대해 반응하는 것이다. 분노는 어떤 이의 잘못에 대한 '평가적 판단'으로 구성된다. 솔로몬에 따르면 이와 같은 판단을 통해 감정은 세계가 존재하는 방식을 우리에게 알려준다.[18]

감정이 믿음이나 판단으로 구성되고, 그 판단은 명제적 내용을 갖는다고 보는 이상과 같은 강한 인지주의자들은 다음과 같은 어려움에 직면하게 된다. 즉 감정을 명제적 판단과 동일시했을 때 제기되는 문제는 '신체적 증후'를 동반하는 감정 경험과 대상에 대한 판단이 실제로 일치하지 않는 경우를 설명할 수 없다는 것이다. 예컨대 포비아(공포증)의 경우, 사람들은 대상이 위험하지 않다는 것을 아는데도 불구하고 그 대상을 대면했을 때 공포 경험을 할 때 동반되는 것과 동일한 종류의 신체적 증상을 경험하게 되는데, 이는 대상에 대한 명제적 판단과 감정 반응이 일치하지 않는 경우라고 볼 수 있다. 많은 사람들은 이 경우를 인지주의를 유지하면 양립 불가능한 비일관적 상태에 있게 되는 것이라고 비판한다. 그러나 드 수자(R. de Sousa)는 '판단'에 관해서는 판단을 이루는 두 명제가 양립 불가능하면 비일관적이지만, '욕구'나 '감정'은 두 개가 양립 불가능하다고 해서 비일관적이지 않다고 주장하면서, 감정 진리(emotional truth) 문제를 통해 강한

---

18 R. Solomon(1976; 1993). 한편 인지주의에 이와 같은 강한 인지주의만 있는 것이 아니라 약한 의미의 인지주의자들도 많다. 약한 인지주의자들에 따르면 감정을 가진다는 것은 일종의 해석(construal)이다. 어떤 것을 두려워한다는 것은 그것이 위험하다고 해석하는 것이다.(c.f. Robert Roberts, 1989)

인지주의가 부딪히는 문제를 해결하고자 한다.[19]

유사한 맥락에서 감정 모순 문제를 해결하기 위해 최근에 사비나 되링(S. Döring)은 감정을 판단과 유비하기보다 지각(perception)과 유비하자고 제안한다.[20] 일반적으로 비합리적 감정이라 불리는 포비아의 경우를 뮐러 레이어 선과 같은 지각적 환영에 비유해 보자. 거미 포비아의 경우, 주체의 더 나은 판단(거미는 위험하지 않다)에도 불구하고 그 주체는 자신이 위험 속에 있다고 느끼지 않을 수 없는 것처럼(심장 박동이 빨라지고 손에 땀이 나고 등등), 뮐리어 레이어 선을 지각하는 사람은 두 선의 길이를 다르게 보지 않을 수 없다. 이론적으로 학습하게 되면 그 두 선이 사실은 같은 선이라는 것을 믿을 수밖에 없으면서도 말이다. 이러한 맥락에서 되링은 이와 같은 갈등은 모순 없는 갈등이라고 주장한다.[21] 왜냐하면 지각-판단의 모순의 경우, 그 상황을 잘못되게 만드는 것이 지각일 필요는 없기 때문이다. 즉 '그 두 선은 동일한 길이라고 안다. 하지만 나는 그것을 다르게 본다. 나는 한 선을 다른 선보다 더 길게 본다.'[22] 그렇다면 감정-판단의 모순의 경우는 어떠한가? 예를 들어 고소공포증의 경우, 만일 모순이 가능하려면 당신은

19 R. De Sousa(2002), "Emotional Truth", *Proceedings of the Aristotelian Society,* Supplementary volume 76, pp.247~264; (2004), "Emotions: What I Know, What I'd Like to Think I Know, and What I'd Like to Think", in *Thinking about Feeling,* ed. R. Solomon. Oxford University Press, pp.61~75.

20 S. Döring(2009), "Why be Emotional", in P. Goldie (ed.), *the Oxford Handbook of Philosophy of Emotion,* Oxford University Press, p.293.

21 Döring, Ibid., p.294.

22 Ibid., p.297.

안전하다고 판단하면서(P) 동시에(&) 위험하다고 판단하는(-P) 경우가 될 것이다. 그러나 이와 반대로 당신이 안전하다고 판단하면서 동시에 공포를 느끼는 것, 즉 그 상황을 위험하다고 느끼는 것은 모순이 아니다. 이 경우, 그 주체는 '이곳은 안전하다고 생각한다. 하지만 나는 무섭게 느낀다.' 이때 주체의 그 '느낌'은 이성적 통제를 넘어선 것이며, 그러한 한에서 그 느낌을 많은 사람들은 '감당하기 어려운 감정(recalcitrant emotion)'이라 부른다. 이러한 맥락에서 되링은 지각에 유비되는 이와 같은 '느낌'은 명제화할 수도 없고 추론되지도 않는 것이라고 본다.

여기서 지각과 비교되는 '느낌'을 명제화할 수도 없고 추론할 수도 없다는 말이 정확히 어떤 의미인지 살펴보기로 하자. 이를 위해 팀 크레인(Tim Crain)이 제시한 예를 소개해 보겠다. 폭포의 한 곳을 한참 쳐다보다가 옆에 있는 바위를 보게 되면 바위가 올라가는 시각 경험을 하게 된다. 그런데 동시에 우리는 지각을 통해 바위가 움직이지 않는다는 것을 안다. 즉 동일한 시각 경험을 통해서 '저 바위는 움직이고 있다'는 판단과 '저 바위는 정지해 있다'는 판단을 하도록 요구받게 된다. 이때 경험의 내용을 '개념화'할 수 있다면 하나의 대상에 모순되는 속성을 귀속시킬 수 없다는 점에서 지각 경험은 비개념적이다.[23] 또

23 영미 철학에서 비개념적 내용에 관한 철학적 논의는 에반스의 *Varieties of Reference*에서 논의 된 이후로 철학적으로 활발히 논의되기 시작했다. 김한승은 「비개념적 내용의 비개념성과 그 철학적 근거」라는 글에서 이러한 논의를 소개하고 있다. 그는 특히 다양한 지향성 개념에 대응하여 비개념적 내용 역시 다양하게 규정된다는 것을 보이고 있다. 이를 통해 그는 비개념적 내용에

하나의 예를 살펴보자. 먼저 지각의 경우, 내가 창문 너머 있는 나무의 나뭇잎들을 바라볼 때, 한 나무에 매달려 있는 나뭇잎들의 색깔이 여러 가지 면에서 약간씩 다르게 보인다는 것을 깨닫는다. 이때 우리의 지각은 미세한 차이를 개념화할 수 없다. 감정의 경우도 이와 유사한데, 비행공포증의 경우, 어떤 사람은 안전하다고 판단하면서도 공포를 느낄 수 있고, 어떤 사람은 공포를 느끼지 않는 것은 감정의 내용이 지각의 내용과 유사하게 개념화할 수 없기 때문이다. 존 데이는 어린이나 동물이 갖는 원초적 감정을 설명하면서 이에 대해 다음과 같이 말한다. "동물이 특정한 상황에서 위험을 느끼는 것은 그 동물이 위험이라는 개념을 가졌기 때문이 아니다"라고 그는 주장한다. 즉 어린아이나 동물은 판단의 형식을 갖춘 내용이 있는 인식체계는 발달하지 않았지만, 그와 별도로 작동하는 감정인식체계를 가지고 있기 때문에 어른과 그들이 감정 영역을 공유할 수 있다. 감정이 비개념적이라는 것은 감정 경험이 1인칭 영역에 속하는 현상학적 경험과 관련된다는 것이다. "그와 같은 공포를 부적절한 것으로 만드는 것은 잘못된 믿음 때문이 아니라 그와 같은 공포에 대한 느낌으로부터 주체를 해방시켜야만 하는 건전한 믿음에도 불구하고 느껴지는 것"[24]으로, 데이에 따르면

대한 여러 입장들을 구별하고, 대표적인 비개념적인 내용을 지각적 내용(perceptual content), 지표적 내용(indexical content), 재인적 내용(recognitional content), 감정적 내용(emotional content)의 네 가지로 분석하면서 왜 이러한 것이 '내용'으로 받아들여져야 하며, 또한 비개념적인지에 대해 분석하고 있다. 김한승, 「비개념적 내용의 비개념성과 그 철학적 근거」, 『범한철학』 제46집, 범한철학회, 2007, pp.327~333 참조.

24 John Deigh(1994), p.851.

질적 느낌의 특성은 말이나 글로 표현하기가 힘들다. 만일 강한 인지주의자들처럼 감정을 판단으로 환원할 수 있고, 명제적 내용을 갖는 것으로 보게 되면 이러한 점을 설명할 수 없다.

이렇게 감정과 지각이 그 내용을 개념화할 수 없다는 점에서 비개념적이라는 점에서 유사하지만, 되링은 그 둘의 차이점이 행위에 있어 중요하다고 강조한다. 그 차이점은 감정은 그들의 지향적 대상에 대한 평가를 포함하고, 그들의 대상을 주체의 관심의 견지에서 표상하기에 그것은 행위에 대한 동기력을 갖는다. 뮐러 레이어 선의 착각과 같은 지각에서는 다르게 본다는 것에서 끝나지만, 행위의 경우엔 소위 '자제력 없음(아크라시아Akrasia)'이라 불리는 문제와 같이 주체는 그의 감정이 적절하건 적절하지 않건 간에 감정 때문에 행동을 취할 준비가 되어 있다. 또 하나의 차이점은, 포비아에 시달리는 사람의 경우는 치료가 필요하지만, 뮐러 레이어 선의 경우처럼 지각적 환상의 경우는 지각자의 더 나은 판단에도 불구하고 그와 같은 착시는 교정이 불가능하다. 그러나 감정은 평가를 포함하기 때문에 행위에 관한 규범적 이유들에 영향을 미친다. 지금까지 우리는 느낌의 본성, 즉 느낌이란 무엇인가에 대해 살펴보았다. 이제 이러한 것을 바탕으로 인간이 가지는 느낌이 행동에 미치는 영향에 대해 살펴보기로 하자.

2. 느낌과 인간의 행동

1) 서양 현대철학에서 느낌과 인간 행위에 대한 설명

(1) 솔로몬의 유인가적 평가(Valenced Appraisal)와 인간의 행동

현대철학에서 감정 논의를 본격적으로 시작한 철학자는 로버트 솔로몬(R. Solomon)이다.[25] 솔로몬은 모든 감정은 긍정적이거나 부정적인 두 범주로 나눌 수 있다고 보며, 대부분의 감정이 심리학자들이나 뇌과학자들이 말하는 것처럼 감정값(유인가)을 갖는다는 것을 부정하지 않는다. 그러나 인지주의자로서 그는 감정은 '유인가적 평가(Valenced Appraisal)'라고 주장한다. 한편 프린츠(Jesse Prinz)는 솔로몬의 인지주의에 반대하고, 유인가 개념에 관해 비인지주의 입장을 택하면서 환원주의 입장을 취한다.[26]

부정적 감정은 나쁘게 느끼는 것이고 긍정적 감정은 좋게 느끼는 것이라는 것은 보편적으로 인정되는 것이다. 그렇다면 우리의 부정적 감정에 들어 있는 부정적 느낌(negative feeling)은 무엇인가? 혹자는 그것은 고통(pain)이라고 말할지도 모르겠다. 그러나 솔로몬은 이를 부정한다. 왜냐하면 그가 생각하기에 고통은 물리적으로 감각에 국지화시킬 수 있지만 부정적 감정은 우리에게 물리적으로 어딘가에 상처를 주는 것은 아니기 때문이다. 그렇다면 부정적 느낌은 아마도 '괴로움(suffering)'과 동일시될 수도 있을지 모르겠다. 그러나 솔로몬은 이것

25 R. C. Solomon(2001), 'Against Valence', in R. C. Solomon, *Not Passion's Slave*. New York: Oxford University Press. pp.135~147.

26 J. Prinz(2004), *Gut Reactions*, Oxford University Press.

도 부정한다. 왜냐하면 그가 생각하기에 부정적 감정은 다른 방식으로 우리를 괴롭히는 것이기 때문이다. 솔로몬은 비애(grief), 질투심(jealousy), 죄책감(guilt), 좌절감(frustration) 등 부정적 감정을 열거하면서 이러한 감정들 각각에 결부된 괴로움(suffering)은 서로 다르고 비교할 수 없는 것이라고 주장한다. 이러한 감정들은 서로 다른 형태의 괴로움에 연루되는데, 그 이유는 괴로움은 감각이 아니라 '의미(meaning)'와 '해석(interpretation)'과 연결되어 있기 때문이라고 솔로몬은 주장한다. 따라서 솔로몬에 따르면 부정적 감정은 그 의미에 있어 서로 다르기 때문에 그 감정들이 동일한 방식으로 고통을 줄 것이라 가정할 필요가 없다. 이와 유사하게 긍정적인 감정의 경우에도 우리는 다음과 같이 말할 수 있다. 즉 긍정적 감정은 서로 다른 의미와 해석에 의존하여 서로 다른 형태의 쾌락에 연루되어 있는 것이므로 동일한 방식으로 쾌락을 느낄 것이라 가정할 필요가 없다.[27]

감정철학에서 솔로몬은 우리가 앞에서 살펴본 인지주의 범주에 속한다. 이에 반해 비인지주의자인 윌리엄 제임스를 따르는 신-제임스주의자라 불리는 프린츠는 유인가가 쾌락이나 고통과 동일시될 수 없다는 솔로몬의 입장에는 동의하지만, 솔로몬이 부정적 감정 또는 긍정적 감정이 각각 달리 느껴지는 이유가 감정적 '의미' 또는 '해석'의 차이 때문이라고 본 점은 받아들이지 않는다. 솔로몬과 프린츠가 기본적으로 공유하는 점은 유인가는 쾌락과 고통의 문제 때문이 아니라는 것이다. 왜냐하면 쾌락(pleasure)과 고통(pain)은 서로 다른

27 R. C. Solomon(2001), pp.135~147.

감정들, 즉 각각의 부정적 감정들 또는 각각의 긍정적 감정들에 통일적인 방식으로 적용될 수 없기 때문이다. 이는 감정이 현상적으로 너무 다양하기 때문이다.[28]

유인가가 쾌락이나 고통과 동일시될 수 없다면, 첫 번째 대안은 접근(approach)과 회피(avoid) 모델로 설명할 수 있다. 이러한 것은 긍정적·부정적 감정에 대한 행동주의적 접근이라 볼 수 있다. 이에 따르면 긍정적 감정은 접근하려는 성향과 관련되고, 부정적 감정은 회피하고자 하는 성향이다. 우리는 수치스러울 때 숨고자 하며 두려울 때 도망가고자 하는데, 이는 곧 회피의 형태라 할 수 있다. 이와 유사하게 우리는 긍정적인 감정을 느끼게 하는 것을 추구한다. 솔로몬은 이와 같은 행동주의적 유인가 개념도 부정한다. 이를 위해 그는 다음과 같은 반례를 든다. 화(anger)는 대표적으로 부정적 감정이지만, 반대로 접근 행동과 관련된다. 왜냐하면 우리는 우리를 화나게 만든 사람에 대적하여 그들에게 공격하고자 하기 때문이다. 공포(fear)는 종종 회피와 관련되지만, 그러한 감정은 또한 그 대상에 맞서 싸우고자 할 때는 접근 행동과 관련된다. 비애(grief)는 어떤 상황을 피하고자 하는 것이기도 하지만, 그러한 상황에서 의지할 사람이나 위로가 될 상황을 찾기도 한다. 솔로몬은 이와 같이 '접근'과 '회피'와 무관한 감정의 리스트로 기쁨, 질투심, 선망, 또는 죄책감 등을 들고 있다.[29]

---

28 Prinz(2010), p.7.

29 Solomon, Ibid., p.137.

(2) 프린츠의 유인가 표지(Valence Marker)와 인간의 행동

프린츠도 솔로몬에 동의하여 각각의 감정들과 관련된 행동의 다양성을 볼 때 긍정적인, 그리고 부정적인 감정을 '접근'과 '회피'라는 경향성으로 설명하려는 시도가 문제가 있다고 본다. 왜냐하면 여러 실험의 결과를 통해서 볼 때 행동주의적 유인가 이론은 유인가와 행위 사이의 어떤 체계적인 상관관계가 있다는 것을 보여주지 못하기 때문이다. 그러나 그렇다고 프린츠는 유인가 개념을 포기할 필요는 없다고 주장한다. 프린츠는 유인가 개념을 2004년 그의 저서 *Gut Reaction*에서 다음과 같이 말한다.

> 두뇌 내부에는 자극에 대한 반응을 강화하는 쌍이 있다. 이러한 것들은 자극에 대한 표상과 연관되는 상태이다. 원초적 강화인자(primary reinforcers)는 내적 강화인자와 유전적으로 연결되어 온 자극이며, 이차적 강화인자는 그와 같은 연관을 아는 자극이다. 이와 같은 내적 강화는 유인가 표지(Valence Marker)이다. 부정적인 유인가 표지 상태는 부정적 내적 강화인자(INR)를 포함하는 상태이고 긍정적 유인가 표지 상태는 긍정적인 내적 강화인자(IPR)를 포함한다.[30]

프린츠에 따르면 이와 같은 IPR과 INR은 '내적인 명령어'로 작용한다. 전자는 우리로 하여금 어떤 것을 더 하도록 종용하는 반면, 후자는 어떤 것으로부터 물러나도록 명령한다. 긍정적 감정은 우리가 유지하

30 Prinz(2004), p.173.

기를 원하는 것이고, 부정적 감정은 우리가 없애기를 원하는 것이다. 우리 주변에 있는 어떤 대상이 부정적으로 강화되면 우리는 그것으로부터 물러나기를 시도할 수 있으며, 어떤 대상이 긍정적으로 강화되면 우리는 그것을 추구할 수 있을 것이다.[31]

프린츠는 최근(2010) 논문 「For Valence」에서 '부정적 내적 강화인자'와 '긍정적 내적 강화인자' 개념이 행동주의적 색채를 띨 수 있다고 하여 그 개념 대신 '처벌(punishment)'과 '보상(reward) 표지(Marker)'라는 용어로 대체할 것을 제안한다.[32] '내적 강화(Inner Reinforcement)' 개념은 외적 자극에 대한 반응과 관련된다고 볼 수 있는 반면, '처벌과 보상 표지'는 내적인 상태를 말하는 것으로 볼 수 있기 때문이다. 따라서 그는 처벌과 보상 표지는 행동에 있어 더하거나 덜하게 하는 것을 의미하는 것이 아니라고 한다. 우리가 분노를 느낄 때 낯빛이 붉어지고 심장이 빨라지고 근육이 긴장 상태에 있게 되는데, 프린츠에 따르면 이와 같은 신체적 요소는 행동을 위해 우리를 준비시키며, 유인가 표지는 우리에게 행동을 하려는 경향을 갖도록 한다. 즉 분노의 경우, 우리의 신체 변화는 공격을 위해 준비되어 있으며, 유인가 표지는 우리가 그 감정 상태를 유지하는지(긍정적 유인가) 혹은 변화시켜야 하는지(부정적 유인가)를 말해준다. 그러나 이 과정에서 구체적인 행동은 선택되지 않는다.[33] 이런 점에서 '처벌과 보상 표지'로서 유인가 표지는 내적인 상태로서 행동의 동기나 이유를 말하는 것이지 행동

---

31 Ibid, p.174 참조.

32 Prinz(2010), p.10.

33 Prinz(2004), p.194.

그 자체는 아니다. 따라서 유인가 표지는 인간이 가진 느낌, 즉 부정적 느낌 또는 긍정적 느낌을 행동으로 연결시키는 역할을 한다.

2) 가치에 대한 지각으로서의 느낌과 의지 나약의 문제

1장의 결론에서 말한 것처럼, 느낌의 본성은 인지적인 것만도 비인지적인 것만도 아니며, 지각의 상태와 가장 유사하다. 감정은 우선 행위자가 처한 상황에 대한 정보를 준다는 점에서 지각과 유사하다. 또한 감정의 평가적 내용과 지각적 경험은 판단의 형식으로 개념화할 수 없다는 점에서 비개념적(non-conceptual)이라는 공통된 특성을 갖는다. 감정과 지각이 비개념적 내용을 갖는다는 사실을 앞서 든 예를 통해 다시 생각해 보기로 하자. 즉 지각의 경우, 내가 창문 너머 있는 나무의 나뭇잎들을 바라볼 때, 한 나무에 매달려 있는 나뭇잎들의 색깔이 여러 가지 면에서 약간씩 다르게 보인다는 것을 깨닫는다. 이러한 미세한 차이는 지각이 우리에게 하나의 명제로 표현할 수 없는 비개념적 내용을 주기 때문이다. 감정의 경우도 이와 유사한데, 비행공포증의 경우 어떤 사람은 안전하다고 판단하면서도 공포를 느낄 수 있고, 어떤 사람은 공포를 느끼지 않는 것은 감정의 내용이 지각의 내용과 유사하게 개념화하기 어려운 것이기 때문이다. 때문에 지각과 감정은 의식적 숙고를 통해 내려진 판단에 영향을 받지 않을 수 있다. 태플릿(C. Tappolet)은 이러한 근거에서 감정을 가치의 지각으로 파악하고자 한다. 지각적 경험이 색과 형태에 대하여 갖는 것과 동일한 기능을 감정은 가치에 대하여 가지고 있다는 것이다.[34]

이처럼 태플릿은 감정이 평가적 사실들에 대한 지각이라는 점을 전제로 삼고, 만일 감정이 가치에 대한 지각이라면 감정에 의해 촉발된 행위는 지각된 가치의 관점에서 설명될 수 있다고 주장한다. 그리고 그 지각된 가치가 옳은 것이든 그렇지 않은 것이든, 어쨌든 그 가치가 행위를 합리적으로 설명할 수 있다고 한다. 가령 곰이 나를 공격할 때, 내가 경험한 두려움이 나로 하여금 도망치게 만듦으로써 내 목숨을 구해줄 뿐만 아니라, 그것이 내 행위를 합리적으로 설명해 준다. 왜냐하면 두려움은 '위험'이라는 가치(평가적 판단)로 이어지고, 그것이 내가 도망친 행위를 설명해 주기 때문이다. 그런데 이것은 실제로는 위험이 존재하지 않는 경우에도 적용된다. 가령 곰이 두꺼운 유리벽 너머에 갇혀 있음에도 불구하고 곰을 본 내가 도망치는 경우를 가정해 보자. 이때 내가 도망치는 이유는, 비록 그 상황이 위험하지 않다고 '판단'하더라도, 나는 그 상황을 위험한 것이라고 '지각'하기 때문이다. 즉 옳고 그름과는 상관없이 어쨌든 내가 두렵다는 '느낌' 때문에 나의 도망치는 행위는 여전히 설명 가능한 것이다. 태플릿은, 이처럼 감정이 평가적 사실과 맺는 관계를 고려해 볼 때, 감정이 행위를 이해 가능한 것으로 만들어 준다는 점에서 중요한 역할을 한다고 주장한다.

이렇게 감정을 '가치에 대한 지각'으로 보게 되면 비합리적이라고 말해지는 '자제력 없는 행위'를 의미 있게 설명할 수 있게 된다. 협곡 위에 높게 걸려 있는 폭이 좁은 밧줄로 엮인 다리 위를 지나가야 하는 상황을 가정해 보자. 비록 우리는 두려움을 느끼겠지만, 모든 점들을 고려했을 때, 행위자가 다리를 건너는 것이 충분히 안전하다고

34 Tappolet(2003), p.109.

판단하고 있고, 또 돌아가게 되면 훨씬 더 많은 시간이 걸리기 때문에 우리는 그 다리를 건너야만 한다고 판단한다. 이때 만약 우리가 결국 그 다리를 건너지 않게 되면 비합리적이라 말할 수도 있겠지만, 우리는 그 비합리적 행위에 대해 쉽게 설명할 수 있다. 이때 행위자에게 '느껴진' 그 위험 때문에 그것이 실제든 아니든, 그 사람은 그 다리 위를 건너지 않은 이유를 설명할 수 있을 것이다.

이러한 논리를 바탕으로 태플릿은 감정에 의해 야기되는 자제력 없음(아크라시아)에는 가치 지각과 평가적 판단 사이의 충돌이 포함되어 있는 것이라고 본다. 그는 이를 뮐러-라이어 착시(Müller-Lyres illusion)와 같은 지각적 착시와 비교한다. 이것은 특별히 행위자가 자신이 느끼는 감정이 부적절한 것이라고 판단하는 경우에 잘 적용되지만, 그 감정이 부적절한 것이라고 판단하지 않는 경우에도 또한 적용될 수 있다. 가령 행위자가 자신이 계획한 행위가 위험하다는 사실을 인식하지만 그것이 그 행위를 하지 않을 만한 충분한 이유가 될 수는 없다고 판단할 때, 이때 경험된 가치는 행위자의 더 나은 판단과 충돌한다. 행위자의 감정을 고려해 볼 때, 행위자가 경험하게 되는 자제력 없는 행위는, 즉 모든 것을 고려했을 때 이 행위의 이유가 비록 불충분하다고 판단하지만 그럼에도 불구하고 해야만 하는 어떤 것이다. 하지만 지각적 착시의 경우와 달리, 감정은 반드시 잘못된 결과를 낳지는 않는다. 즉 '두려움'이라는 '감정'이 옳은 것이었고, '위험하지 않다'는 '판단'이 오히려 완전히 틀린 것일 수도 있다. 만약 그렇다면 행위자가 느낀, 그래서 그로 하여금 더 낫다고 판단된 행위를 하지 않도록 만든 그 '두려운 느낌'이 오히려 그의 생명을 구할 수도

있는 것이다.[35]

감정을 이렇게 지각이 갖는 특성과 같다고 보면 우리는 여러 가지 비합리적 행위를 의미 있게 설명할 수 있게 된다. 예컨대 마크 트웨인의 『허클베리 핀의 모험』의 경우에서 허클베리 핀은 자신의 '연민' 때문에 노예 사냥꾼으로부터 흑인 노예 짐을 보호한다. 이때 짐을 보호한 헉의 행위가 합리적인 것이 되려면, 헉의 연민은 짐이 곤경에 처해 있고 연민을 '느낄 만하다(merit)'는 정보를 담고 있어야만 한다. 만약 감정이 행위자에게 아무런 내용도 전달하지 않는다면 감정은 맹목적인 선동자(blind instigator)에 불과한 것이 되고 만다. 이때 감정을 따르는 것이 합리적이라고 할 수 있다면, 반대로 감정을 따르지 않는 것도 동등하게 합리적이라고 할 수 있다.[36]

감정은 세계에 대한 정보를 담고 있는 판단과 유사하지만 판단 그 자체는 아니다. 감정이 판단과 다르다는 것은 감정이 주체의 더 나은 판단과 지식에 의해 수정되지 않을 수 있다는 사실에서도 드러난다. 되링에 따르면 이것은 단순한 심리적 현상에 불과한 것이 아니다. 이를 해명하기 위해 그는 '모순 없는 충돌(conflict without contradiction)'의 논리적 가능성을 제시하고자 한다.[37] 되링은 감정의 이런 특성을 지각에 비유하면서 태플릿처럼 뮐러-라이어 환영(Müller-Lyres illusion)을 예시로 든다. 뮐러-라이어 환영의 지각자(perceiver)는 두 직선이 동일한 길이를 가졌다고 믿고, 그것을 확신하더라도 두 직선의

35 Tappolet(2003), pp.111~112.

36 Döring(2009), p.287.

37 Döring(2009), p.292.

길이가 다르게 보이는 것을 막을 수 없다.[38] 이는 어떤 행위자가 높은 고도에 있지만 견고한 다리 위에서, 자신이 위험하지 않다는 믿음 혹은 판단을 가지면서 여전히 공포를 느끼게 되는 것과 유사하다. 하지만 감정의 경우 지각과는 달리 숙고적 판단과의 충돌에서 감정이 반드시 그릇된 것이라 할 수 없다. 보다 실천적 추론의 차원에서 보면 감정과 평가적 판단의 충돌로 인한 '자제력 없음(아크라시아)'도 이와 동일한 방식으로 생각될 수 있다. 이와 같은 '의지 나약(아크라시아)'의 경우에도 행위자에게 실제로 더 좋은 이유를 제공하는 것은 행위자의 그때 그 '느낌'이다.

그러므로 '모순 없는 충돌의 가능성'을 다음과 같이 설명할 수 있다. 감정과 판단 사이의 모순 없는 충돌은 감정이 주체의 더 나은 판단에도 불구하고 지속될 때 일어난다. 연민이 지속됨으로 인해 허클베리 핀은 선택의 순간에는 이를 알지 못했더라도 판단에 있어 실수를 했다는 것을 나중에 알게 될지도 모른다. 즉 그때 그 당시에는 자신이 왜 그렇게 할 수 밖에 없었는지 이유를 모를 수도 있었지만, 시간이 지난 후 회고를 통해 짐을 보호한 것이 옳았다는 것을 깨달을지 모른다. 그는 돌이켜 생각해 봤을 때 그 상황에 반응한 것은 '판단'이 아니라 '연민'이었음을 깨달을 수 있다. 이와 같이 연민을 느끼면서 이전까지 갖고 있던 도덕적 원칙들을 따르지 않기 때문에 그 원칙들에 의문을 갖게 될 것이고 새로운, 더 나은, 더욱 넓은 도덕 원칙을 찾게 될 것이다. 그렇다면 이때 감정이 어떤 역할을 수행했다고 볼 수 있다.

---

38 Döring(2009), p.293.

되링은 감정이 합리적인 역할을 수행하기 위해서는 감정은 행위로 인도하는 것 이상의 것이어야 한다고 주장한다. 즉 그것들은 어떤 한도까지 행위자의 판단에 의해 통제될 수 없도록 일어나야 하고, 행위자의 더 나은 판단에도 불구하고 지속되어야 한다. 되링은 이것이 바로 허클베리 핀의 사례에서 일어난 일이라고 본다. 되링에 따르면 뮐러-라이어 선과 같은 인식적 착시는 우리가 판단과 합리적으로 충돌하는 지각을 하는 데 있어서 모순은 없다는 것을 보여준다. 예를 들어 '두 개의 직선은 같은 길이를 가지고 있다. 그러나 나는 그렇게 보지 않는다. 나에게는 한 직선이 다른 직선보다 길게 보인다'는 역설이 아니다. 같은 방식으로 헉의 연민은 '지속'될 수 있다. 그리고 짐은 연민과 보호의 가치가 있다고 '생각'할 수 있다. 헉의 더 나은 판단이 짐을 돌려주는 것일 때조차도, 친구 짐에게 '연민을 느끼는' 동시에 그를 돌려줘야 한다고 '판단하는' 것은 모순이 아니다. 왜냐하면 '느낌'과 '판단'은 모순관계에 있지 않기 때문이다. 여기서 되링은 감정의 논리는 추론의 논리와 다르다고 주장하면서 감정은 비추론적 지각과 유사하다고 말한다. 이렇게 감정이 그 내용에 있어 판단의 형식을 띄지 않는다는 점에서 지각과 유사하지만, 되링은 그 둘의 차이점이 행위에 있어 중요하다고 강조한다. 그 차이점은 감정은 그들의 지향적 대상에 대한 '평가'를 포함하고 있고, 감정을 느끼는 주체는 그 대상을 평가할 때 그들의 관점을 투영한다는 것이다. 이렇게 하여 감정은 행위에 대한 동기력을 갖는다. 뮐러 레이어 선의 착각과 같은 지각에서는 '다르게 본다'는 것에서 끝나지만, 행위의 경우 소위 '자제력 없음(아크라시아Akrasia)'의 문제와 같이 주체는 그의 감정이 적절하건 적절하지 않건 간에 감정 때문에 행동을 취할 각오가 되어 있다. 따라서 '나는 짐을 돌려 줘야 해(노예는 타인의 소유물이니까). 그러나 친구를 노예 사냥꾼에게 돌려주는 건 옳다고 느껴지지 않아. 나는 짐에게 연민을 느껴'는 역설적이지 않다. 이렇게 감정을 지각과 같이 (개념화할 수 없는) 비추론적 내용을 가진 것으로 보면, 모든 경우가 그런 것은 아니지만 이 경우는 행위자가 그의 더 나은 판단에 반해서 행동하는데도 '합리적'이며, 심지어는 '도덕적'이라 할 수 있다. 지금까지 우리는 '느낌'이 '판단'보다 행위자에게 행위 할 더 좋은 이유를 제공해줄 때도 있다는 주장을 살펴보았다. 느낌은 행위자에게 행위 할 더 좋은 이유를 제공할 때도 있지만 인간에게 부정적 영향을 미칠 수도 있다. 이제 마지막 장에서 우리는 이런 느낌을 어떻게 다스려야 행복에 이를 수 있는지를 살펴보기로 하자.

3. 느낌과 인간의 행복: 느낌을 어떻게 다스릴 것인가?

서양 철학사에서 행복을 다룬 철학자들은 여럿이 있지만, 이 장에서는 '느낌'과 관련하여 행복을 논한 대표적인 철학자로 에피쿠로스학파와 스토아학파, 그리고 흄의 철학에 대해 살펴보기로 하자.

1) 에피쿠로스학파의 느낌과 행복

에피쿠로스에 따르면 사물은 그 자체로 유쾌하거나 고통스러운 성질을 가지고 있으며, 그 사물이 우리에게 상을 일으키기 때문에 우리는 그 사물의 본성을 지각하는 것이다.[39] 에피쿠로스는 감정도 감각처럼 외부대상들에 의해 수동적으로 일어나는 것으로 보았다. 즉 쾌락과 고통을 "선택하거나 회피하게 됨"으로써 우리의 행위가 가능하며, 그러한 점에서 감정이 모든 행위의 기준이 된다.[40] 인간의 행위가 쾌락을 추구하고 고통을 회피하고자 하는 감정에서 유발된다고 하면 인간에게 자유의지는 없는가? 이 문제에 대한 답은 에피쿠로스의 사상을 전파한 원자론자인 루크레티우스의 사상에서 찾을 수 있다. 루크레티우스에 따르면 원자들은 자체로 있는 한 무게로 인해 텅 빈 허공에서 아래로 움직인다.[41] 만약 모든 원자들이 같은 속도로 수직 낙하운동을 한다면 서로 부딪치거나 영향을 주고받는 일이란 없을 것이다. 그런데 이 낙하운동에서 원자들은 "아주 불특정한 시간, 불특정한 장소에서 자기 자리로부터 조금, 단지 움직임이 조금 바뀌었다고 말할 수 있을 정도로, 비껴났다."[42] 루크레티우스는 이 '비껴남'에서 운명을 거스를 자유의지가 생겨났다고 말한다.[43] 즉 인간의 운명은 모든 원자들의 운동이 인과적으로 결정되어 있다는 의미에서 숙명적이지만, 우리의 결정이 원자의 비껴남인 한, 우리도 원자들처럼 인과법칙에서 비껴날 수 있다는 의미에서 자유의지가 있다는 것이다.

에피쿠로스학파의 이와 같은 유물론적 시각은 영혼에 관한 입장에서

---

39 Sextus Empiricus(trans. by B.G. Bury). Against Logicians(Cambridge/MA: Harvard University Press, 1935), I, pp.203~205 참조.

40 Diogenes Laertius, *Lives of Eminent Philosophers*, vol. 10, 34.

41 루크레우티우스, 강대진 옮김, 『사물의 본성에 관하여』, 아카넷, 2011, II, pp.201~202 참조.

42 같은 책, II, pp.218~220.

43 같은 책, II, pp.254~258 참조.

도 유지된다. 루크레티우스에 따르면 영혼은 이성적인 부분인 아니무스(animus)와 비이성적인 부분인 아니마(anima)로 나뉘며, 이들은 각각 가슴과 신체의 곳곳에 자리 잡는다.[44] 아니무스는 생각이나 감정과 관련되며 뇌의 어떤 부분이라 말할 수 있고, 아니마는 신체의 곳곳에서 신경의 역할을 한다. 여기서 중요한 것은 신체는 영혼을 통해서만 감각능력을 가지지만, 신체가 분해되면 영혼도 감각능력을 상실한다. 따라서 신체가 죽으면 영혼도 사라진다는 것이다.

이렇게 인간의 자유의지도 부정하고 영혼도 물질적인 것으로 본 에피쿠로스학파는 신에 관해서도 부정적인 시각을 유지한다. 신들은 인간에 대해 걱정하고 싶어 하지 않을 만큼 자족적이다. 만약 신들이 인간에게 어떤 혜택을 준다면 그것은 계약에 의한 것이다. 즉 신들도 인간에게 어떤 것을 받고자 하는 약한 존재이기 때문이다. 에피쿠로스에 따르면 신들은 고통이나 욕망이 전혀 없는 상태에 있다. 그들은 스스로 어떤 고통도 모르고 다른 것들에게 고통도 주지 않는다. 그렇다고 에피쿠로스가 신들을 경배하지 않은 것은 아니다. 그가 신들을 경배하는 이유는 신들에게 은총을 구하거나 신들을 두려워해서가 아니고, 바로 신들이 인간들에게 필수불가결한 행복의 모델을 제공하기 때문이다.[45]

이상과 같이 에피쿠로스학파가 자유, 영혼, 신에 관해 부정적인 시각을 유지하면서 윤리적 삶을 어떻게 살아갈 수 있었을까? 에피쿠로

---

44 루크레우티우스, 강대진 옮김, 『사물의 본성에 관하여』, 아카넷, 2011, III, p.136 참조.

45 『중요한 가르침들』, I.

스학파는 진정한 쾌락은 인위적인 삶에서 오는 것이 아니라고 한다. 에피쿠로스는 "모든 살아있는 것들은 태어나자마자 쾌락을 얻으면 만족하고 고통을 혐오한다. 이는 이성과는 무관하게 본성에 이끌려 그렇게 되는 것이다."[46]라고 가르쳤다. 에피쿠로스는 『메노에세우스에게 보내는 편지』에서 "우리가 쾌락이라는 말을 통해 의미하는 바는 육체적인 고통과 마음의 근심이 없는 상태이다."라고 말한다. 이 말이 강조하는 바는 고통스러운 경험을 피하여야 한다는 것이다.[47]

"고통의 부재"를 위해 에피쿠로스는 우선 우리의 욕구를 세 가지로 구분한다. 즉 1) 자연적이고 필연적인 것, 2) 자연적이지만 필연적이지 않은 것, 3) 자연적이지도 않고 필연적이지도 않으며 다만 헛된 생각에 의해 생겨나는 것[48]으로 구분한다. 자연적인 동시에 필연적인 욕구가 충족되지 않으면 우리는 고통을 느낀다. 음식에 대한 욕구는 자연적이면서도 필수적인 것이므로 음식을 얻지 못한다면 우리는 당연히 고통을 느낀다. 자연적이기는 하지만 필연적이지는 않은 욕망은 비싸고 맛있는 음식을 먹고 싶은 욕망 또는 성행위에 대한 욕구 등이다. 이러한 욕망은 자연스러운 것이지만, 쾌락의 형태만 바꿀 뿐 고통 자체는 없애주지 못하기 때문에 에피쿠로스의 관점에서는 필연적인 것은 아니다. 세 번째의 근거 없는 욕구들은 인위적인 것으로 육체의 필요에 의해서라기보다 관행이나 사회적 습관에 의해서 생겨나는

---

46 Diogenes Laertius, *Lives of Eminent Philosophers*, vol. 2, 66.

47 로버트 L. 애링턴 지음, 김성호 옮김, 『서양 윤리학사』, 서광사, 1998. p.164 참조.

48 Epicurus, *Principal Doctrines*, 29.

것이다. 예를 들어 명예와 명성에 대한 욕구를 들 수 있는데, 이는 주로 정치적인 활동으로부터 생겨난다. 하지만 에피쿠로스는 현명한 사람이라면 정치적인 활동을 피하여야만 한다고 생각한다. 왜냐하면 그런 활동은 항상 실망과 좌절로 끝나기 때문이다.[49] 따라서 에피쿠로스에 따르면 자연적이고 필수적인 욕구의 충족을 위해서 우리는 검소한 식사와 평범한 옷과 더불어 "번잡한 세상일에서 벗어나 조용한, 개인적인 삶을 살아야 한다." 최선의 삶은 이런 모든 것으로부터 벗어나서 가까운 친구들과 함께 지내면서 그들과의 조용한 교제를 즐기고 오직 그들과 대화를 나누고 서로의 생각을 주고받으면서 살아가는 것이다.[50]

에피쿠로스학파는 사치와 방탕한 삶을 권장하는 것으로 비판받아 왔다. 한편 이와는 반대로 사치를 멀리하고 기본적 필요만을 충족시키는 금욕주의자로 바라보는 시각도 있다. 여기서 중요한 점은 에피쿠로스학파는 그 자체로 찰나적 쾌락을 넘어서는 자원들을 갖고 있다는 것이다. 키레네학파에게는 육체적 쾌락과 육체적 고통이 더 중요하지만, 에피쿠로스에게는 정신적 쾌락과 고통이 더 중요한 것이 된다. 에피쿠로스는 마음의 평화와 고통으로부터의 자유는 정적인 쾌락에 있다고 말한다.[51] 정적인 쾌락 중에서 정신적 쾌락은 '마음의 동요가 없는 상태(ataraxia)'이고 육체적 쾌락은 몸의 고통이 없는 상태(aponia)이라고 말한다. 행복은 쾌락이 아니라 쾌락 중에서도 정적인 쾌락

---

49 Epicurus, *Principal Doctrines*,16.

50 로버트 L. 애링턴 지음, 『서양 윤리학사』, p.166 참조.

51 *Diogenes Laertius*, X, 136.

이고, 이는 육체적·정신적 고통이 없으면 쾌락이 최고조에 달하고 더 이상 증가하지 않는 상태이다.[52] 동적인 쾌락은 운동을 동반한 실제적 쾌락으로서 즐거움과 기쁨이 이에 속한다. 고통의 부재의 측면에서는 동적인 쾌락도 즐겁긴 하지만, 정적인 쾌락은 어떤 과정이나 활동에 유쾌한 성질(pleasurable quality)을 부여함으로써 한층 업그레이드된 쾌락이다.[53] 이러한 맥락에서 울프는 정적인 쾌락은 고통이 제거되고 평정심을 갖게 되었을 때 쾌락이 증가한 것이 아니라 '한층 고상해진(embellish)' 것이라고 해석한다.[54]

결국 에피쿠로스는 사회적이고 정치적인 삶을 떠나 은둔적인 생활을 선택했는데, 그 이유는 그에게 정치적인 야망이라든지 지배욕, 명예욕, 영광에 대한 욕망 등은 자연적이지도 필연적이지도 않고 다만 헛된 의견에서 생겨나는 욕망이기 때문이다. 또 불필요한 사회적 접촉을 피하고자 했는데, 그 이유는 그로 인해 생겨나는 충돌과 갈등도 에피쿠로스에게는 피해야 할 대상이기 때문이다. 그렇지만 그는 수도적인 공동체 생활 속에서 우정을 소중하게 여겼다. 그에 따르면 우정은 자연적이고 필연적인 욕망에 해당하며, 그중에서도 행복을 위해 필요

---

52 Raphel Woolf(2009), p.171.

53 Ibid., 176. 에피쿠로스의 쾌락에 관한 울프의 해석에 관한 보다 상세한 논의는 이진남, 「에피쿠로스의 욕망과 쾌락: 인간 중심의 윤리」(『인문사회과학연구』, 부경대학교 인문사회과학연구소, 2012)를 참고하라.

54 라파엘 울프(Raphael Woolf)는 에피쿠로스에 대한 이러한 해석은 오해라고 주장한다. Raphel Woolf, "Pleasure and Desire," in James Warren, (ed.), *The Cambridge Companion to Epicureanism*, Cambridge University Press, 2009, p.178.

한 것이다. 우정은 자신의 안전을 위한 계산의 결과로 필요하지만, 또 다른 한편으로 그것은 진심을 필요로 하기에 에피쿠로스주의자들은 친구를 위해서라면 위험을 무릅쓰거나 심지어 죽을 수도 있었다.[55] 따라서 에피쿠로스에게 있어 행복이란 우정을 나누기에 적합한 소수의 사람들과만 최소한의 인간관계를 유지해 가면서 철학적인 토론을 하며 살아가는 것이다. 즉 마음 맞는 친구들과 철학적인 토론을 하며 우정을 나누고 고통이 없는 상태를 추구하는 것이 행복이다. 여기서 철학적인 토론의 중요성을 강조한 이유는 쾌락과 고통에 수동적으로 반응하기보다 우리가 능동적인 선택을 하는 것을 강조하기 위해서이다. 이것이 가능한 이유는, 앞서 지적했듯이 에피쿠로스에게는 선택과 피함의 '자유'가 있기 때문이다. 에피쿠로스가 추구한 것은 순간의 향락이 아니라 죽음과 시간에 대한 철학적 통찰을 통해 진정으로 고통에서 벗어나는 것이며, 어떠한 쾌락이 가장 선택할 만한지를 잘 이해하여 현명한 절제를 통해 정적인 쾌락에 이르는 것이다. 이런 의미에서 에피쿠로스는 철학은 "영혼의 치료제"[56]라고 주장했다. 이후 우리는 에피쿠로스의 이와 같은 사상이 흄에게 큰 영향을 주었다는 사실을 알게 될 것이다.

2) 스토아학파의 부적절한/적절한 감정과 인간의 행복

스토아학파는 에피쿠로스학파와 대조적인 입장에 있는 서 있다. 스토아학파는 우주와 자연의 목적은 사물의 구조 속에 있다고 보았다.

---

55 마르쿠스 툴리우스 키케로, 『키케로의 최고선악론』, 2권, XXVI, 82.

56 장 살렘, 『고대 원자론: 쾌락의 원리로서 유물론』, pp.121~123 참조.

스토아 철학자들은 인간의 욕망과 혐오와 독립적이고 내재적인 도덕적 실재를 믿었다. 따라서 그들은 이성적 능력을 선호하여 정념은 인간의 삶에서 제거되어야 한다고 믿었다.

스토아학파가 권하는 현자의 삶은 이성적인 삶이며, 이성적인 삶은 모든 정념과 감정이 완전히 제거된 삶, 즉 스토아주의적인 '부동심'의 삶으로 특징지어진다. 스토아학파가 말하는 '부동심'은 무감각 상태가 아닌 '외적 상황에 흔들림이 없이 감정이 완벽하게 통제된 상태'를 의미한다. 세네카는 스토아학파를 아리스토텔레스주의(소요학파)와 비교하여 다음과 같이 말하였다. "절제된 감정을 지닌 것이 나은지, 아니면 아무런 감정도 갖지 않은 것이 나은지에 대하여 자주 의문이 제기되어 왔다. 내가 속한 학파의 철학자들은 감정을 거부하였다. 그러나 소요학파는 절제된 감정을 유지하여야 한다고 생각한다."[57]

디오게네스 라에르티우스는 제논의 감정 이론을 다음과 같이 묘사한다.

> 거짓으로부터 타락이 생겨나고, 이 타락이 마음에까지 퍼져 나간다. 그리고 이러한 타락으로부터 정념과 감정들이 생겨나는데, 이들은 동요의 원인이 된다. 제논은 정념 또는 감정을 비이성적이고

57 이 구절은 스토아학파의 저술을 모아놓은 J. von Armin, *Stoicorum veterum fragmenta* (Leipzig, 1905-24)에서 인용한 것이다. 이후 인용 시 이 저술은 SVF라는 생략형과 함께 권수, 면수로 인용하기로 한다. 또한 인용된 단편들 대부분이 Saunders, *Greek and Roman Philosophy After Aristotle*에도 영어로 번역되어 실려 있는데, 이 책의 면수도 함께 밝힐 것이다. SVF, III. 443: 128.

> 부자연스러운 영혼 안의 움직임이라고 정의하였으며 과도한 충동이라고 생각하였다. 가장 보편적인 감정은…… 제논에 따르면…… 네 가지로 분류되는데, 이들은 슬픔, 공포, 욕구, 또는 열망이다.[58]

스토아학파는 정념의 희생물이 되는 것은 일종의 '질병'에 감염되는 것과 같다고 표현한다. 따라서 철학자는 "영혼을 치료하는 의사"가 되어서 사람들에게 정념이라는 타락이 지닌 해악을 알리고, 또한 사람들이 정념으로부터 완전히 벗어나 부동심(apatheia)의 상태에 이를 수 있도록 도와야 한다고 주장한다. 따라서 스토아학파에서 현자의 삶은 외적 상황에 흔들림이 없이 두려움, 슬픔, 분노, 욕망 등의 감정을 완벽하게 통제하여 독립적이고 자족적인 상태에 있는 삶을 의미한다. 그렇다면 스토아의 현인은 전혀 인간적인 정념을 느끼지 않는 차가운 이성의 소유자로만 이해해야 하는 것일까? 이러한 생각은 스토아에 대한 오해이다. 왜냐하면 크리스토포스와 같은 스토아 철학자들은 몇몇 감정들을 '적절한' 또는 '좋은 감정'으로 허용하기도 하기 때문이다. '즐거움'과 '희망', '주의' 또는 '충분한 근거가 있는 기분 좋음'은 적절한 감정이다.[59] 왜냐하면 이들은 이성에 기초를 두고 있으며, 따라서 그것을 욕구하거나 회피함에 있어 충분한 근거가

---

58 Diogenes Laertius, *Lives of Eminent Philosophers*, vol. 2, 217.

59 DL 7. 116. SVF 3. 432. 스토아학파의 '적절한 감정' 또는 '좋은 감정'에 대해서 이 글에서는 더 이상 자세히 논하지 않겠다. 이에 관한 국내 선행연구로 손병석, 「무정념: 현인에 이르는 스토아적 이상과 실현」(2008)과 강성훈, 「스토아 감정 이론에서 감정의 극복」(2010)을 참고.

존재하기 때문이다. 위의 세 종류의 좋은 정념을 통해 우리는 스토아의 현인이 모든 정념을 부정하는 것은 아님을 알 수 있다. 현인은 이성에 적합한 정도에 따른 의욕적 희망을 갖고, 반대되는 것에 대해서는 이성에 적합한 회피의 주의와 신중함의 정념을 갖기 때문이다. 또한 현인은 "자연에 따른" 덕스런 행위를 수행하면서 항상 기쁨의 감정적 반응을 보인다.[60] 여기서 스토아가 말하는 '자연에 따른'은 '이성에 적합한'을 의미하며, 자연이 명하는 의무를 실현하는 것이라 보고 있다. 스토아학파는 사회에 참여하면서 다른 사람들과 교류하는 것 자체를 우리가 갖는 근본적인 욕망으로 보지 않고 자연이 명하는 의무로 본다는 점에서 앞에서 말한 에피쿠로스학파와 다르다.

3) 흄의 철학에서 느낌과 인간의 행복: 차분한/격렬한 정념이 인간 행복에 미치는 효과

(1) 차분한 정념과 덕

스토아학파에 따르면 현자는 감정을 완벽히 통제하여 부동심의 상태에 이른 자이다. 이를 위해 그들은 이성과 감정을 대립시켰다. 흄은 현자의 마음의 상태를 설명하기 위해 이성과 정념을 대립시키지 않고, 정념 중 '격렬한 정념'과 '차분한 정념'을 대립시킨다. 여기서 '격렬한 정념(violent passion)'은 스토아학파가 '타락'이라고 본 정념들에 해당하고 '질병'에 감염되는 것으로 본 것이다. 반면 스토아학파가 부동심의 상태에 이르기 위해 허용하는 몇몇 감정들을 흄은 '차분한 정념(calm passion)'이라 본다. 흄이 인간의 실천적 삶에서 이성의 비중을 높이

---

60 손병석(2008), p.59 참조.

평가하지 않았지만 그는 인간의 "현명함과 어리석음"의 정도를 아주 존중한다(T 429). 어리석은 사람은 단기 이익을 위해 장기 이익을 희생하는 사람이다.

흄은 장기적 이익을 위해 단기적 쾌락을 거부하는 사람을 "강인한 정신"을 가진 사람(T 418)이라고 보았다.[61] 흄은 이와 같은 **현자의 강인한 정신은 "차분한 정념이 격렬한 정념을 지배"**할 때라고 본다(T 418). 철학자들은 때때로 그와 같은 현자의 강인한 정신을 이성의 작동 때문이라고 본다. 하지만 흄에 따르면 이러한 생각은 잘못되었다. 우리는 오직 "이성과 정념의 투쟁'에 대해서만 말한다. 왜냐하면 이성의 작용과 차분한 정념을 구분하지 않기 때문이다(T 413). 사실 **우리가 장기적 타산을 위해 행위하도록 동기부여 되는 것은 이성이 아니라 차분한 정념 때문이다.** 행위를 위한 동기유발과 관련하여 이성은 욕구하는 것을 성취할 수 있도록 사실적인 믿음만을 제공한다. 이러한 의미에서 실천이성은 도구적 이성에 불과하다.

---

61 흄은 『인성론』 제1권에서 자아를 끊임없이 변하는 서로 다른 지각들의 다발 또는 집합으로 환원(T 252)했다. 이와 같은 생각에 의거하면 흄의 자아는 장기적 이익을 선호할 수 없다고 말할지도 모르겠다. 그러나 흄은 『인성론』 제2권에서 정념, 정서, 그리고 감정에 토대를 둔 "새로운 철학"에서 자아는 지각들의 다발을 하나의 통일체로 묶는 실제적 연결로서의 형이상학적 실체가 아니라 과거, 현재, 그리고 미래라는 시간적으로 연장된 삶의 통일성을 이루는 것이라 말한다. 이와 같은 자아에 핵심적인 역할을 하는 지속적인 정념들은 그 사람의 성격을 대변하고 자아를 대변하기도 한다. 자부심, 관대함, 자비심 등 차분한 정념이 대표적으로 그와 같은 정념이다. 흄에 따르면 차분한 정념은 전통적으로 철학자들이 이성에 부과한 역할들을 한다. 그렇다면 흄의 철학에서 차분한 정념이 장기적 타산과 관련된 역할을 한다는 것은 납득할 만하다.

정념의 강도와 인간의 행복/불행 간에도 밀접한 연관성이 있다. 흄은 『에세이』「회의주의」장에서 이에 관해 말하고 있다. 즉 행복과 불행의 차이는 "정념에 있거나 그것의 즐김에 있다."[62] 여기서 흄이 말하고자 하는 핵심은 행복이란 우리가 욕구하는 것(정념)에 어떻게 성공적으로 도달하는가(즐김)이다. 사람들이 불행한 이유는 부적절한 것을 욕망하거나 그들의 욕구를 만족시키는 데 실패하기 때문이다. 차분한 정념은 올바른 욕구를 갖도록 하고 어떤 종류의 욕구를 만족시키기 위해 필수적이다.

흄에 따르면 차분한 정념 그 자체는 격렬한 정념보다 더 큰 만족을 산출한다. 격렬한 정념이 지배적인 사람은 "일상사에서 일어나는 흥미로부터 모든 것"에 정신을 빼앗기며 "차분하고 침착한 기질을 가진 사람"만큼 인생을 즐기지 못한다.[63] 격렬한 정념이 즐거움을 가져다주긴 하지만, 결국에는 인간은 차분한 정념에 의해 더 행복하게 된다고 흄은 주장한다.

> 행복하기 위해서, 정념은 온화하고 사회적이어야 하며, 거칠거나 격렬해서는 안 된다. …… 누가 원한, 적의, 질투, 그리고 복수심을

---

62 David Hume, *Essays, Morals, Political, and Literary*, ed. Eugene F. Miller (Indianapolis, 1987). Essay 18, "The Sceptic", M 167, GG 220. 흄의 이 에세이에 대한 편자가 여럿이므로 필자는 인용 시 쪽수 대신 문단으로 표기하겠다. 쪽수를 표시할 경우, 대표적 편자인 Eugene F. Miller와 Green &Grose 두 편자의 쪽수를 표기하면서 Miller의 경우, M으로 Green &Grose의 경우 GG로 약식 표기하겠다.

63 *Essay*, "The Delicacy of Taste and Passion", M 4-5, GG 91.

우정, 인자함, 온화함, 그리고 감사함에 비교할 수 있겠는가?[64]

따라서 차분한 정념으로부터 온화하지만 지속적으로 느끼는 기쁨은 보다 격렬한 정념의 열광적 기분이 주는 동요보다 더 큰 행복을 준다. 앞서 살펴보았듯이, 격렬한 정념에 지배받는 사람은 단기적 유혹을 거부할 수 없다. 이와 반대로 강인한 정신을 가진 자는 그들 자신의 이익을 성공적으로 추구할 수 있다.

> 모든 사람은 한결같이 행복을 욕망한다는 것은 인정하지만, 소수만이 성공한다. 하나의 큰 이유는 (차분한 정념에 지배되는) 강인한 정신의 부족 때문이다. 그와 같은 강인한 정신이 현재의 쾌락에 대한 유혹을 거부하고 보다 먼 이익과 즐거움을 찾아 나아갈 수 있게 해준다.(E 239)

따라서 정념의 '차분함'은 인간을 두 가지 이유에서 행복하게 만든다. 첫째, 차분한 정념은 그 자체로 보다 내적으로 만족스럽다. 둘째, 차분한 정념을 가진 자는 그들이 원하는 것을 얻는 데 있어서도 보다 성공적이다. 이제 이와 같은 차분한 정념이 우리의 도덕적 삶의 실현에 어떻게 기여하는지 살펴보자.

차분함과 격렬함은 흄의 도덕적 분별에 대한 일반적 논의와 덕과 부덕에 관한 특별한 논의에 있어 중요한 역할을 한다. 도덕에 관한 흄의 핵심명제는 도덕적 분별은 "판단된다기보다 느껴진다"는 것이다. 즉 도덕적

64 *Essay* 18, "The Sceptic", M167, GG 220.

분별은 이성의 기능이라기보다 정념의 기능이라는 것이다(T 470).[65] 여기서 중요한 점은 도덕적 감성이 특별히 차분한 정념으로 묘사된다는 점이다(T 470). 따라서 도덕적 판단을 하는 우리의 능력은 차분한 정념을 느끼는 우리의 능력에 토대를 두고 있다.

차분한 정념은 유덕한 삶을 구현하는 데도 필수적이다. 실제로 흄은 "부드럽다(tender)"는 말을 "유덕하다(virtuous)"는 말과 동의어처럼 사용한다.[66] 『인성론』 제2권의 정념에 관한 논의에서 차분한 정념의 예들의 목록을 제시한다. 이러한 목록은 『인성론』 제3권 「도덕에 관하여」에 있는 자연적 덕에 관해 그가 제시한 목록과 동일하다. 흄이 제시한 차분한 정념의 목록에는 "자비심과 분개, 그리고 삶에 대한 사랑, 아이들에 대한 사랑 또는 선에 대한 일반적 욕구와 악에 대한 혐오"(T 417)가 있다. 자연적 덕에 대한 목록에는 "순종, 선행, 애휼, 관대함, 인자함, 온화함, 공정함"(T 578; E 178) 등이 있다.

흄이 아주 중요시한 자연적 덕 중의 하나가 '우정'이다(E 178). 앞에서 우리는 에피쿠로스가 우정을 나누기에 적합한 소수의 사람들과만 최소한의 인간관계를 유지하면서 철학적 토론을 하며 살아가는 삶이 행복이라고 말했던 것을 상기해 보면, 우리는 흄이 에피쿠로스의 영향을 받았음을 짐작할 수 있다. "중년의 삶(middle station of life)"의 도덕적 장점을 칭찬할 때 강점 중의 하나가 우정에 더 큰 기회를 제공할 수 있다고 흄은 말한다.[67] 우정은 "차분하고 조용한 사랑"이라고

65 이러한 맥락에서 흄의 도덕 이론을 도덕 감정론(moral sentimentalism)이라 부른다. 이에 관해서는 양선이(2011)과 (2014)를 참조.

66 *Essay*, "Of Moral Prejudices," M 539.

도 말한다.[68] 우정은 "비정상적이고 무질서하고 불안한"(E 17)이라고 특징지어진 "불안하고 참을성 없는 정념"[69]인 사랑보다 우월하다.

흄에 따르면 지혜, 덕, 그리고 행복은 밀접히 연관된다. 유덕하고 현명한 사람은 거의 확실히 행복하다.[70] 차분한 정념이 지배적인 사람들은 유덕할 것이고(자애롭고, 친근하며……) 타인을 "온화한" 도덕감으로 평가하고 인식할 것이다. 그들은 또한 그들 자신의 최상의 이해를 추구하는 지혜도 가질 것이다. 그 결과로 이러한 사람들 각각은 그들의 욕구가 만족되었을 때, 차분한 정념을 누리는 것에서 진정한 행복을 찾을 것이다.

차분한 정념에 관한 흄의 논의에서 가장 중요한 점 중의 하나는 중용(moderation)을 강조한 점이다. 흄이 덕과 행복의 토대를 중용과 차분한 정념에서 찾은 것은 헬레니즘 철학의 영향 때문이라 볼 수 있다. 많은 주석가들이 주목하듯이 흄은 키케로에게서 많은 영향을 받았다.[71] 예를 들어 허치슨과의 서신에서 흄은 다음과 같이 말한다.

---

67 *Essay*, "Of Middle Station of Life," M 547.

68 *Essay*, "Of Polygamy and Divorces," M 189, GG 238.

69 Ibid., M 188, GG 238.

70 흄에게서 덕, 지혜, 그리고 행복은 교환 가능한 말이다. *Essay*, "Of the Middle Station in Life"에서 덕과 지혜에 관한 중년의 장점을 논의하면서 흄은 행복에 관해 더 이상 부가적으로 말할 필요가 없다고 주장한다(M 551). *Essay*, "Of Impudence and Modesty"에서 비유를 다룰 때 덕과 지혜는 "불가불"하다고 주장한다(M 554).

71 예를 들어 Peter Jones, " 'Art' and 'Moderation' in Hume's Essays", in *McGill Hume Studies,* ed. David Fate Norton, Nicholas Capaldi, and Wade Robison

나는 덕에 관한 나의 목록을 택할 때 대체로 *Cicero's Offices*에서 택하고 싶고 *the Whole Duty of Man*에서 취하고 싶지는 않다.[72]

키케로의 *De officio*의 입장에 따르면 덕의 중요한 부분은 특정한 질서와 중용("ordo et moderatio")[73]이다. 키케로(그리고 헬레니즘 철학 일반)에서 흄은 덕에 관한 추상적 개념들 간의 정합성이라기보다 감정적 평정을 통해 인간 행복을 정의하기 위한 모델을 발견했다.[74]

(2) 치유로서의 철학; '마음의 치료제'로서 철학

흄은 차분한/격렬한 정념의 미묘함에 관해 두 가지 중요한 점을 든다. 둘 다 행복에 관한 네 가지 에세이의 주제들과 연관된다. 흄의 후기 저작 『에세이, 도덕, 정치, 그리고 문예(Essay, orals, Political, and Literary)』의 에세이들 중 에세이 15, 16, 17, 18에서 말하고자 하는 핵심은 차분한 정념이 갖는 섬세함은 바람직한 것이고, 격렬한 정념이 갖는 느낌은 바람직하지 못하다는 것이다. 인생에서 우연적으로 일어나는 것들은 우리가 통제할 수 없는 것이기 때문에 그것들에 격하게 반응하는 사람들은 종종 더 불행하다. 이에 반해 차분한 정념은 다른

(San Diego, 1979), pp.161~180.

72 *The Letters of David Hume*, ed, J. Y. T. Greig, Oxford, 1932, 13(1739), 1: 34.

73 Peter Jones, *Hume's Sentiments: Their Ciceronian and French Connection* (Edinburgh, 1982), 33.

74 흄이 헬레니즘 철학에 영향을 받았다는 사실은 그의 많은 서신들에서 발견된다. 예를 들어 Letter 1(1727)과 Letter 3(1734) 참고. in *Letters*, Vol. 1.

여타의 정념들보다 항상적이고 통제 가능한 것이다. 차분한 정념들은 마음속에 감정적 동요를 보다 적게 만들며, "자비심과 삶에 대한 애착, 그리고 아이들에 대한 친절과 같이 우리의 본성 속에 원초적으로 심어진 일종의 본능" 또는 선에 대한 일반적 욕구와 악에 대한 혐오이다."(T 415). 흄에 따르면 이와 같은 차분한 정념은 "영혼에 어떤 혼란도 야기하지 않는" 상위의 원리이다. 우리의 정념들이 차분할 때, 어떤 내적 투쟁의 상태도 존재하지 않는다. 차분한 정념들은 영혼이나 신체에 어떤 식별할 수 있는 동요도 일으키지 않고 행위하도록 동기유발 한다. 그러나 차분한 정념도 그것들 사이에 격분을 유도하는 요인들이 있을 경우엔 격렬해질 수 있다. '화(anger)'와 같은 격렬한 정념은 감정적 동요와 혼동을 야기한다. 차분한 정념들은 때로 이성과 혼동되기도 하는데, 그 이유는 그것들이 어떤 지각할 수 있는 감정을 일으키지 않기 때문이다. 그러나 흄이 강인한 정신(the strength of mind)이라고 말할 때, 그러한 것은 이성을 통해서가 아니라 차분한 정념이 격렬한 정념을 지배할 때이다(T 417-8).

흄의 두 번째 핵심은 차분한 정념이 갖는 그 느낌이 격렬한 정념이 갖는 느낌을 감소시킨다는 것이다. 우리의 차분한 정념을 강화함으로써 우리는 격렬한 정념을 약화시킬 수 있다. 행복에 이르는 길은 차분한 정념을 강화하는 데 있으며, 이러한 방법에 도달하기 위해서는 문예(liberal arts)가 필요하다고 주장한다.[75] 문예를 통해 취미를 개발함으로써 우리의 판단능력이 향상된다고 흄은 주장한다.[76] 나아가 우리가

75 David Hume(1987), *Essays* 6.

76 David Hume(1987), *Essays* 1.

읽고, 연구하고, 우리의 세계관을 넓힐 때 우리는 차분한 정념을 강화하고 최대 행복을 얻게 된다.

> 우리의 판단은 이러한 훈련을 통해 강화된다. 우리는 삶에 대한 보다 정의로운 개념을 형성하게 된다. 다른 사람들에게는 기쁘고 괴로운 많은 것들이 우리에게는 사소하게 보일 것이다. 우리는 더 이상 옹색한 (격렬한) 정념에 민감하지 않게 될 것이다.[77]

철학과 문예를 통해서 우리의 관점을 확대해 모든 정념들을 평정시킬 수 있고 온화하게 만들 수 있다. 문예는 격렬한 정념을 없애고 우리의 감수성을 향상시켜 준다고 말한다. 우리가 읽고, 연구하고, 세계관을 넓힐 때 차분한 정념이 단련되고 최대 행복에 이르게 된다고 흄은 주장했다. 결론적으로 말하자면, 흄은 전통 철학자들처럼 이성이 정념(감정), 느낌을 통제함으로써 행복에 이를 수 있다고 본 것이 아니라, 차분한 정념을 가질 수 있도록 우리의 마음을 단련함으로써 행복에 이를 수 있다고 보았다. 이를 위한 최선의 방법은 취미를 개발하고 관점을 기르고 지식을 쌓는 것이다.

---

77 David Hume(1987), *Essays* 6.

참고문헌

단행본

강성훈, 「스토아 감정 이론에서 감정의 극복」, 『고대 그리스철학의 감정이해』, 동과서, 2010.

루크레우티우스, 강대진 옮김, 『사물의 본성에 관하여』, 아카넷, 2011.

로버트 L. 애링턴 지음, 『서양 윤리학사』. 김성호 옮김. 서광사, 2005.

마크 트웨인, 마이클 패트릭 히언 주석, 『주석달인 허클베리 핀』, 박중서 옮김, 현대문헌, 2010.

마르쿠스 툴리우스 키케로, 김창성 옮김, 『키케로의 최고선악론』, 서광사, 1999.

임일환, 「감정과 정서의 이해」, 『감성의 철학』, 대우학술총서, 1996.

장 살렘, 양창렬 옮김, 『고대 원자론: 쾌락의 원리로서 유물론』, 서광사, 2000.

논문

권수현, 「감정의 지향적 합리성」, 『철학연구』, 고려대학교 철학연구소, 45집, 2012.

김한승, 「비개념적 내용의 비개념성과 그 철학적 근거」, 『범한철학』 제46집, 범한철학회, 2007.

손병석, 「무정념: 현인에 이르는 스토아적 이상과 실천」, 『철학연구』 80, 2008.

양선이, 「윌리엄 제임스의 감정 이론과 지향성의 문제」, 『철학연구』 제79집, 철학연구회, 2007.

______, 「공감의 윤리와 도덕규범: 흄의 감성주의와 관습적 규약」. 『철학연구』 제95집. 철학연구회. 2011.

______, 「흄의 인과과학과 자유와 필연의 화해 프로젝트」,『철학』 113, 한국철학회, 2012.

______, 「감정에 관한 지각 이론은 양가감정의 문제를 해결할 수 있는가?: 프린츠의 유인가 표지 이론을 지지하여」, 『인간. 환경. 미래』 11호, 2013.

______, 「흄의 도덕감정론에 나타난 반성개념의 역할과 도덕감정의 합리성 문제」, 『철학』, 한국철학회, 2014.

_____, 「감정, 지각 그리고 행위의 합리성: 감정과 아크라시아에 관한 인식론적 고찰」, 『철학연구』, 2015.
_____, 「흄의 철학에서 행복의 의미와 치유로서의 철학」, 『철학논집』, 2015.
이진남, 「에피쿠로스의 욕망과 쾌락: 인간 중심의 윤리」, 『인문사회과학연구』, 부경대학교 인문사회과학연구소, 2012.

외국문헌

Annas, J.(1992), *Hellenistic Philosophy of Mind*, University of California Press.
Arpaly, Nomi.(2003), "On Acting Really Against One's Best Judgement", *Ethics* 110: 488-513.
Bennett, Jonathan.(1974), "The Conscience of Huckleberry Finn", *Philosophy* 49: 123-34.
Crane, Tim.(1992), "The Non-Conceptual Content of Experience", in T. Crane(ed.), *Contents of Experience: Essays on Perception*, Cambridge University Press.
Davidson, Donald.(1970), "How is Weakness of the Will Possible?" In Davidson (1980), *Essays on Action and Events*. Oxford: Oxford University Press.
Daniels, N.(1979), "Wide Reflective Equilibrium and Theory Acceptance in Ethics," T*he Journal of Philosophy*, 256-282.
D'arms and Jacobson.(2000a), "Sentiment and Value", *Ethics* 110: 722-748.
D'arms and Jacobson.(2000b), "The Moralistic Fallacy: on the Appropriateness of Emotions", *Philosophy and Phenomenological Research* 61: 65-90.
Davidson, D.(1980), *Essay on Action and Events*. Oxford: Oxford University Press.
Deigh, John.(1994), "Cognitivism in the Theory of Emotions", *Ethics* 104: 824-854.
Descartes, R.(1984), *The Passion of the Soul*, in Cottingham (ed.), Philosophical Writings, Vol. I., J. Cottingham, R. Stoothoff, and D. Murdoch, and A. Kenny, Cambridge.
De Sousa, R.(1987), *The Rationality of Emotion*, Cambridge, Mass., London: IT Press, 543-51.

De Sousa, R.(2002), "Emotional Truth", *Proceedings of the Aristotelian Society*, Supplementary Volume 76, 247-64.

De Sousa, R.(2004), "Emotions: What I Know, What I'd Like to Think I Know, and What I'd Like to Think", in *Thinking about Feeling*, ed. R. Solomon. Oxford University Press, 61-75.

De Sousa, R.(2011), *Emotional Truth*, Oxford University Press.

Döring, S.(2009), "Why be Emotional", in P. Goldie (ed.), *the Oxford Handbook of Philosophy of Emotion*, Oxford University Press.

Dretsske, F.(1986), "Misrepresentation", In R. Bogdan (ed.), Belief: Form, Content and Function, 17-36, Oxford University Press.

Epicurus, *Letters, Principal Doctrines, and Vatican Sayings*, trans. by Geer, Russel M., The Library of Liberal Arts, Indianapolis, 1964.

Goldie, P.(2009), *The Oxford Handbook of Philosophy of Emotion*. In P. Goldie, ed. Oxford University Press.

Greig, J. Y. T.(1932), *The Letters of David Hume*, Greig, J. Y. T.(ed.), Oxford.

Hume, David.(1978), *A Treatise of Human Nature*, ed by L. A. Selby-Bigge. 2nd edition. Oxford: Oxford University Press.

Hume, David.(1975), *Enquiries Concerning Human Understanding and Concerning the Principles of Morals*. ed. by L.A. Selby-Bigge. 3rd edition Oxford: Oxford University Press.

Hume, David.(1987), *Essays, Morals, Political, and Literary*, ed. Eugene F. Miller, Indianapolis.

Hume, David.(1956), *The Natural History of Religion*, ed. H.E. Root, Standford.

Hume, David.(1983), *The History of England*, ed. William B. Todd, Indiannapolis.

Immerwahr, John, 'Hume's Essay on Happiness', *Hume Studies* Vol. XV No. 2, 1989.

James, William.(1890/1950), *The Principles of Psychology*, New York.

James, William, 'What is an emotion?', *Mind* 9,(1884).

Jones, Karen.(2003), "Emotion, Weakness of Will and the Normative Conception of Agency." In A. Hatzimoysis, ed. *Philosophy and the Emotions*. Cambridge University Press.

Jones, Peter.(1979), "'Art' and 'Moderation' in Hume's Essays", in *McGill Hume Studies*, ed. David Fate Norton, Nicholas Capaldi, and Wade Robison, San Diego.

Jones, Peter,(1982), *Hume's Sentiments: Their Ciceronian and French Connection*, Edinburgh.

Kenny, A.(1963), *Action, Emotion and the Will*, London.

Laertius, Diogenes(1925), *Diogenes Laertius: Lives of Eminent Philosophers*, 2 vols. Cambridge/MA: Harvard University Press.

Alston, W. P.(1980), "Emotion and Feeling", in P. Edward (ed.), *The encyclopaedia of Philosophy*, 2, New York: Macmillan.

McDowell, J.(1985), "Value and Secondary Qualities", in T. Honderich (ed).., *Morality and Objectivity: A Tribute to J. L. Mackie*, London: Routeldge.

McIntyre, A.(1990), "Is Akratic Action Always Irrational?" In O. Flanagan and A. Rorty. ed. *Identity, Character and Morality: Essays in Moral Psychology*. Cambridge University Press, Mass.: MIT Press.

Nagel, Thomas(1979), "What is it like to be a bat?", in *Mortal Question*, Cambridge University Press.

Nussbaum, M. C.(2001), *Upheavals of Thought*, Cambridge University Press.

Nussbaum, M.C.(2004), "Emotions as Judgments of Value and Importance", in R. Solomon(ed.), *Thinking about Feeling: Contemporary Philosophers on Emotion*. New York: Oxford University Press.

Prinz, J.(2004), *Gut Reactions: A Perceptual Theory of Emotion*, Oxford University Press.

Prinz, J.(2007), *The Emotional Construction of Morals*, Oxford University Press.

Prinz, J.(2010), "For Valence", *Emotion Review* Vol. 2. No. 1. 5-13.

Robert, R.(1988), "What an Emotion Is: A Sketch", *The Philosophical Review*, 183-209.

Saunders, Jason L.(1966), *Greek and Roman Philosophy after Aristotle*, Saunders, Jason L.(ed.), New York: The Free Press,

Sextus Empiricus(1935), *Aganist Logicians*, trans. by B.G. Bury, Cambridge/MA: Harvard University Press.

Solomon, R. C.(1976), *The Passions*, New York: Doubleday.

Solomon, R. C.(2001), "Against Valence", in R. C. Solomon, *Not Passion's Slave*. New York: Oxford University Press.

Tappolet, C.(2000), *Emotions et Valeurs*, Paris: Presses Universitaires de France.

Tappolet, C.(2003), *Weakness of Will and Practical Irrationality*. S. Sarah & C. Tappolet. ed. Oxford: Clarendon Press.

von Armin, J.(1905-24), *Stoicorum veterum fragmenta*, Leibzig.

Woolf, Raphel,(2009), "Pleasure and Desire," in James Warren,(ed.), *The Cambridge Companion to Epicureanism*, Cambridge University Press, 158-178.

Yang, Sunny.(2009)a, "Emotion, Intentionality and Appropriateness of Emotion: In Defense of a Response Dependence Theory", *Organon F* 16: 82-104.

Yang, Sunny.(2009)b, "The Appropriateness of Moral Emotion and Humean Sentimentalism", *The Journal of Value Inquiry* 43: 67-81.

느낌에 대한 심리학적 분석

– 감각, 직감, 그리고 감정의 이해 –

권석만(서울대학교 심리학과 교수)

느낌은 다양한 심리적 경험을 기술하는 일상적 용어로서 명료하게 정의하기 어렵다. 그러나 느낌은 명료하게 언어로 기술하기 어려운 다소 모호한 전반적 인식이라는 점에서 앎 또는 생각과 구별되는 심리적 경험이다. 이 글에서는 느낌이라고 기술되는 심리적 경험을 감각, 직감, 감정의 세 구성요소로 구분하고 심리학의 관점에서 논의하였다. 첫째, 감각적 느낌은 태아의 상태에서 경험하는 최초의 인식으로서 이를 기반으로 인간의 심리적 발달이 이루어진다는 점에서 마음의 원초적 근원이라고 할 수 있다. 둘째, 직관적 느낌은 어떤 대상이나 상황에 대한 통합적 인식으로서 무의식적인 심리과정에 의한 산물이라고 할 수 있다. 달리 말하면, 앎은 의식적인 능동적 정보처리 과정을 반영하는 반면, 느낌은 무의식적인 정보처리 과정과 관련된 수동적 인식이라고 할 수 있다. 셋째, 정서적 느낌은 대상이나 상황에 대한 평가를 반영하는 쾌-불쾌의 주관적 경험으로서 애착과 혐오를 유발하고 접근과 회피의 행동을 촉발한다. 이러한 느낌은 인간이 이고득락을 추구하고 선악, 호오, 시비 등의 이분법적 가치판단을 하게 되는 심리적 근원이라고 할 수 있다. 건강한 삶을 위해서는 앎, 생각, 의식적 판단뿐만 아니라 느낌, 정서, 무의식적 직감의 소중함을 인식하고 마음의 균형과 조화를 이루는 것이 필요하다.

1. 느낌이란 무엇인가?

우리는 일상생활에서 '느낌'이라는 단어를 자주 사용한다. 예컨대 "아침 공기를 마시니 상쾌한 느낌이 든다", "낙엽이 떨어지니 쓸쓸한 느낌이 든다", "그 사람에 대한 느낌이 참 좋다", "왠지 이번 일은 잘 안 될 것 같은 느낌이 든다."와 같은 표현의 경우처럼, 우리는 일상에서 접하는 독특한 유형의 경험을 느낌이라고 지칭한다. 과연 느낌이란 무엇인가? 우리는 어떤 경험을 느낌이라고 지칭하는 것일까? 느낌은 '앎' 또는 '생각'과 어떻게 다른 것일까? 느낌은 우리가 일상에서 흔히 사용하는 용어이지만 그 의미를 명료하게 정의하기는 쉽지 않다.

1) 느낌의 사전적 의미

'느끼다'의 사전적 의미[1][2]는 감각기관을 통하여 어떤 자극을 깨닫거나 마음속으로 어떤 감정 따위를 체험하고 맛보는 것을 의미하며 영어로

---

1 『엣센스 국어사전』, 민중서림편집국, 2017.

2 네이버국어사전(https://ko.dict.naver.com/)에 따르면 동사인 '느끼다'는 다음과 같이 정의된다. (1) 감각기관을 통하여 어떤 자극을 깨닫다, (2) 마음속으로 어떤 감정 따위를 체험하고 맛보다, (3) 어떤 사실, 책임, 필요성 따위를 체험하여 깨닫다. '알다'는 (1) 교육이나 경험, 사고행위를 통하여 사물이나 상황에 대한 정보나 지식을 갖추다, (2) 어떤 사실이나 존재, 상태에 대해 의식이나 감각으로 깨닫거나 느끼다, (3) 심리적 상태를 마음속으로 느끼거나 깨닫다로 정의되며, '생각하다'는 (1) 사물을 헤아리고 판단하다, (2) 어떤 사람이나 일 따위에 대하여 기억하다, (3) 어떤 일을 하고 싶어 하거나 관심을 가지다로 정의되고 있다.

는 'feel' 또는 'sense', 'experience'에 해당한다. 느낌에 해당하는 한자어인 '감感'은 '느끼다, 사물을 대했을 때 어떤 정情이 일어나다, 마음이 움직이다, 마음에 깊이 느껴 감동하다'의 뜻을 지니며 '감각感覺하다, 감지感知하다, 감동感動하다'와 같이 사용된다.[3] 정情은 무엇을 하리라고 먹은 마음 또는 외물에 끌리어 일어나는 느낌을 의미한다.

그렇다면 느낌은 앎 또는 생각과 어떻게 다른 것일까? '알다'의 사전적 의미는 어떤 사실이나 존재, 상태에 대해 의식이나 감각으로 깨닫거나 느끼는 것, 또는 교육이나 경험, 사고 행위를 통하여 사물이나 상황에 대한 정보나 지식을 갖추는 것을 의미하며 영어로는 'know' 또는 'learn', 'understand', 'realize'에 해당하며, 유사한 말로는 '기억하다, 깨우치다, 납득하다'가 있다. 앎에 해당하는 한자어로는 인認, 식識, 지知가 있으며 세 글자가 조합되어 인식認識, 인지認知, 지식知識의 용어로 사용된다. '생각하다'의 사전적 의미는 '사물을 헤아리고 판단하다'로 영어로는 'think' 또는 'consider', 'remember'에 해당하며 한자어로는 생각할 사思가 있다.

사전적 정의에 따르면 느낌과 앎의 구분은 명확하지 않다. 느낌과 앎은 모두 자극에 대한 인식을 의미하며 미묘한 차이를 지니는 것으로 느껴진다. 느낌(feeling)은 어떤 자극에 대한 즉각적이고 일차적인 감각 경험이나 그와 관련하여 마음에 떠오르는 정서적 반응을 의미한다. 달리 말하면, 느낌은 개인이 지닌 기존의 지식체계나 의미부여에 의한 인지적 영향을 상대적으로 덜 받은 비교적 순수한 경험을 지칭하

---

3 『동아 새漢韓辭典』, 동아출판사, 1995.

는 듯하다. 반면에 앎(knowing)은 어떤 대상이나 상황에 대한 구체적인 정보와 지식으로서 기존의 지식체계에 의해서 이해되거나 해석하는 것을 의미한다. 생각(thinking)은 정보와 지식을 내면적으로 처리하여 추론하거나 판단하는 앎의 과정이라고 할 수 있다.

2) 느낌의 세 측면: 감각, 직감, 그리고 감정

느낌을 정의하기 어려운 이유는 느낌이라는 단어가 맥락에 따라 다양한 의미로 사용되기 때문이다. 느낌(感, feeling)은 감각과 감정을 포함하여 어떤 대상이나 상황에 대한 즉각적인 반응을 지칭하는 포괄적인 용어이다. 감각과 감정의 개념이 명확히 분리되지 않았던 과거의 흔적이 느낌이라는 단어에 남아 있다. 느낌의 의미는 그 용례에 따라 감각, 직감, 감정으로 요약할 수 있다. 이 글에서는 느낌이라는 심리적 현상을 감각, 감정, 직감의 세 측면에서 살펴보고자 한다.

첫째, 느낌은 어떤 대상에 대한 감각경험을 의미한다. 우리는 감각경험을 지칭할 때 흔히 느낌이라는 단어를 사용한다. 느낌은 대상과의 접촉에 의해 감각기관을 통해 마음에 떠오른 가장 일차적 경험으로서 개념이나 언어가 개입되기 이전의 순수한 인식이라고 할 수 있다. 인간의 마음이 최초로 경험한 것, 즉 태아 또는 신생아의 마음에 최초로 떠오른 인식은 아마도 느낌에 가까운 것이었을 것이다. 인간의 마음은 느낌의 축적과 분화과정을 통해서 복잡한 형태로 발달한다. 이러한 점에서 느낌은 마음의 출발점이자 원초적 근원이라고 할 수 있다.

둘째, 느낌은 어떤 대상이나 상황에 대한 전반적인 인식과 평가,

즉 직감을 의미한다. "그 사람에 대한 느낌이 참 좋아", "왠지 이 사람 말이 옳다는 느낌이 들어", "이번 일은 하지 않는 게 좋겠어. 왠지 느낌이 안 좋아."라고 말하는 경우처럼, 우리는 직감이나 예감을 지칭할 때 느낌이라는 단어를 사용한다. 이처럼 느낌은 어떤 대상에 대한 전반적인 평가적 판단이지만 그 구체적인 이유를 언어로 표현하기 어려운 경험을 의미하며, 흔히 직감 또는 예감이라고 지칭한다. 이러한 직감과 예감의 느낌은 무의식에서 일어나는 통합적 정보처리 과정에 의한 것이기 때문에 그 이유에 대한 자각이 어렵다. 앎은 의식 수준에서 일어나는 정보처리 활동인 반면, 느낌은 무의식 수준에서 진행되는 정보처리 활동의 산물이라고 할 수 있다.

셋째, 느낌은 어떤 대상이나 상황에 대한 평가적 인식으로서 쾌-불쾌의 정서적 경험을 의미한다. 느낌이라는 단어가 가장 흔히 사용되는 맥락은 감정을 지칭할 때이다. 정서경험으로서의 느낌은 대상에 대한 좋음과 싫음의 평가, 즉 쾌감과 불쾌감을 유발하여 그 대상에 대한 접근 및 회피 행동을 촉발한다. 쾌-불쾌로 분화된 정서적 느낌은 행복과 불행의 심리적 원천일 뿐만 아니라 선악, 호오, 고락, 시비를 비롯한 인간의 모든 이분법적 가치판단의 근원이라고 할 수 있다. 정서적 느낌은 행-불행과 밀접하게 관련되어 있으며 매우 복잡한 심리적 과정에 의해서 유발된다. 이고득락을 통해 행복한 삶을 영위하기 위해서는 정서적 느낌을 잘 이해하고 조절하는 것이 중요하다.

2. 감각적 느낌: 마음의 원초적 근원

우리가 살고 있는 이 세상은 언제 무엇으로부터 어떻게 시작되었을까? 현대물리학에 따르면 물질적인 세계는 약 138억 년 전에 무한질량의 극미물질이 알 수 없는 이유로 대폭발(Big Bang)을 일으켜 시작되었으며, 지금도 팽창이 계속되고 있다. 그렇다면 이 세상을 인식하는 우리의 마음은 언제 무엇으로부터 어떻게 시작된 것일까? 우리가 세상을 인식한 최초의 경험은 어떤 발달시점에서 발생한 어떤 형태의 인식이었을까? 현재와 같은 우리의 복잡한 마음은 어떤 심리적 경험으로부터 발달한 것일까?

1) 마음의 시작과 분화

한 인간의 발달은 정자와 난자가 결합하는 수정의 순간부터 시작된다. 정자와 결합하여 수정된 난자, 즉 수정체는 빠른 속도로 세포분열을 시작하여 성세포는 생식기를 형성하고 체세포는 뼈와 근육, 소화기, 순환기, 신경계를 구성한다. 수정 후부터 약 280일 동안 태아는 어머니의 체내에서 발달하는데, 태내 발달과정은 세 단계, 즉 발아기, 배아기, 태아기로 구분된다.[4] [5]

(1) 최초의 인식으로서의 느낌

발아기(period of zygote)는 정자와 난자가 수정된 이후부터 2주간의

---

4 곽금주, 『발달심리학: 아동기를 중심으로』, 학지사, 2016, pp.60~70.

5 정옥분, 『발달심리학: 전생애 인간발달』, 학지사, 2004, pp.164~169.

기간을 말하며, 이 기간에 수정체가 나팔관을 거쳐 자궁벽에 착상한다. 수정체가 자궁벽에 착상함으로써 비로소 모체와 밀착된 의존관계 속에서 태내의 발달과정이 시작된다. 배아기(period of embryo)는 수정 후 2~8주에 해당되는 시기로서, 이 기간에 중요한 신체기관과 신경계가 형성된다. 이 시기에 수정체는 외배엽, 중배엽, 내배엽의 세 층으로 분리된다. 내배엽에서 소화기, 호흡기, 기관지, 폐, 췌장, 간 등의 장기가 형성되고, 중배엽에서는 근육, 골격, 순환계와 피부의 내층이 형성된다. 그리고 외배엽으로부터 머리카락, 손톱, 발톱, 피부의 외층과 더불어 마음의 기반이 되는 감각세포와 신경계가 형성된다.

태아기(period of fetus)는 수정 후 3개월부터 출산까지의 시기를 말한다. 이 기간에는 배아기에 형성된 모든 기관이 빠르게 발달하여 그 구조가 더욱 정교해지며 기능이 원활해진다. 수정 후 3개월이 지나면 태아는 어머니의 뱃속에서 움직이기 시작하는데, 팔과 다리를 움직일 뿐만 아니라 입을 오므렸다가 벌리기도 한다. 5개월이 되면 태아의 손톱, 발톱, 골격이 발달하고 빨기, 삼키기, 딸꾹질을 하게 된다. 6개월부터는 머리카락이 자라고 시각과 청각이 발달하여 보고 들을 수 있게 된다.

태아기의 심리적 경험은 기억되어 보고될 수 없는 것이기 때문에 미지의 세계이다. 그러나 발달심리학자들은 초음파 검사나 내시경을 통해 태아의 반응을 관찰함으로써 태아의 발달과정을 탐구하고 있다. 인간의 마음은 태아기의 한 시점에서 싹트는 것으로 추정된다. 수정체의 외배엽으로부터 형성된 신경계, 즉 뇌가 발달하면서 자극에 대한 태아의 인식과 반응이 시작되는 것으로 추정된다.

어머니의 자궁 속에서 성장하는 태아는 어떤 심리적 상태에 있을까? 외부에서 전달되는 자극을 어떤 심리적 경험으로 인식할까? 태아의 마음에 떠오른 최초의 심리적 경험은 아마도 '느낌'이었을 것이다. 이러한 최초의 느낌은 자극에 대한 희미하지만 전반적인 인식으로 세부적인 것으로 분열되지 않은 한마음이었을 것이다. 의식의 빛이 시작되는 우리 마음의 새벽은 느낌의 세계였을 것이다.

(2) 출생경험

어머니의 몸에서 세상으로 나오는 출생과정은 태아에게 트라우마(trauma)와 같은 충격적인 경험이었을 것이다. 체코의 정신과 의사이자 자아초월 심리학자인 그로프(Grof)[6]는 출생의 트라우마 경험이 무의식 속에 저장되어 있으며, 인간의 심성구조에 심오한 영향을 미친다고 주장한다. 그에 따르면 출생경험은 깊은 무의식 속에 존재하기 때문에 평소에는 기억되지 않지만, 환각제(LSD)나 호흡법을 통해서 유발되는 변형된 의식 상태나 신비체험, 임사체험, 종교체험과 같은 매우 특별한 경험을 할 때 의식으로 떠올라 유사한 구조를 지닌 강렬한 정서체험을 유발하게 된다. 이러한 특별한 체험에 반영되어 나타나는 출생경험은 다음과 같은 일련의 과정으로 이루어져 있다.

태아는 태내에서 우주적 일체감(cosmic unity)을 경험한다. 태아는 자궁 안에서 어머니와 공생적 단일체를 형성하며 원초적 일체감과 유대감을 느낀다. 이 상태에서는 주체와 객체의 분리의식이 없을

---

6 Grof, Stanislav & Halifax, Joan, *The human encounter with death*, New York: E. P. Dutton, 1977.

뿐만 아니라 어떠한 위협도 느끼지 못하는 안전감과 모든 욕구가 충족되는 만족감 상태에서 평화, 고요, 축복의 긍정적 감정을 느낀다.

출산이 시작되는 과정에서 태아는 지진이 일어난 듯한 충격적인 경험에 휘말리게 된다. 자궁의 수축과 함께 태아의 평정상태가 파괴되면서 거대한 소용돌이 속으로 빨려 들어가는 듯한 압도적인 위협과 극심한 불안을 느끼게 된다. 자궁 수축을 통해 무자비하게 밀려나지만 출구인 골반이 닫혀 있는 상태에서 어둡고 좁은 세계에 갇혀버린 폐쇄 공포증과 유사한 신체적 고통과 심리적 공포를 경험한다. 자궁 수축이 지속되고 골반이 열리기까지 태아는 산도를 통과하며 출생을 위해 몸부림치며 생존을 위한 고통스러운 투쟁을 벌이게 된다.

태아가 산도의 끝까지 계속 나아가면 갑작스럽게 이완이 찾아오면서 고통이 사라진다. 탯줄이 절단되면서 태아와 어머니의 신체적 분리가 완결되고, 태아는 신체적으로 독립된 개체로서 인생을 시작하게 된다. 고통과 불안이 최고조에 달하다가 새로운 존재 상황으로의 극적인 전환이 일어나는 것이다. 이 상태에서 신생아는 눈부신 빛을 느끼게 되고 모든 압박으로부터 해방되는 자유로움, 혼란에서 평온으로 정화된 느낌, 천국의 지복감 또는 구원의 안도감을 느끼게 된다.

이러한 그로프의 주장은 많은 비판을 받았다. 비판의 핵심은 태아가 출생과정을 충격적인 경험으로 인식할 만한 감각적, 정서적 능력을 발달시키지 못했을 뿐만 아니라 출생경험을 심상적 표상으로 저장할 만큼 대뇌의 입력 및 저장능력도 발달되어 있지 않다는 것이다. 그러나 태아는 미숙하지만 기본적인 인식능력을 지니고 있기 때문에 생애 초기의 충격적인 출생경험이 어떠한 형태로든 기억에 남아 이후의 삶에 영향을 미칠 가능성을 배제할 수 없다. 그로프의 주장은 태아가 출생과정에서 경험했을 느낌의 세계를 추정할 수 있는 흥미로운 자료라고 할 수 있다.

2) 영아기의 감각 발달

태아는 출산과정을 통해 어머니와 분리되면서 한 인간으로서 세상과 접촉하며 심리적 발달을 시작한다. 발달심리학에서는 출생 후 24개월까지를 영아기라고 지칭하며, 그중에서도 출생 후 1개월을 신생아기라고 한다.[78]

신생아(neonate)는 출생 후 첫 15~30분 동안 깨어 있지만 곧바로 깊은 잠에 빠져든다. 신생아는 출생 시부터 호흡, 혈액순환, 체온조절이나 배설과 같은 기본적인 생리적 기능이 잘 발달되어 있다. 신생아는 하루에 약 18시간 정도를 수면상태로 보내며, 24개월경에는 12시간 정도로 감소한다. 신생아는 외부의 자극에 대해 본능적으로 반응하는 여러 반사행동을 보이는데, 이러한 반사행동에는 생존에 필요한 생존반사(호흡 반사, 눈 깜박임 반사, 빨기 반사, 삼키기 반사 등)와 진화과정의 흔적으로 여겨지는 원시반사(모로 반사, 바빈스키 반사, 잡기 반사, 수영 반사 등)가 있다.

영아(infant)는 출생 후 첫 1년간 신체와 뇌의 급격한 성장이 이루어진다. 특히 영아기의 두뇌발달은 생후 어느 시기보다 급격하게 이루어진다. 반사행동과 신체기능을 담당하는 뇌간(brainstem)은 출생 시에

---

7 정옥분, 위의 책, pp.185~219.

8 곽금주, 위의 책, pp.91~108.

이미 완전한 기능을 한다. 시상(thalamus), 소뇌(cerebellum), 해마(hippocampus)와 같은 뇌의 부위는 출생 시에도 기능을 하지만 출생 후 계속해서 발달하고 재구성된다. 시상은 감각정보를 연결하는 정거장과 같은 역할을 하며 통증의 지각에 중요한 역할을 한다. 사고나 추론과 같은 인지능력을 관장하는 대뇌피질(cerebral cortex)은 출생 시에 발달이 가장 덜 이루어진 부위이다. 대뇌피질이 발달하는 과정에서 시각과 청각을 담당하는 영역은 출생 후 3~4개월에 절정을 이루고, 고등한 인지기능을 담당하는 영역은 영아기 후반부에 절정을 이룬다.

(1) 영아기의 감각 발달

신생아의 시각은 비교적 발달되어 있지 않은 상태이다. 시각조절에 필요한 뇌회로가 충분히 성숙해 있지 않기 때문이다. 신생아는 출생 후 몇 개월 동안 심한 근시현상을 보이지만, 첫돌 무렵에는 시력이 1.0 수준에 도달한다. 신생아는 처음부터 세상을 흑백이 아닌 천연색으로 지각한다. 출생 시부터 초록색과 빨간색을 구분할 수 있으며, 생후 2개월이 되면 삼원색의 대부분을 구별할 수 있다.

신생아는 작은 소리를 잘 듣지 못하지만 소리의 크기와 음조뿐 아니라 말소리를 구분할 수 있다. 생후 2주경에는 사람의 목소리와 다른 소리를 구분할 수 있으며, 3주경에는 낯선 사람보다 어머니의 목소리에 민감하게 반응한다. 영아의 청각 능력은 시각 능력과 함께 발달하며, 두 가지 감각을 통합시키려는 반응을 나타낸다.

후각은 출생 초기부터 상당히 잘 발달되어 있다. 생후 며칠 이내에 독특한 냄새들 간의 차이를 구분한다. 어머니와 다른 여성의 젖 냄새를 구분할 수 있으며, 암모니아 같은 역한 냄새에는 고개를 돌리는 반응을 나타낸다.

미각은 오감 중에서 가장 일찍 발달하는 감각이다. 태아의 미각은 태내에서도 어느 정도 기능을 하여 출생 시에는 여러 가지 맛의 액체를 구분할 수 있다. 신생아는 쓴맛, 신맛, 짠맛보다 단맛이 나는 액체를 더 오래 빤다. 단맛이 나는 액체를 주면 그 맛을 즐기듯이 천천히 빠는 반응을 보이며 미소를 지으면서 윗입술을 날름거리는 반응을 보이기도 한다.

촉각은 출생 시에 입술과 혀를 제외하고는 그다지 발달되어 있지 않다. 그러나 생후 6개월이 지나면 영아는 촉각을 이용하여 주위 물체를 탐색하기 시작한다. 촉각은 영아가 환경에 대한 지각 능력을 습득하는 주된 수단이며 영아의 인지 발달에 매우 중요한 역할을 한다.

(2) 영아기의 인지 발달

인지적 능력은 영아기에 급속도로 발달한다. 몇 가지 반사행동만을 가지고 태어난 신생아는 점점 더 의도와 목적의식을 지니고 행동하는 존재로 바뀐다. 저명한 발달심리학자인 피아제(Piaget)의 표현을 빌리면, 영아는 자극에 자동적으로 반응하는 '반사적 유기체(reflexive organism)'에서 점차 자신의 행동을 통제할 수 있고 사고할 수 있는 '생각하는 유기체(reflective organism)'로 변한다.[9]

---

9 정옥분, 위의 책, p.218.

인간의 인지 발달은 일련의 단계를 통해서 이루어진다. 피아제에 따르면 영아는 주로 감각기관과 운동기능을 통해서 세상을 인식한다. 영아기의 사고에는 언어나 추상적 개념이 존재하지 않는다. 영아는 직접 보고 듣고 행동하는 것에 의존하여 세상을 이해하고 기억한다. 손가락 빨기나 보기-잡기와 같이 감각과 운동을 연결하는 반복적인 순환반응을 통해서 자신과 세상의 관계에 대한 이해가 조금씩 발달한다. 피아제는 이러한 영아기의 인지 발달 과정을 감각운동기(sensory-motor stage)라고 명명했다.

영아는 생후 1~4개월에 자신의 신체에 대한 관심을 나타내고, 4~12개월에는 외부세계에 있는 물체에 대한 관심을 나타내며, 12~18개월에는 원인과 결과의 관계를 이해하기 위한 실험적 행동에 열중한다. 특히 4~8개월에 영아는 우연히 수행한 어떤 행동이 흥미 있는 결과를 유발하면 그 결과를 유발하기 위해서 동일한 행동을 반복하게 된다. 예컨대 딸랑이를 흔들어 소리가 났을 경우, 영아는 잠시 멈추었다가 다시 그 소리를 듣기 위해 딸랑이를 흔드는 행동을 되풀이한다. 그러한 행동이 되풀이 되는 것은 영아에게 의도(intention)가 나타난다는 것을 의미한다. 8~12개월 사이에는 어떤 물체가 시야에서 사라져도 그 물체가 계속 존재한다는 대상영속성(object permanence)의 개념이 발달하기 시작한다.

3) 감각의 세계

감각의 느낌은 외부세계와 접촉하면서 유발되는 가장 일차적인 심리적 경험으로서 마음을 외부세계와 연결해 주는 다리이다. 인간의 마음이 경험하는 감각의 세계는 매우 넓고 풍요롭다. 인간의 감각경험을 흔히 오감으로 분류하지만 그밖에도 다양한 감각경험이 존재한다. 심리학에서는 인간이 경험하는 감각적 느낌을 크게 세 가지, 즉 외원감각, 내원감각, 고유감각으로 구분한다.[10]

외원감각(外源感覺, exteroception)은 신체 외부에서 전달되는 자극을 감각기관이 탐지하여 분석한 것으로서 흔히 말하는 오감, 즉 시각·청각·후각·미각·촉각을 의미하며 인간이 외부 사건에 적절히 대처하게 하는 기능을 담당한다. 외원감각은 즉각적이고 너무나 당연하게 느껴지는 경험이지만 매우 복잡한 과정을 통해서 이루어진다. 외부자극의 정보는 감각기관을 통해 화학적, 전기적 신호로 변환되어 뇌로 전달됨으로써 감각적 느낌이 인식된다.

시각의 경우, 물리적 에너지인 빛이 우리에게 의미가 있으려면 우리 내부의 언어라고 할 수 있는 신경에너지로 바뀌어야 한다. 외부대상으로부터 투사된 빛의 물리적 에너지는 우리 눈의 각막, 수양액, 수정체, 초자액을 통과하여 망막(retina)에 이르러 신경에너지로 변환된다. 망막에 존재하는 수용기 세포인 추상체와 간상체를 통해서 빛의 물리적 에너지는 화학적 형태로 변화되고 전기적 형태의 신경에너지로 전환시킨다. 이렇게 생성된 신경에너지는 시신경을 따라 뇌로 전달되고 시상의 한 부분인 외측 슬상체를 통과하여 후두엽의 시각피질로 전달됨으로써 비로소 외부세계에 대한 시각 경험이 창발되는 것이다.

---

10 오성주, 『지각의 기술』, 서울대출판문화원, 2019, pp.1~6.

시각, 청각, 후각 등 여러 감각기관에서 출발한 신호들은 뇌의 상위 수준에서 다양한 경로를 통해 서로 만나 통합된다. 감각정보를 처리하는 상위수준으로 갈수록 감각정보는 독립적으로 처리되기보다 통합적으로 처리된다. 우리의 시각은 외부대상을 그대로 비추는 평면 스크린이 아니다. 외부세계의 실상은 감각기관의 정보변환 과정을 통해 변형될 뿐만 아니라 과거 경험과 연결되어 해석되는 지각(perception)의 과정을 통해서 의미를 지니는 감각적 경험으로 우리의 마음에 인식되는 것이다.

감각의 세계는 오감 외에도 다양한 감각적 느낌이 존재한다. 우리는 가까운 사람의 슬픔을 목격하면서 가슴이 아리고 코가 시큰거리는 신체적 느낌과 더불어 슬픔의 감정을 함께 느끼는 공감적 경험을 한다. 이러한 느낌은 어떤 감각에 속하는 것일까? 이케스(Ickes) 같은 심리학자는 다른 사람의 심리상태를 즉각적으로 감지하고 자신의 몸과 마음으로 함께 느끼는 공감(共感, empathy)을 6번째의 감각이라고 주장하고 있다.[11]

내원감각(內源感覺, interoception)은 신체의 내적 상태를 알려주는 감각으로서 위장에서 오는 배고픔, 뼈에서 오는 통증, 심장에서 오는 압박감이 이에 해당한다. 이 밖에도 심혈관계, 호흡계, 소화계 등에서 일어나는 신체적 과정은 의식되지 않고 자동적으로 작동하지만 장애가 생기는 경우에 통증이나 불편감으로 인식된다. 내원감각은 인간으로 하여금 자신의 신체적, 생리적 기능을 안정되게 유지하도록 돕는

---

11 Ickes, William, *Everyday mind reading,* 권석만 역, 『마음읽기: 공감과 이해의 심리학』, 푸른숲, 2008.

기능을 담당하며 신체적 욕구의 원천이기도 하다.

고유감각(proprioception)은 몸의 부분(팔, 다리)의 위치, 몸의 자세, 몸의 균형에 대한 감각을 의미한다. 이러한 감각은 근육, 관절, 청각계의 전정기관에서 발생하는 자극에 근거한다. 우리의 육체는 항상 중력의 영향을 받으며 땅이나 다른 물체와 접촉하고 있기 때문에 고유감각은 신체 내부와 외부 자극 모두에 의해서 유발되는 독특한 감각경험이라고 할 수 있다.

4) 느낌으로부터 앎으로의 전환

태아의 상태에서 느낌으로 시작한 인간의 마음은 출생과정을 거친 후에 영아기를 통해서 오감의 발달과 더불어 풍요로운 감각의 세계로 발전한다. 감각적 느낌은 뇌와 감각기관이 성숙함에 따라 점점 더 명료해지고 세분화될 뿐만 아니라 인지와 정서로 확장되면서 복잡한 구조로 발전한다.[12]

영아는 생후 18~24개월이 되면 정신적 표상능력을 발달시키기 시작한다. 영아는 눈앞에 없는 사물이나 사건을 정신적으로 그려내기 시작하고, 행동을 하기 전에 머릿속으로 먼저 생각을 한 후에 행동한다. 정신적 표상이 가능해지면서 지연모방이 가능해진다. 지연모방(deferred imitation)은 어떤 행동을 목격한 후 일정한 시간이 지난 후에 그 행동을 재현하는 것을 의미한다.

영아의 인지 발달은 언어발달과 함께 진행된다. 영아는 단어를

12 정옥분, 위의 책, pp.185~219.

표현하기 오래전부터 울음, 표정, 몸짓, 옹알이 등 비언어적 행동을 통해서 의사소통을 꾀한다. 일반적으로 영아가 알아들을 수 있는 단어를 사용하기 시작하는 것은 생후 12개월경이다. 생후 1년경이 되면 영아는 분명하게 이해할 수 있는 단어를 사용할 수 있으며, 그 단어가 자신의 생각을 표현하는 수단이 된다. 영아는 사물이나 사건을 지칭하거나 자신의 기분이나 욕구를 표현하기 위해 단어를 사용한다. 24개월경에 영아는 문장을 만들기 위해서 두 개 이상의 단어를 연결시킬 수 있다.

피아제에 따르면 인간은 영아기의 감각운동기를 거쳐서 2~7세 사이에 언어의 발달과 상징적 사고능력이 증가하지만 자기중심성에서 벗어나지 못하는 전조작기로 발달한다. 이후에 정신적 표상을 다양한 방식으로 조작하는 사고능력이 발달하는 구체적 조작기(7~12세)와 형식적 조작기(청소년기 이후)를 통해서 성인과 같이 추상적이고 귀납-연역적 사고가 가능한 인지 발달이 이루어진다.

성인의 경우, 새로운 자극을 접하게 되면 감각적 느낌은 매우 짧은 순간에 과거의 경험과 연결하여 그 의미를 파악하는 지각(perception)의 과정으로 전환된다. 아울러 그러한 자극이 자신에게 어떤 문제를 제시하는지를 추론하고 어떻게 대응해야 하는지에 대한 판단과 결정과정이 내면적으로 일어난다. 이러한 사고과정에는 지각된 내용을 과거의 경험, 지식, 기억에 근거하여 해석하고 평가하며 문제 상황을 해결하기 위한 다양한 심리적 과정이 관여하게 된다. 이러한 평가과정에서 자극에 대한 정서적 느낌이 유발되고 판단과 결정과정을 통해 대처행동이 촉발됨으로써 외부세계에 영향을 미치게 된다. 이처럼 외부의 자극이 주어지고 그에 대한 행동적 반응이 나타나기까지 인간의 마음에서는 〈그림 1〉과 같은 복잡한 정보처리 과정이 진행된다. 이처럼 감각적 느낌은 정보처리 과정을 통해 과거경험과 통합되어 해석됨으로써 앎의 세계로 편입되어 사고의 대상으로 전환된다.

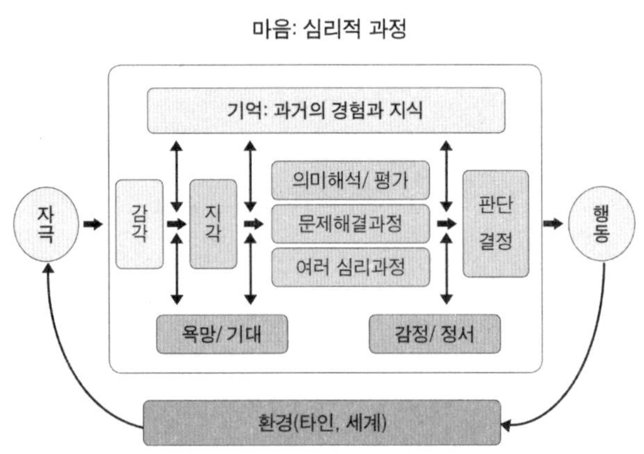

〈그림 1〉 인간의 마음에서 진행되는 심리적 과정

3. 직감적 느낌: 무의식적 정보처리의 산물

느낌은 무의식적이고 수동적이며 전반적인 심리과정을 반영한다. 예를 들어 "왠지 모르게 그 사람에 대한 느낌이 좋다." 또는 "이번 일은 왠지 실패할 것 같은 느낌이 든다."라는 표현처럼, 느낌은 어떤 대상이나 상황에 대한 전반적인 평가적 인식을 의미하지만, 그러한 인식을 갖게 된 구체적인 이유나 과정을 자각하거나 언어로 설명하지 못하는 경우가 많다. 느낌은 마음의 무의식적인 과정을 반영하기 때문이다. 인간의 마음은 의식적 과정과 무의식적 과정에 의해서 작동한다. 단순하게 말하면, 앎은 의식적이고 능동적이며 초점적인 심리과정인 반면, 느낌은 다양한 정보를 통합적으로 처리하는 무의식적 심리과정의 산물로서 마음에 떠오르는 수동적인 인식이라고 할 수 있다.

1) 의식과 앎의 진화

인간의 뇌에는 매순간 많은 감각정보들이 밀려들 뿐만 아니라 다양하고 복잡한 정보처리 과정이 일어난다. 신경과학자인 그라지아노(Graziano)[13]는 최근에 주의도식 이론(attention schema theory)을 제시하면서 의식(consciousness)이 뇌가 직면한 근본적 문제에 대한 진화적 해결책이라고 주장했다. 그에 따르면 인간의 뇌는 기본적으로 정보처리 체계로서 정보를 처리할 수 있는 용량이 제한되어 있는데, 감각을 통해 입력되어 처리해야 할 정보가 너무 많다는 중대한 문제에 직면하게 되었다. 이러한 중대한 문제에 대한 해결책으로 뇌는 다른 많은 정보를 희생하더라도 주의(attention)를 통해 소수의 중요한 정보만을 선택하여 좀 더 깊은 정보처리를 하기 위한 적응기제로서 의식을 진화시킨 것이다. 즉 의식은 진화의 산물로서 주의를 통해 선택된 정보를 집중적으로 처리하는 적응기제라고 할 수 있다.

의식에 의한 집중적 정보처리는 특정한 정보를 처리하기 위해서 신경에너지가 투여되는 쏠림현상을 의미한다. 〈그림 2〉에 제시된

13 Graziano, Michael.(2016). Consciousness Engineered. *Journal of Consciousness Studies*. 23(11-12), 98-115.

바와 같이, 집중상태에서는 의식의 초점이 좁은 국소적 측면에 집중되어 정보처리가 이루어지기 때문에 명료하고 정교한 인식, 즉 앎이 가능해진다. 반면에 이완상태에서는 의식의 초점이 넓게 퍼져 있기 때문에 상황에 대한 전반적인 모호한 인식, 즉 느낌으로 다가오게 된다. 달리 말하면, 앎은 정보처리 용량이 집중되는 의식적인 정보처리의 산물로서 명료한 인식으로 경험되지만 상황 전반에 대한 통합적 인식이 희생된다. 반면에 느낌은 정보처리 용량이 상황 전반에 넓게 분산되어 잘 자각되지 않는 무의식적인 정보처리를 반영하는 통합적 인식이지만 언어로 기술하기 어려운 모호성을 지니게 된다.

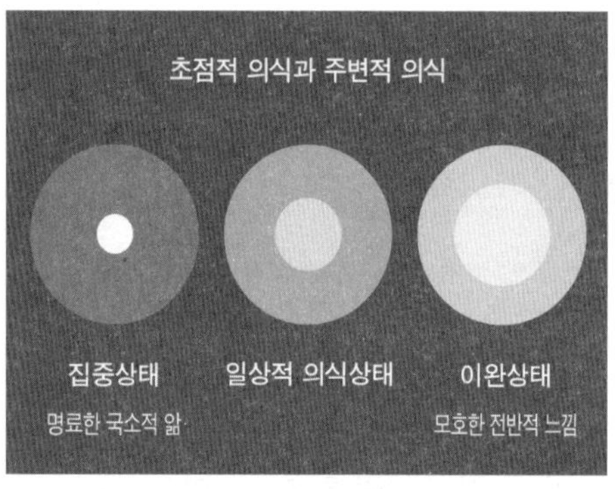

〈그림 2〉 의식의 집중도에 따른 앎과 느낌의 구분

인간의 신경계는 모든 자연현상과 마찬가지로 무질서도가 증가하는 방향으로 에너지가 흐르는 엔트로피 증가의 법칙에 따라 작동한다. 즉 신경에너지는 정보량이 적은 곳에서 많은 곳으로 에너지가 흐르는 법칙에 따라 작동한다. 리틀(Little)[14]은 이러한 엔트로피 법칙에 반하여 신경에너지의 흐름을 특정한 방향으로 재조정하는 선택기제가 의식의 본질이라고 주장하고 있다. 그에 따르면 인간의 뇌는 진화과정에서 다양한 경험을 표상으로 저장하고, 표상들의 조합에 의한 사고를 통해서 미래를 예측하는 인지적 능력을 발달시켰다. 이러한 인지적 능력은 인간의 생존에 커다란 도움이 되었다. 본래 인간의 뇌는 엔트로피 법칙에 따라 신경에너지가 정보량이 많은 신경경로를 따라 흐르며 인지적 과정이 기능하도록 되어 있었다. 그러나 생존경쟁이 치열한 적응상황에서는 인간의 뇌가 위험한 자극에 정보처리 자원을 집중시키는 주의기제(attention mechanism)를 발달시켰다. 주의기제는 신경계 내에서 에너지의 자연적인 흐름에 반해서 그 흐름의 방향을 재조정하는 적응기제라고 할 수 있다. 달리 말하면 의식은 개인이 뇌의 신경에너지 흐름을 자신의 의도에 따라서 인위적으로 조작하는 능동적인 심리적 활동을 의미하며, 무의식은 신경에너지의 흐름이 엔트로피 법칙에 따라 자연스럽게 진행되는 심리적 과정을 뜻한다.

리틀에 따르면 의식의 주의기제는 우주에서 엔트로피 법칙에 따르지 않는 유일한 체계로서 창조적 선택이며 자유의지를 의미한다. 창조적 자유의지는 기본적으로 예측이 불가능한 것이며, 새로운 사고를 창조하기 위해서 엔트로피 법칙을 거스르는 인간만의 강점이다. '나'라는 주체감은 주의기제를 통해 신경에너지가 특정한 방향으로 흐르도록 뇌의 작동에 개입할 수 있다는 인식을 의미한다. 인간의 삶은 근본적으

---

14 Little, Graham.(2014). *The origin of consciousness: Scientific understanding of ourselves as a spirit within a mind within a brain within a body*. Northcote, New Zealand; Institute of Theoretical Applied Social Sciences.

로 자유의지와 엔트로피 법칙 사이의 긴장을 완화하기 위한 노력으로서 의식적 정보처리와 무의식적 정보처리가 서로 경쟁하고 보완하는 과정이라고 할 수 있다.

2) 의식적 정보처리와 무의식적 정보처리

인간의 마음은 두 가지의 경로, 즉 의식과 무의식의 과정을 통해서 작동한다. 인간이 환경에 적응하며 생존하기 위해서 몸과 마음은 수많은 정보를 처리하고 그에 대처해야 한다. 그런데 인간의 뇌가 한순간에 처리할 수 있는 정보처리 용량은 극히 제한되어 있다. 따라서 진화과정에서 인간이 선택한 적응방식은 절박하거나 새로운 상황에는 정보처리 용량을 집중하여 의식적 정보처리를 하고, 중요하지 않거나 익숙한 상황에서는 과거의 방식에 따라 습관적인 또는 자동화된 방식으로 무의식적인 정보처리를 하는 것이다. 느낌은 무의식적인 심리적 과정을 반영하는 수동적 경험인 반면, 앎 또는 생각은 의식적인 심리적 과정을 통한 능동적 경험이라고 할 수 있다.

프로이트에 의해서 무의식의 중요성이 널리 알려졌듯이, 우리의 마음은 많은 부분 무의식 상태에서 작동한다. 무의식(unconsciousness)은 의식적으로 자각되지 않는 심리적 과정을 의미한다. 카네만(Kahneman)을 비롯한 인지심리학자들[15][16]은 인간의 판단과 행동에

---

15 Kahneman, Danial & Frederick, Shane.(2002). Representativeness revisited: Attribute substitution in intuitive judgment. In T. Gilovich, D. Griffin, & D. Kahneman(Eds.), *Heuristics and biases*(pp.49~81). New York: Cambridge University Press.

영향을 미치는 두 가지 유형의 정보처리 과정이 존재한다는 이중처리 이론(dual processing theory)을 제시했다. 이 이론에 따르면 인간의 뇌와 마음에는 두 개의 서로 다른 정보처리 체계가 존재한다. 이러한 정보처리 체계들은 진화를 통해 발전한 것으로서 지각, 사고, 추론 등의 다양한 심리적 기능에 각각 독자적인 영향을 미친다. 이러한 두 체계는 학자마다 다양한 이름으로 지칭하고 있는데, 여기에서는 의식적 정보처리 체계와 무의식적 정보처리 체계라고 지칭한다. 두 정보처리 체계는 〈표 1〉에 제시되어 있듯이 각기 다른 특성을 지닌다.

〈표 1〉 이중처리 이론에서 제시하는 두 정보처리 체계

의식적 정보처리 체계	무의식적 정보처리 체계
처리과정의 자각이 쉬움	처리과정의 자각이 어려움
통제적 처리	자동적 처리
언어적, 논리적	비언어적, 비논리적
순차적(한 번에 하나씩)	병렬적(여러 정보를 동시에 처리)
느린 처리, 많은 노력	빠른 처리, 적은 노력
작은 용량 (한순간의 처리 용량이 제한됨)	큰 용량 (한순간의 처리 용량이 큼)
변화가 상대적으로 쉬움	변화가 어려움
진화적으로 최근의 방식	진화적으로 오래된 방식

의식적 정보처리 체계는 한순간에 처리할 수 있는 용량이 제한되어

16 Stanovich, Keith, & West, Richard.(2000). Individual difference in reasoning: implications for the rationality debate?. *Behavioural and Brain Sciences, 23,* 645-726.

있어 정보가 순차적으로 처리되기 때문에 속도가 느리다. 이러한 처리체계는 정보를 언어적이고 논리적인 방식으로 처리하며, 정보처리 과정에 대한 자각이 쉽기 때문에 의식적인 통제가 가능할 뿐만 아니라 정보처리 과정에 대한 보고와 설명이 가능하다. 이러한 의식적 정보처리 체계는 속도나 용량의 측면에서 비효율적인 것이지만 새롭거나 위협적인 상황에서 신중하게 대응해야 할 경우에 유용하며, 진화적으로 최근에 발달한 뇌구조와 연결되어 있다.

반면에 무의식적 정보처리 체계는 한순간에 처리할 수 있는 용량이 크고 정보처리 속도가 빠르며, 자각되지 않은 채 자동적으로 진행되기 때문에 의식적인 통제가 어려울 뿐만 아니라 정보처리 과정을 보고하거나 설명하기가 어렵다. 이러한 무의식적 정보처리 체계는 적은 노력으로 많은 정보를 신속하게 처리할 수 있는 매우 효율적인 것으로서 일상적이거나 익숙한 상황에서 규칙적으로 반복되는 과제해결에 매우 유용하며, 진화적으로 오래된 뇌구조와 연결되어 있다. 이러한 두 유형의 정보처리 체계는 서로 상당히 독립적이어서 다른 체계에서 이루어지는 정보처리에 대해서 무지할 수 있다.

바프(Bargh)[17]는 무의식적 정보처리 체계의 가장 중요한 특징이 자동성(automaticity)이라고 주장하면서 네 가지 측면(의식 여부, 의도성, 효율성, 통제가능성)을 제시하고 있다. 첫째, 자동적 처리과정은 우리의 의식에 자각되지 않는다. 이처럼 우리 자신의 심리적 활동이

---

17 Bargh, John.(1994). The four horsemen of automaticity: Awareness, intention, efficiency, and control in social cognition. In R. Wyer & T. Srull (Eds.), Handbook of social cognition(pp.1~40), Hillside, NJ: Lawrence Erlbaum.

자각되지 않는 상황은 자극의 강도가 미미하여 그 존재를 알아차리지 못하거나 자극의 정보를 처리하는 과정이 자동적이고 습관적으로 진행되어 인식하지 못하는 경우이다. 둘째, 자동적 처리과정은 의도적으로 시작할 수 없다. 의도성(intentionality)이란 심리적 과정을 의식적으로 시작하는 것을 의미하는데, 이러한 점에서 자동적 과정은 의도성이 낮은 심리적 과정이다. 셋째, 자동적 처리과정은 적은 자원으로 많은 정보를 신속하게 처리할 수 있다는 점에서 매우 효율적이다. 넷째, 자동적 과정은 의식적으로 통제되지 않는다. 통제가능성(controllability)은 처리과정을 의식적으로 중지시킬 수 있는 능력을 의미하는데, 이런 점에서 자동적 처리과정은 통제가능성이 낮은 심리적 과정이다.

3) 무의식과 느낌의 중요성

우리의 삶은 크고 작은 문제 상황의 연속이다. 우리가 어떤 문제 상황에 처하게 되면, 의식적 정보처리 체계와 무의식적 정보처리 체계가 함께 작동한다. 의식적 정보처리와 무의식적 정보처리는 서로 경쟁한다. 의식적인 사고활동이 활발해지면 무의식적 느낌이 상대적으로 약화된다. 그러나 의식적 정보처리와 무의식적 정보처리는 서로 보완적이기도 하다. 의식은 문제 상황의 국소적 부분에 초점을 맞추어 논리적으로 집중적인 정보처리를 하는 반면, 그 상황과 관련된 주변적인 많은 정보들이 배제된다. 반면에 무의식은 의식으로 처리하지 못하는 미묘하거나 전반적인 정보를 신속하게 처리하여 느낌(직감, 예감, 육감)의 형태로 대처방향을 제시하는 보완적인 기능을 지닌다.

인지認知가 언어와 논리를 통한 의식적인 사유과정이라면, 감지感知는 느낌과 무의식적인 정보처리를 통한 인식활동이라고 할 수 있다.

인간의 마음은 의식적인 앎과 무의식적인 느낌이 역동적으로 얽혀 흘러가는 심리적 공간이다. 마음의 표층은 의식적인 앎이 주도하지만, 마음의 심층은 무의식적인 느낌에 의해 진행된다. 앎은 구체적이고 분석적이며, 느낌은 전체적이고 통합적이다. 느낌을 외면한 앎은 편협하며, 앎을 무시한 느낌은 공허하다. 앎은 옳고 그름의 명쾌한 판단을 제공하지만, 느낌은 좋고 싫음의 강렬한 에너지를 제공한다. 앎의 보고서는 느낌의 승인을 받아야 행동으로 실행될 수 있다. 앎에 근거하지 않은 느낌은 위험하고, 느낌의 지원을 받지 못한 앎은 무력하다.

건강한 삶을 위해서는 자신의 마음 깊은 곳에서 도도하게 흐르고 있는 무의식의 소리에 귀를 기울일 필요가 있다. 대부분의 심리적 문제는 의식과 무의식의 불균형에 의해서 초래된다. 막연한 느낌에 따라 판단하고 행동하는 삶의 방식은 구체적인 문제를 해결하지 못하는 부적응을 초래하게 된다. 또한 삶의 전반적 흐름을 무시한 채로 국소적인 목표에 과도하게 매달리는 삶의 방식은 방향감각을 상실한 삶을 초래할 수 있다.

우리의 무의식 세계를 반영하는 느낌은 몸과 마음이 이완된 상태에서 우리 의식에 떠오른다. 앎은 능동적인 조작의 과정으로서 의도적 노력과 스트레스가 개입되는 반면, 느낌은 수동적인 수용의 과정으로서 이완과 휴식의 여유로움을 제공한다. 바쁘게 살아가며 긴장 속에서 문제 해결을 위한 생각에 몰두하면, 느낌이 우리 마음에 떠오를 공간을 찾기 어렵다. 우리의 몸과 마음에서 진행되는 무의식적 정보처리의 직감적 느낌에 귀를 기울이기 위해서는 쉼, 느림, 여유, 이완, 내려놓음, 명상이 필요하다.

4. 정서적 느낌: 행복과 불행의 근원

느낌의 가장 중요한 특징은 좋음과 싫음, 즉 쾌와 불쾌의 속성을 지닌다는 점이다. 진화론의 관점에서 보면 뇌와 마음의 가장 중요한 목표는 생존이다. 생존을 위해서 개인은 자신의 신체적 결핍과 욕구를 인식하는 내원감각뿐만 아니라 욕구 충족과 위험 회피를 위해 외부세계를 탐지하는 외원감각이 매우 중요하다. 이러한 감각적 느낌을 통해서 자신의 내적·외적 상황을 인식하는 동시에 그러한 상황이 자신에게 유리한 것인지 불리한 것인지를 평가하는 것이 생존에 매우 중요하다. 인간의 뇌는 감각적 느낌과 더불어 그에 대한 좋음과 싫음을 반영하는 정서적 느낌인 감정感情을 발달시켰다. 정서적 느낌은 외부 대상에 대한 평가적 반응으로서, 쾌-불쾌의 느낌뿐만 아니라 대상에 대한 접근 또는 회피 행동을 촉발하고, 그러한 행동을 실행에 옮기는 동력을 제공한다.

1) 정서는 무엇인가?

정서(emotion)는 자극에 대한 반응으로 경험하게 되는 느낌을 말한다. 정서는 주로 외부자극에 의해 유발되지만 때로는 내부자극(예: 기억, 상상, 생각 등)에 의해서 유발되는 경우도 있다. 인간이 경험하는 정서적 느낌은 매우 다양하며 흔히 사회적 상황에서 경험된다. 이러한

정서는 5개의 구성요소, 즉 평가, 신체반응, 표현, 행동 경향성, 주관적 느낌으로 구성된다.[18]

첫째, 정서는 개인의 주된 관심사와 관련된 외적·내적 자극에 대한 평가를 반영한다. 정서의 기본적 기능은 현재의 상황 또는 미래에 겪게 될 상황에 대응하는 현재의 대처방식이 얼마나 적절한지를 알려주는 것이다. 정서는 우리가 환경에 얼마나 잘 대처하고 있는지를 알려주는 지속적인 감찰시스템이다. 쾌-불쾌의 정서적 느낌은 상황이 자신에게 유리한지 불리한지, 또는 상대방이 호의적인지 적대적인지를 판단하는 심리적 바탕이 된다. 이러한 평가는 정서의 인지적 구성요소로서 무의식적 정보처리에 의해서 진행되지만 의식적 정보처리에 의해서도 영향을 받을 수 있다.

둘째, 정서는 신체적 반응을 수반한다. 특정한 정서는 그에 상응하는 자율신경계의 신체 생리적 반응을 동반하게 된다. 예컨대 불안을 느끼게 되면 근육이 긴장되고 심장이 빨리 뛰며 소화기 활동이 위축된다. 이처럼 정서적 느낌은 신체적 반응에 대한 내원감각과 밀접하게 연결되어 있다.

셋째, 정서는 표정이나 목소리로 표현된다. 이러한 정서적 표현은 의사소통적 기능을 지니며, 상대방에게 자신의 심리상태를 알릴 뿐만 아니라 특정한 행동을 할 의도가 있음을 전달하기 위한 것이다. 인간사회에서는 자신의 정서를 효과적으로 잘 표현하고 상대방의 정서를 민감하게 잘 인식하는 것이 매우 중요하다.

---

18 Scherer, Klaus.(2005). What are emotions? And how can they be measured?. *Social Science Information. 44*(4), 693-727.

넷째, 정서는 특정한 행동을 하도록 동기화하는 행동 경향성(action tendency)을 수반한다. 예컨대 두려움을 느끼면 도망가는 행동을 준비하는 반면, 분노를 느끼면 상대방을 공격할 태세를 갖추게 된다. 정서는 개인에게 특정한 행동을 표출하고자 하는 심리적 충동과 압력을 가함으로써 그러한 행동을 실행에 옮길 준비태세를 갖추게 만든다.

다섯째, 정서는 쾌-불쾌 또는 좋음-싫음을 포함하는 정서적 체험을 수반한다. 이러한 정서적 체험은 개인이 심리적으로 경험하는 주관적 느낌으로서 일종의 통합적인 감각이라고 할 수 있다. 정서적 체험은 주관적인 내면적 느낌이기 때문에 자신의 정서는 느낄 수 있지만 타인의 정서는 추론할 수 있을 뿐이다.

정서는 개인의 주된 관심사와 관련된 외적·내적 자극에 대한 평가적 반응으로서 이상에서 언급한 5가지의 반응이 서로 연결되어 동시적으로 나타나는 심리적 상태를 의미한다. 이처럼 정서는 다양한 구성요소로 이루어진 복합적인 심리적 반응이며, 우리의 대처행동을 신속하게 효과적으로 이끌어 낸다는 점에서 대부분의 경우 기능적이며 유용하다. 정서는 오랜 진화과정을 통해 특정한 행동과의 연합을 형성함으로써 생존을 돕는 적응적 기능을 지니고 있다.

2) 정서의 세계

인간이 경험하는 정서는 매우 다양하지만 기본정서와 복합정서로 구분할 수 있다. 기본정서(basic emotion)는 모든 인간에게 공통적으로 나타나는 원형적 정서로서 그 정서의 표정이 대부분의 문화에서 공통적으로 나타날 뿐만 아니라 신생아에게서도 나타난다. 신생아는 출생

시에 몇 가지의 제한된 정서만을 표현할 수 있다. 이러한 정서 표현은 선천적인 것으로서 표정만 보고도 다른 사람이 신생아의 정서 상태를 쉽게 파악할 수 있으며, 모든 문화권의 신생아에게서 공통적으로 나타난다. 기본정서의 수는 심리학자에 따라서 차이가 있지만 6~10개 정도로 추정하고 있다. 에크만(Ekman)[19]은 기쁨(happiness), 혐오(disgust), 공포(fear), 분노(anger), 슬픔(sadness), 놀람(surprise)의 6가지 기본정서를 제시하였으며, 플러칙(Plutchik)[20]은 여기에 수용(acceptance)과 기대(expectancy)를 추가하여 8개의 기본정서를 주장했다.

복합정서(combining emotion)는 기본정서의 조합에 의해 파생되는 정서를 의미하며 이차적 정서라고 부르기도 한다. 영아는 첫돌이 지나면서부터 정서표현이 다양해진다. 기본정서에 더해서 수치감, 부러움, 죄책감, 자부심 같은 다양한 정서를 표현한다. 플러칙에 따르면 복합정서는 기본정서들의 혼합에 의해 다양한 형태로 파생된다. 예를 들면 사랑은 기쁨과 수용, 실망은 슬픔과 놀람, 희망은 기쁨과 기대, 경멸은 혐오와 분노가 혼합된 것이다. 〈그림 3〉에 제시된 플러칙의 정서 바퀴(emotion wheel)는 기본정서와 복합정서의 관계를 보여주고 있다. 8개의 기본정서들은 서로 인접한 것일수록 유사성의 정도가 높으며, 바퀴의 양극에 있는 정서들은 서로 반대되는 관계의 정서임을

---

19 Ekman, Paul.(1993). Facial expression and emotion. *American Psychologist, 48,* 384-392.

20 Plutchik, Robert.(1980). *Emotion: A psychoevolutionary synthesis.* New York: Harper & Row.

〈그림 3〉 플러칙의 정서 바퀴

의미한다.

인간이 경험하는 다양한 정서는 서로 연결되어 있으며 밀접한 관계를 맺고 있다. 러셀(Russell)[21]은 사람들에게 정서를 기술하는 다양한 단어들을 제시하고 그 유사성을 평정하게 한 후에, 그 평정 자료에 근거하여 정서들 간의 관계를 분석했다. 그에 따르면 다양한 정서를 구분하는 가장 중요한 기준은 유쾌-불쾌 차원, 즉 정서의 긍정성-부정성 차원이었다. 그 다음으로 중요한 기준은 각성-이완 차원으로서 정서의 강렬함과 흥분 정도였다. 이러한 결과에 근거하여 러셀은 다양한 정서를 두 차원, 즉 유쾌-불쾌와 각성-이완 차원의 공간에 배열하였다. 〈그림 4〉는 다양한 정서가 두 차원의 공간에 배열되는 위치를 보여주고 있다.

21 Russell, James.(1980). A circumplex model of affect. *Journal of Personality and Social Psychology, 39*, 1161-1178.

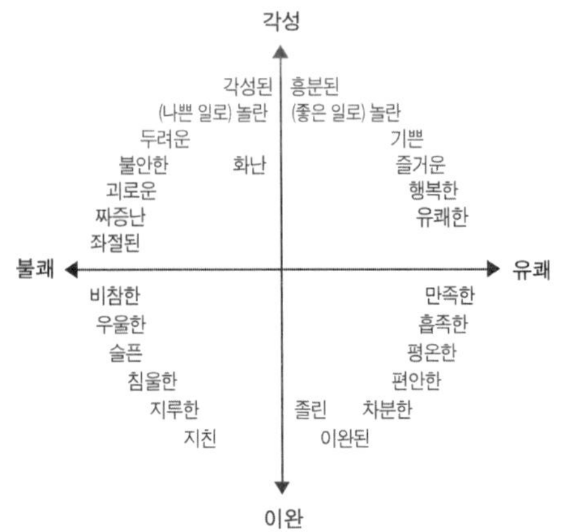

〈그림 4〉 정서의 두 차원과 개별정서들의 위치

3) 느낌의 축복: 긍정 정서와 향유하기

인간은 유쾌한 느낌을 추구하고 불쾌한 느낌을 회피하는 선천적인 보편적 성향을 지니고 있다. 모든 사람이 추구하는 행복한 삶은 유쾌한 긍정 정서를 자주 강하게 느끼는 삶이라고 할 수 있다. 반면에 불쾌한 부정 정서를 빈번하게 경험하는 삶은 불행하다. 행복의 관건은 긍정 정서를 많이 느끼고 부정 정서를 덜 느끼는 삶의 방식을 구축하는 것이다.

(1) 긍정 정서

긍정 정서는 유쾌한 느낌으로서 그 자체로 행복감을 줄 뿐만 아니라 삶의 의욕과 활기를 불어넣은 축복이라고 할 수 있다. 그러나 지난 20세기에 심리학은 긍정 정서보다 부정 정서의 연구에 더 깊은 관심을 기울였다. 긍정 정서를 증가시키는 방법보다 부정 정서를 감소시키는 방법을 개발하는 데에 더 많은 노력을 기울였다. 부정 정서가 삶에 미치는 파괴적 효과가 긍정 정서의 건설적 효과보다 더 강력하기 때문이다. 최근에 긍정심리학(positive psychology)이 부각되면서 비로소 긍정 정서와 그 증진 방법에 대한 연구가 활발하게 이루어지고 있다.[22]

프레드릭슨(Fredrickson)[23]은 대표적인 긍정 정서를 10가지로 구분하여 다음과 같이 제시하고 있다; (1) 편안하고 고요한 평화로운 느낌의 평온(serenity), (2) 긍정적인 사건이나 변화로 인한 흥분된 느낌의 환희(joy), (3) 호감을 느끼는 사람이나 대상에 대한 긍정적 느낌의 사랑(love), (4) 자신을 만족스럽고 자랑스럽게 느끼는 자부심(pride), (5) 어떤 활동을 하면서 재미와 즐거움을 느끼는 유희감(amusement), (6) 어떤 지적 깨달음이나 통찰을 경험하며 느끼는 영감(inspiration), (7) 미래에 좋은 일이 벌어질 것이라는 기분 좋은 기대감과 설렘을 느끼는 희망(hope), (8) 자신에게 주어진 것을 축복과 선물로 느끼는 감사(gratitude), (9) 새롭거나 색다른 것에 관심을 갖고 호기심과 기대감을 느끼는 흥미(interest), (10) 무언가 대단한 것에 직면하여 압도감과 존경심을 느끼는 경외감(awe).

긍정 정서는 유쾌한 정도에 따라서 황홀감, 환희감, 고양감, 행복감, 만족감, 안락감, 편안감, 이완감, 안도감 등으로 연속선상에서 분류될

---

22 권석만, 『긍정심리학: 행복의 과학적 탐구』, 학지사, 2008, pp.23~30.

23 Fredrickson, Barbara.(2004). The broaden-and-build theory of positive emotions. Philosophical Transactions of the Royal Society of London(Biological Sciences), 359, 1367-1377.

수 있다. 또한 긍정 정서를 유발하는 대상에 따라 구분될 수도 있다. 다른 사람에 대한 긍정 정서로는 애정감, 친밀감, 유대감, 귀여움, 사랑스러움, 신뢰감, 존경감 등이 있으며, 자기 자신에 대해서는 자부심, 자존감, 자신감, 수용감 등의 긍정 정서를 경험할 수 있다. 또한 어떤 대상이나 활동에 대해서는 열광적 흥미, 즐거움, 재미, 유쾌감, 심미감, 경외감 등을 경험할 수 있다.

(2) 향유하기: 긍정 정서를 증진하는 방법

향유하기는 긍정 정서와 행복감을 증진하는 대표적인 방법으로 주목받고 있다. 향유하기(savoring)는 긍정적인 경험을 자각하여 충분히 느낌으로써 행복감이 증폭되거나 지속되도록 의도적으로 노력하는 것을 말한다. 우리의 삶에는 좋은 느낌을 주는 것들이 많다. 음식, 음악, 가족, 오락, 독서, 자연, 사랑, 성생활, 유머 등과 같은 수많은 대상과 활동을 통해서 긍정 정서를 경험할 수 있다. 브라이언트(Bryant)[24]에 따르면 향유하기는 이러한 즐거움의 원천을 접하면서 지금-여기의 현재 순간에 머물며 긍정적인 느낌에 주의를 집중하는 것이다. 또한 현재의 긍정적 느낌뿐만 아니라 과거에 경험한 긍정적 사건과 미래에 일어날 긍정적 사건도 회상과 예상을 통해서 향유할 수 있다. 행복한 삶을 위해서는 현재의 긍정적 경험을 잘 음미하며 즐길 뿐만 아니라 과거의 긍정적 경험을 회상하여 즐거움을 이끌어 내고 미래의 긍정적 사건을 기대하며 긍정 정서를 확장하는 노력이

---

24 Bryant, Fred.(2003). Savoring Beliefs Inventory(SBI): A scale for measuring beliefs about savoring. Journal of Mental Health, 12, 175-196.

필요하다.

향유하기는 그 대상에 따라 세계-초점적 향유하기와 자기-초점적 향유하기로 구분할 수 있다. 세계-초점적 향유하기(world-focused savoring)는 긍정적인 느낌의 원천으로 외부대상에 집중하는 경우로서, 예를 들어 아름다운 자연환경이나 예술작품을 대하며 경이로움을 느끼거나 호의를 베풀어준 사람에게 고마움을 느끼는 것이다. 반면에 자기-초점적 향유하기(self-focused savoring)는 자기 자신 또는 자신의 특정한 측면(육체, 성격, 행동, 성격, 능력 등)에 초점을 맞추어 긍정적인 느낌을 이끌어 내는 경우를 말한다. 예를 들어 어떤 성취(좋은 학점, 자격시험 합격, 승진 등)에 대해서 자신의 능력과 그 동안 기울인 노력을 스스로 인정하면서 기쁨을 충분히 만끽할 수 있다.

향유하기는 그 방법에 따라 체험적 몰입과 인지적 성찰로 구분할 수 있다. 체험적 몰입(experiential absorption)은 경험을 관찰하기보다 긍정적 느낌에 자신을 맡기고 푹 빠져서 그러한 느낌을 충분히 체험하는 것을 뜻한다. 반면에 인지적 성찰(cognitive reflection)은 긍정적 느낌을 좀 더 높은 관점에서 관찰하고 정교화하며 의미를 발견하거나 부여하는 것을 의미한다.

브라이언트와 버로프(Bryant & Veroff)[25]는 향유하기의 세 가지 필수 조건을 다음과 같이 제시하고 있다. 첫째, 삶을 향유하기 위해서는 다른 사람으로부터 관심을 끌거나 인정을 받으려는 욕구로부터 자유로워지는 것이 필요하다. 둘째, 향유하기를 위해서는 현재에 주의를

---

25 Bryant, Fred, & Veroff, Joseph.(2007). Savoring: A new model of positive experience. London: Lawrence Erlbaum.

집중하는 것이 필요하다. 주의의 초점이 과거나 미래로 방황하지 않고 현재에 머물며 긍정적 경험을 세밀하게 느끼며 알아차리는 것이 중요하다. 셋째, 현재 경험의 긍정적 측면에 주의를 기울이는 것이 향유하기의 매우 중요한 조건이다. 모든 경험에는 긍정적 측면과 부정적 측면이 존재한다. 비관주의자는 부정적 측면에 초점을 맞추어 불행감을 느끼는 반면, 낙관주의자는 긍정적 측면에 초점을 맞추어 행복감을 느낀다. 이것이 낙관적인 사람들이 인생을 더 행복하고 만족스럽게 경험하는 이유이다.

아들러와 파글리(Adler & Fagley)[26]는 긍정 정서를 증진하는 여덟 가지 방법을 다음과 같이 제시하고 있다; (1) '지금-여기'에 주의 기울이기, (2) 자신이 갖지 못한 것보다 갖고 있는 것에 주의 기울이기, (3) 세상에 대해 경외심을 지니기, (4) 감사하는 마음으로 경험하기, (5) 상실이나 역경에서 배울 점 찾기, (6) 다른 사람과의 인연을 소중히 여기기, (7) 자신만의 축하의식 거행하기, (8) 과거나 타인과의 하향식 비교하기.

우리의 삶에는 긍정적인 사건도 일어나고 부정적인 사건도 발생한다. 긍정적인 사건이 생겼을 때는 그것으로부터 기쁨과 즐거움의 느낌을 충분히 만끽하고, 부정적인 사건이 발생했을 때는 그로 인한 고통과 불쾌감을 잘 조절하는 것이 중요하다. 향유하기(savoring)는 긍정적인 사건으로부터 유쾌한 느낌을 증진하기 위한 노력을 의미하

---

26 Adler, Mitchel, & Fagley, N. S.(2005). Appreciation: Individual differences in finding value and meaning as a unique predictor of subjectivewell-being. *Journal of Personality, 73,* 79-114.

며, 대처하기(coping)는 부정적인 사건으로 인한 불쾌한 느낌을 조절하는 노력을 뜻한다. 브라이언트와 버로프는 향유하기와 대처하기를 모두 촉진하는 6가지 방법을 제시하고 있다.[27]

그 첫째는 사회적 지지망을 확대하고 강화하는 것이다. 힘들고 괴로울 때 다른 사람으로부터 위로와 도움을 받는 것이 중요하듯이, 긍정적인 감정을 다른 사람과 함께 나누는 것은 즐거움의 느낌을 강화한다. 친밀한 사람들이 많을수록 역경에 더 잘 대처할 수 있을 뿐만 아니라 즐거움도 더 잘 향유할 수 있다.

둘째, 생활경험을 기록하는 것이 중요하다. 자신의 경험을 글로 기록하는 일(일기 쓰기, 편지 쓰기, 시 쓰기 등)은 정서를 긍정적으로 변화시킬 뿐만 아니라 그러한 경험의 의미를 깨닫도록 만든다. 자신의 경험을 글로 기록하거나 다른 사람에게 이야기하는 것은 부정 정서를 해소하고 긍정 정서를 강화하는 기능을 지닌다.

셋째, 행복감을 증진하기 위해서는 하향식 비교를 하는 것이 좋다. 부정적 경험에 대해서는 더욱 부정적인 결과를 상상함으로써 정서적 충격을 완화시키고, 긍정적 경험에 대해서는 덜 긍정적인 결과를 상상함으로써 정서적 쾌감을 증가시킬 수 있다.

넷째, 힘들 때나 즐거울 때나 유머감각을 잘 활용하는 것이 중요하다. 유머는 긴장과 불안을 감소시킬 뿐만 아니라 그 심리적, 신체적 악영향을 완화시킨다. 또한 유머는 긍정적 경험을 더욱 유쾌하게 느끼고 긍정적인 행동적 표출을 촉진한다.

---

27 권석만, 위의 책, pp.439~440.

다섯째, 영성과 종교는 고난의 극복뿐만 아니라 삶에 대한 감사함과 축복감을 증진한다. 고난과 역경에 처했을 때, 영성과 종교는 위로와 희망을 얻게 되는 원천이 된다. 또한 긍정적 경험의 경우에는 영적이거나 종교적인 관점에서 의미를 부여함으로써 삶의 기쁨을 향유할 수 있다.

마지막으로, 인생의 무상함을 자각하는 것이 중요하다. 현재의 경험이 지속되지 않고 흘러간다는 자각은 괴로움을 줄이고 즐거움을 증가시킬 수 있다. 고통스러운 경험에 대해서는 이러한 고통이 곧 사라질 것이라는 희망을 갖게 된다. 즐거운 경험에 대해서는 그 소중함을 인식함으로써 향유하기의 노력이 강화된다. 현재 경험하는 것의 무상함을 자각하게 되면, 다시는 접하지 못할 이 순간의 경험이 더욱 소중하게 느껴지고 기쁨과 즐거움이 증가한다. 무상함의 자각은 불행과 고난을 견디도록 돕는 동시에 긍정적 경험의 기쁨을 향유하는 데 기여한다.

4) 느낌의 수렁: 부정 정서와 정서장애

인간은 긍정 정서보다 부정 정서에 더 많은 주의를 기울이는 경향이 있다. 인간의 언어에는 긍정 정서를 기술하는 어휘보다 부정 정서를 기술하는 어휘가 훨씬 더 많고 다양하다. 부정적인 사건이 긍정적인 사건보다 생존에 더 치명적인 영향을 미치기 때문이다. 또한 인간의 마음은 좋은 것보다 나쁜 것에 더 강력한 영향을 받는다. 예컨대 동일한 액수라도 이익보다 손실에 의한 정서적 영향이 더 크다. 칭찬받는 것보다 비난받는 것의 심리적 충격이 훨씬 더 크다. 이처럼 인간이 부정적인 것에 더 강한 영향을 받을 뿐만 아니라 부정적인 것에 더 많은 주의를 기울이는 경향을 부정성 편향(negativity bias)이라고 한다.

(1) 부정 정서

심리학자들은 지난 세기에 긍정 정서보다 부정 정서에 압도적으로 더 많은 관심을 기울였다. 부정 정서는 긍정 정서보다 더 정교하게 세분화되어 분류되었을 뿐만 아니라 그러한 정서가 유발되는 원인, 심리적 과정, 그리고 해소방법에 대해서도 많은 연구가 이루어졌다.

삶을 고통스럽게 만드는 대표적인 부정 정서는 불안, 우울, 분노이다. 불안(anxiety)은 위험에 대한 정서적 반응으로서 두려움, 걱정, 근심, 불길함, 안절부절못함 등을 수반한다. 우울(depression)은 상실과 실패에 대한 정서적 반응으로서 슬픔, 침울함, 공허감, 절망감 등을 동반한다. 분노(anger)는 개인이 추구하는 목표가 방해받거나 좌절되었을 때 경험하는 정서적 반응을 말한다. 죄책감과 수치감은 자신이 잘못한 행동에 대해서 느끼는 부정적 감정이다.

죄책감(guilt)은 도덕적 기준에 비추어 잘못한 행동에 대해서 느끼는 감정인 반면, 수치감(shame)은 이상적인 자기 모습에 비추어 잘못한 행동에 대해서 느끼는 감정이다. 시기와 질투는 인간관계에서 흔히 경험하는 부정 정서로서 서로 유사하지만 다른 감정이다. 시기(envy)는 다른 사람의 우월한 특성, 성취, 소유에 대해서 부러워하는 동시에 적대감을 느끼는 부정 정서를 뜻한다. 질투(jealousy)는, 시기와 달리, 삼각관계 속에서 느끼는 감정으로서 두 사람 사이의 애정관계를 위협하는 경쟁상대에 대해 느끼는 부정 정서를 의미한다. 이 밖에도 다른 사람과의 연결이 단절되어 고립된 상태에서 느끼는 외로움(loneliness), 불쾌감과 거부감을 유발하는 자극이나 사람에 대해서 느끼는 혐오감(disgust) 등과 같이 인간은 매우 다양한 부정 정서를 경험한다.

(2) 정서장애

정서는 개인의 생존과 적응을 돕기 위해 진화한 것이다. 그러나 여러 가지 원인에 의해서 정서가 부적절하게 기능할 수 있다. 예컨대 불안은 위험을 감지하고 조심하면서 상황에 신중하게 대처하도록 돕는 적응적 정서이며, 분노는 개인의 이익이 부당하게 침해당하거나 목표 추구를 방해하는 타인의 행동을 감지하고 그에 저항하는 적응적 기능을 지니고 있다. 그러나 중립적인 자극에 대해서 부적절하게 과도한 불안이나 분노를 경험하는 일이 일상생활에서 빈번하게 반복되면, 대인관계와 사회적 적응에 많은 어려움이 초래된다. 이처럼 불안, 분노, 우울과 같은 부정 정서를 자주 강하게 경험하여 심각한 고통과 부적응을 유발하는 경우는 치유의 노력이 필요한 정서장애(emotional disorder)에 해당한다.[28]

불안장애(anxiety disorders)는 과도한 불안과 공포로 인해서 주관적 고통과 사회적 부적응을 나타내는 경우로서 여러 유형으로 구분된다. 불안장애의 하위유형으로는 과도한 걱정에 시달리는 범불안장애, 사회적 상황에서 과도한 불안을 경험하는 사회불안장애, 특정한 대상이나 상황에 대해서 과도한 공포와 회피행동을 나타내는 공포증,

---

28 권석만, 『현대 이상심리학(2판)』, 학지사, 2013, pp.27~31.

죽을 것 같은 극심한 공포를 갑작스럽게 경험하는 공황장애, 애착대상과 떨어지는 것에 대해서 과도한 불안을 느끼는 분리불안장애 등이 있다.

우울장애(depressive disorder)는 과도한 슬픔과 우울감을 느낄 뿐만 아니라 즐거움과 의욕이 저하되는 장애로서 매우 심각한 우울증상이 나타나는 주요 우울장애, 경미한 우울증상이 장기간 나타나는 지속성 우울장애, 여성의 경우 월경 전에 우울증상이 나타나는 월경전기 불쾌장애, 좌절감을 조절하지 못하고 분노로 표출하는 파괴적 기분조절 곤란장애가 있다.

분노는 적절하게 조절되지 않으면 인간관계를 파괴하는 매우 위험한 감정이다. 최근에 우리사회에는 사소한 일에 강렬한 분노를 느끼고 과도한 공격적 행동을 표출하여 발생하는 사건이 매스컴에 자주 보도되고 있다. 이처럼 분노를 참지 못하고 충동적인 파괴적 행동을 빈번하게 나타내는 경우를 분노조절장애라고 부르지만 공식적인 학술적 용어는 아니다. 과도한 분노를 주된 증상으로 나타내는 대표적인 정신장애로는 파괴적, 충동통제 및 품행장애, 경계선 성격장애, 반사회성 성격장애 등이 있다.

대부분의 정신장애는 부정 정서와 밀접하게 관련되어 있다. 정신장애는 부정 정서가 지속되어 다양한 유형의 증상으로 발전한 경우라고 할 수 있으며, 또한 정신장애의 결과로 인해 과도한 부정 정서를 경험할 수도 있다. 부정 정서를 잘 이해하고 조절하는 것은 행복한 삶과 정신건강을 위한 필수조건이다.

5) 정서장애의 원인과 치유: 심리도식 치료

부정적인 사건의 충격으로 인해 나타나는 정서장애는 대부분의 경우 일시적인 문제로서 개인적 노력과 주변사람들의 지지를 통해서 완화될 수 있으며, 심한 경우에는 심리치료나 약물치료를 통해서 비교적 쉽게 치유될 수 있다. 그러나 불안, 분노, 우울과 같은 부정 정서가 오랜 기간 지속될 뿐만 아니라 다양한 인간관계 상황에서 부정 정서를 빈번하게 반복적으로 경험하는 사람들이 있다. 이러한 사람들은 다양한 상황에서 부정 정서를 자주 경험하기 때문에 자신의 삶을 불행하게 느낄 뿐만 아니라 그러한 부정 정서를 부적절한 행동으로 표출하여 인간관계와 사회적 적응을 악화시키고, 그 결과로 부정 정서와 불행감이 증가하는 악순환에 빠져들 수 있다.

대부분의 사람들은 정도의 차이가 있을 뿐 이와 유사한 정서적 문제를 안고 살아간다. 심리도식 치료를 제시한 영(Young)[29 30]은 이처럼 지속적인 정서적·성격적 문제의 원인을 설명하기 위해서 초기 부적응 도식(early maladaptive schema)이라는 개념을 제시했다. 초기 부적응 도식은 (1) 삶 전반에 영향을 미치는 심리적 구조로서 (2) 특정한 주제와 관련된 기억, 인지, 감정, 신체감각으로 구성되며 (3) 아동기 또는 청소년기에 발달하여 (4) 자신과 대인관계의 평가에 영향을 미치며 (5) 인생의 다양한 영역에서 부적응 문제를 유발하는

---

29 Young, Jeffrey.(1990). *Cognitive therapy for personality disorder.* Sarasota, FL: Professional Resources Press.

30 Young, Jeffrey., Klosko, Janet., & Weishaar, Marjorie, 권석만 외 공역, 『심리도식 치료』, 학지사, 2005.

역기능을 나타낸다. 초기 부적응 도식은 기본적으로 아동기에 가족 내에서 정서적 욕구가 좌절된 반복적 경험에 의해서 발생한다. 아동은 선천적으로 독특한 기질을 지니고 태어나며 독특한 성격을 지닌 부모와의 상호작용을 통해서 정서적 욕구를 충족시키고자 한다. 이러한 과정에서 아동의 정서적 욕구가 충족되지 못한 채 지속적으로 좌절되면, 아동은 자신과 타인에 대한 부정적 믿음과 정서로 구성된 부적응 도식을 발달시키게 된다.

초기 부적응 도식의 중심적 주제는 사람마다 다르다. 어떤 사람은 자신을 열등하고 나약한 존재라고 생각하며 다른 사람들로부터 무시당하거나 버림받는 것에 지나치게 예민한 반면, 어떤 사람은 자신을 우월하고 특별한 존재라고 여기며 자기중심적인 태도로 다른 사람들을 지배하거나 통제하려고 든다. 어떤 사람은 다른 사람들을 지나치게 배려하느라 자신의 욕구를 희생하는 타인 중심적 태도로 인해서 힘겨운 삶을 이어나가고, 어떤 사람은 삶의 부정적인 측면에 초점을 맞추는 비관적인 태도로 인해 만성적인 걱정과 불평을 일삼으며 고통스러운 삶을 살아간다.

초기 부적응적 도식의 가장 심각한 문제점은 삶의 경험을 통해서 개선되기보다 더욱 강화되는 영속화 경향을 지닌다는 점이다. 특정한 심리도식을 지닌 사람들은 자신의 도식을 지지하는 정보에는 주목하고 그에 반대되는 정보는 무시하는 인지적 왜곡을 통해서 심리도식이 강화된다. 또한 사건의 의미를 자신의 도식과 일치하는 방향으로 왜곡하여 해석하거나 부적절한 대처행동을 함으로써 다른 사람들로부터 부정적 반응을 이끌어 내어 결과적으로 자신의 심리도식을 정당한 것으로 여기며 강화하게 된다. 초기 부적응 도식으로 인해서 부적응적이고 불행한 삶이 지속되는 악순환 과정을 도식으로 제시하면 〈그림 5〉와 같다.

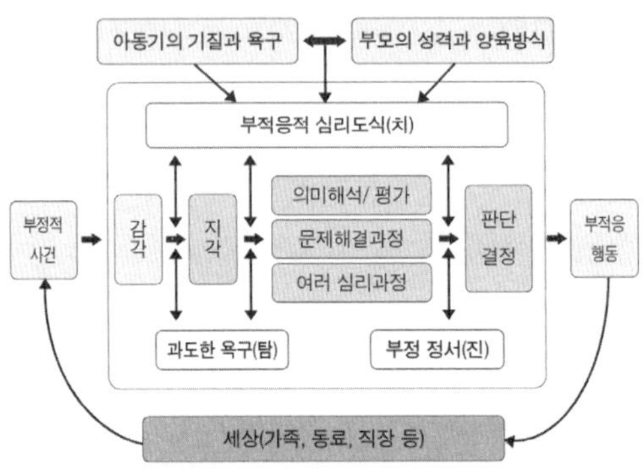

〈그림 5〉 부적응 심리도식에 의한 불행한 삶의 악순환 과정

초기 부적응 도식은 쉽게 변하지 않는다. 어린 시절에 고통스럽게 경험한 의식적 기억은 뇌의 해마(hippocampus)와 대뇌피질 영역에 저장되고, 무의식적 기억은 편도체(amygdala)에 저장된다. 해마와 대뇌피질은 사실적인 인지적 기억을 저장하고, 편도체는 정서적 기억을 저장한다. 편도체는 진화적으로 대뇌피질보다 일찍 형성된 뇌의 영역으로서 자극을 섬세하게 구별하지 않은 채로 빠르게 자동적으로 정보를 처리한다. 따라서 정서 반응은 의식적 정보처리 없이 자동적으로 일어날 수 있다. 일상생활에서 특정한 사건에 의해 부적응적 심리도식이 자극되어 활성화되면, 그와 관련된 부정적인 기억뿐만 아니라 강렬한 정서적·신체적 느낌이 일거에 의식으로 떠올라 과도한 흥분상태를 유발하고 부적응적 행동을 촉발함으로써 부적응적인 불행한

삶의 악순환이 반복된다.

심리도식 치료는 이처럼 장기적인 정서적·성격적 문제를 치료하기 위해 개발되었다. 심리도식 치료의 궁극적 목표는 심리도식 치유(schema healing)로서 심리도식과 연결된 부정적 기억, 정서적 느낌, 신체감각, 부적응적 사고의 강도를 감소시키는 것이다. 심리도식이 치유됨에 따라 심리도식은 점점 덜 활성화되고, 심리도식이 활성화되더라도 전보다는 덜 압도되는 경험을 하며 원상태로 회복되는 속도가 더 빨라진다. 심리도식 치유를 위해서는 기꺼이 심리도식에 직면하여 맞서 싸우려는 의지가 필요하며, 반복적인 훈련과 연습이 요구된다. 심리도식이 활성화되는 경험을 지속적으로 관찰하면서 꾸준한 변화의 노력을 기울여야 한다.

심리도식은 수정되지 않는 한 저절로 약화되지 않은 채로 영속한다. 심리도식 치료는 심리도식과 전쟁을 벌이는 것과 같으며 치료자는 내담자가 심리도식을 극복하도록 안내하고 지원한다. 심리도식 치유를 위해서는 다양한 기법이 적용된다. 심리도식의 존재와 부정적 영향을 인식하고 현실적 증거와 합리성에 근거하여 심리도식의 타당성을 반증하는 인지적 기법, 고통스러운 정서적 경험을 떠올리고 그러한 정서를 표현하여 해소하는 체험적 기법, 그리고 부적응적인 행동패턴을 좀 더 적응적인 새로운 행동패턴으로 변화시키는 행동적 기법이 사용된다. 아울러 가장 중요한 것은 치료자와 내담자의 동맹적인 신뢰관계이다. 치료자는 공감적 직면(empathic confrontation)을 통해서 내담자가 심리도식에 집착하는 것을 공감하는 동시에 그 역기능적 측면을 직면하도록 도울 뿐만 아니라 제한된 재양육(limited reparenting)을 통해서 내담자가 어린 시절에 원했지만 부모로부터 얻지 못한 것들을 치료적 관계의 범위 내에서 치료자가 제공해준다. 심리도식은 결코 완전히 사라지지 않는다. 심리도식이 성공적으로 치유되면 심리도식이 활성화되는 빈도가 줄어들고, 이와 관련된 정서의 강도가 약해지며 오래 지속되지 않을 뿐만 아니라, 심리도식이 활성화되더라도 건강한 방식으로 반응할 수 있게 된다.

6) 뇌의 구조와 정서의 기능

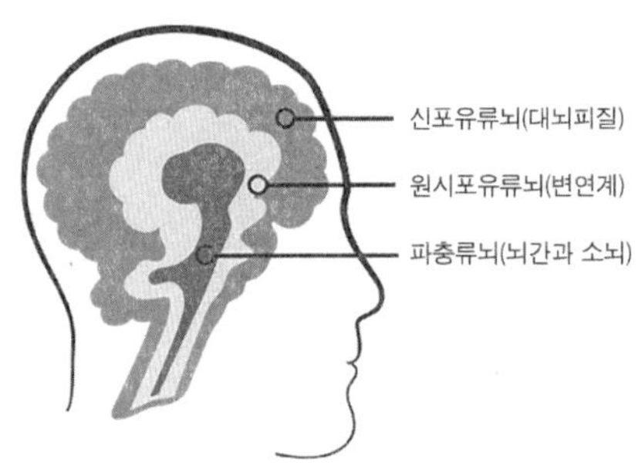

〈그림 6〉 뇌의 삼중 구조

신경과학자인 맥린(MacLean)[31]은 인간의 뇌가 크게 세 개의 구조로 구성되어 있다는 삼중뇌 이론(the triune brain theory)을 제시했다. 그에 따르면 진화과정과 관련하여 인간의 뇌는 파충류뇌, 원시포유류뇌, 신포유류뇌로 구분될 수 있다. 〈그림 6〉에서 볼 수 있듯이, 인간의 뇌는 가장 오래된 파충류뇌가 가장 깊은 곳에 위치하고, 그 주변을

31 MacLean, Paul.(1990). *The triune brain in evolution: Role in paleocerebral functions*. New York: Plenum Press.

원시포유류뇌가 둘러싸고 있으며, 가장 최근에 발달한 신포유류뇌가 가장 바깥에서 모두를 둘러싸고 있는 삼층의 뇌구조로 이루어져 있다.

파충류뇌(reptilian brain)는 수억 년 전 인간의 조상이 파충류였던 시기에 발달한 원시적인 뇌부위로서 뇌간(brain stem)과 소뇌(cerebellum)로 구성되어 있다. 파충류뇌는 동물적 본능을 관장하는 곳으로서 생존과 번식을 위한 충동과 본능적 반응을 담당한다. 생명유지를 위한 기본적인 신체적 기능(체온 유지, 심장박동, 삼킴 반응, 방향감각 등)을 조절하며 위협자극에 대한 투쟁-도피 반응을 담당한다. 아울러 교미를 위한 정형화된 행동, 공격적 행위, 자기세력권의 방어, 계층적 위계질서 유지 등을 포함한 종 특유의 본능적 행동을 담당하는 뇌부위로 알려져 있다.

원시포유류뇌(paleomammalian brain)는 진화과정에서 포유류가 생겨난 초기에 발달한 뇌부위로서 파충류뇌를 둘러싸고 있는 변연계(limbic system)를 의미한다. 편도체, 해마, 시상하부 등으로 구성된 변연계는 포유류 이상의 고등동물만 가지고 있으며 자녀양육을 비롯한 사회생활에 관여하는 풍부한 정서와 기억을 담당한다. 파충류와 달리 포유류는 자신이 낳은 자식을 품어주고 보호하며 양육하는 사랑의 감정을 느끼며 부모-자녀 간 정서적 교감에 의해서 상호작용한다. 변연계는 포유류의 사회생활을 위한 정서, 학습, 기억도 담당한다. 특히 편도체(amygdala)는 정서적 정보처리와 관련된 부위로서 고통과 관련된 자극의 학습과 공포 반응을 담당하는 뇌부위로 알려져 있다.

신포유류뇌(neomammalian brain)는 수백만 년 전 인간이 영장류였던 시기에 발달한 뇌부위로서 변연계를 둘러싸고 있는 대뇌피질

(cerebral cortex)로 이루어졌으며 이성적 사유의 기능을 담당한다. 이 부위는 논리적 사고와 합리적 판단, 의사결정과 실행 기능, 의식적 사고와 언어적 표현, 자기의식(self-awareness) 등의 고등한 사고기능을 담당한다. 아울러 진화과정에서 먼저 발달한 파충류뇌와 원시포유류뇌를 둘러싸고 있으면서 그 기능을 억제하는 역할도 하고 있다. 대뇌피질의 가장 앞부분인 전전두엽(prefrontal cortex)은 의사결정, 계획, 상황판단, 정서조절과 같은 고차원적인 인지기능을 담당한다.

인간의 뇌는 매우 복잡한 기관이다. 뇌의 여러 부위가 다양한 경로의 연결망으로 연결되어 통합적으로 기능하기 때문에, 삼중뇌 이론은 뇌의 복잡성과 다양성을 지나치게 단순화한 주장이라는 비판을 받고 있다. 그러나 삼중뇌 이론은 뇌구조와 심리적 기능의 발달과정을 진화의 거시적 맥락에서 이해할 수 있는 이론적 기반을 제시하고 있다.

삼중뇌 이론의 관점에서 보면, 인간의 마음은 파충류, 원시포유류, 그리고 현생인류의 심성으로 이루어져 있다. 파충류뇌는 배고픔, 목마름, 성욕과 같은 인간의 육체적 욕망의 근원이다. 원시포유류뇌는 욕망의 충족을 쾌감으로 경험하고 욕망의 좌절은 불쾌감으로 경험하는 정서적 경험의 기반이다. 신포유류뇌는 다양한 경험을 표상으로 저장하고 표상들의 조합에 의한 사고를 통해서 미래를 예측하는 인지적 기능을 담당하는 기관으로 발전했다.

신포유류뇌의 대뇌피질은 주의를 통해 소수의 중요한 정보만을 선택하여 집중적인 정보처리를 하기 위한 의식이라는 적응기제를 발달시켰다. 주의의 선택을 받지 못한 감각경험이나 심리적 과정은 의식되지 않은 채로 진행됨으로써 인간의 마음은 의식 수준과 무의식 수준에서 작동하는 두 가지 정보처리 체계로 작동하게 되었다. 〈그림 7〉에 제시된 바와 같이, 인간의 마음은 뇌의 세 영역에 바탕을 두고 있는 욕망, 정서, 인지가 의식과 무의식 수준에서 상호작용하는 정보처리 체계라고 할 수 있다.

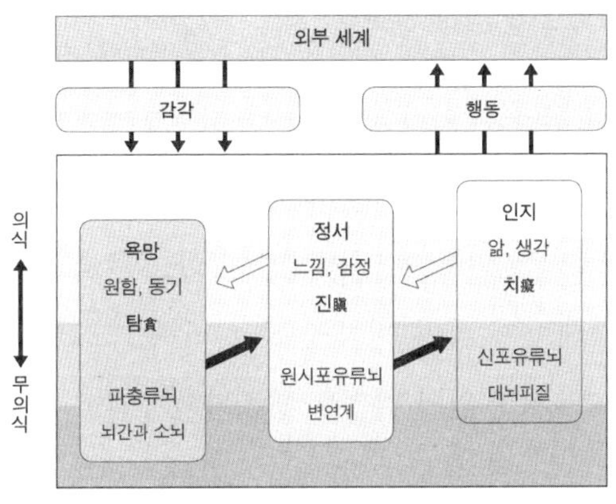

〈그림 7〉 마음의 통합적 모델

대뇌피질에 의한 의식적인 인지적 활동은 욕망과 정서를 조절하는 기능을 지닌다. 그러나 진화적 역사의 뿌리가 깊은 욕망과 정서는 매우 집요하고 강렬하다. 인간의 마음은 작은 동물원과 같다. 욕망에 날뛰는 파충류, 감정에 휘둘리는 포유류, 그리고 머리 좋고 계산에 밝은 현생인류가 공존하는 동물원과 같다. 평화롭고 행복한 동물원이 되기 위해서는 세 유형의 동물들이 서로 잘 지내도록 노력하는 것이 필요하다. 행복하고 건강한 삶을 위해서는 우리의 마음속에 존재하는 파충류의 욕망, 원시포유류의 정서, 그리고 현생인류의 인지가 균형과 조화를 이루도록 노력하는 것이 중요하다. 삶을 고통스럽게 만드는 삼독三毒, 즉 탐貪·진瞋·치痴와 그로부터 벗어나게 하는 삼학三學, 즉 계戒·정定·혜慧는 마음과 뇌의 삼중구조를 반영하는 것이 아닐까 하는 거친 생각을 해본다.

5. 느낌의 소중함에 대한 재발견

처음에 느낌이 있었다. 의식의 새벽은 느낌으로부터 밝았다. 한마음인 느낌은 '좋음'과 '싫음'으로 분열되고 의식의 빛이 밝아짐에 따라 '나'와 '나 아닌 것'으로 분열되어 이고득락을 추구하는 삶이 펼쳐지게 되었다. 좋은 느낌은 쾌락이 되어 애착을 낳고, 싫은 느낌은 불쾌가 되어 혐오를 낳음으로써 인간의 마음은 행복을 추구하고 불행을 회피하는 이원적 분열과 갈등의 세계가 되었다. 느낌은 마음의 원초적 근원으로서 인간의 삶에 기쁨과 활기를 불어넣는 축복의 선물을 안겨주는 동시에 고통과 좌절감에 허우적거리게 만드는 불행의 수렁이 되었다.

느낌은 대상과 접촉한 결과로 마음에 떠오른 가장 일차적인 순수한 경험이다. 그러나 사회적 존재인 인간은 서로의 마음을 소통하기 위해서 한마음인 느낌을 자르고 쪼개어 언어의 용기에 담아 나르기 시작했다. 느낌은 개념과 언어로 분할되어 앎이 되었다. 국소적인 명료한 느낌은 앎이 되고, 전반적인 모호한 앎은 느낌이라고 불리게 되었다.

한마음인 느낌을 인간이 소통할 수 있는 형태로 가공한 것이 바로 앎이다. 느낌은 소통이 불가능한 개인적 경험인 반면, 앎은 소통이 가능한 공유적 인식이다. 군집성 동물인 대화하는 존재로서 사회가 복잡해지고 공유해야 할 정보가 증가하면서 느낌보다 앎을 더 중시하게 되었다. 느낌은 개념과 언어로 변환되어 다양하게 조립되고 조작되는 생각의 대상이 되었을 뿐만 아니라 다른 사람과 앎을 교류하는 과정에서 '옳음'과 '그름'을 가리는 시비是非의 대상이 되었다. 이러한 과정에서 앎은 마음의 전경인 의식을 차지하고, 느낌은 마음의 배경인 무의식으로 물러나게 되었다.

인간의 삶은 앎과 느낌의 얽힘이며 의식과 무의식의 역동적 과정이다. 마음의 표층은 앎이 주도하지만, 마음의 심층은 느낌에 의해 움직인다. 앎은 구체적이고 분석적이며, 느낌은 전체적이고 통합적이다. 느낌을 외면한 앎은 편협하며, 앎을 무시한 느낌은 공허하다. 앎은 옮고 그름의 명쾌한 판단을 제공하지만, 느낌은 좋고 싫음의 강렬한 에너지를 제공한다. 앎의 보고서는 느낌의 승인을 받아야 행동으로 실행될 수 있다. 앎에 근거하지 않은 느낌은 위험하고, 느낌의 지원을 받지 못한 앎은 무력하다. 앎은 능동적인 조작의 과정으로서 의도적 노력과 스트레스가 개입되는 반면, 느낌은 수동적인 수용의 과정으로 이완과 휴식의 여유로움을 제공한다.

인간사회가 급속하게 변화하고 치열한 경쟁에 돌입하면서 현대인은 문제 상황에 대처하기 위해서 의식적인 정보처리에 과도하게 의존하게 되었다. 현대인은 의식 수준에서 이루어지는 앎 중심의 생각 과잉 상태로 살아가고 있다. 그 결과 현대인은 앎의 명료함과 구체성을 얻는 대가로 느낌의 생생함과 전체성을 잃게 되었다. 많은 현대인이 앎의 피로감과 스트레스에 지쳐 있을 뿐만 아니라 느낌과의 접촉이 약화된 채로 삶의 방향감각을 상실하고 있다.

21세기는 과거 어느 때보다 느낌의 소중함에 대한 깨달음이 필요한 시대이다. 건강한 삶을 위해서는 자신의 마음 깊은 곳에서 도도하게 흐르고 있는 무의식의 소리에 귀를 기울일 필요가 있다. 대부분의 심리적 문제는 의식과 무의식의 불균형에 의해서 유발된다. 삶의 전반적 흐름을 무시한 채로 국소적인 목표에 과도하게 매달려 삶의 균형이 무너질 때 심리적 문제나 정신장애의 증상으로 표출되기 때문이다.

대부분의 심리치료는 무의식을 탐색하고 무의식의 메시지에 귀 기울이는 일을 중시하고 있다. 우리가 자각하지 못하지만 우리의 삶에 지속적으로 부정적인 영향을 미치고 있는 무의식의 파괴적인 세력을 자각하여 통제 가능한 의식의 영역 안으로 끌어들임으로써 그러한 세력에 휘둘리지 않는 동시에 그 세력을 약화시키거나 삶의 긍정적인 에너지로 전환시키는 무의식의 의식화가 심리치료의 핵심이다.

정신분석치료에서는 의식적인 생각을 내려놓고 이완된 상태에서 의식에 떠오르는 무의식의 메시지를 포착하는 자유연상 기법을 비롯하여 꿈 분석과 전이분석 기법을 통해 무의식의 의식화를 지향하고 있다. 분석적 심리치료를 제시한 융(Jung)은 무의식을 삶의 방향성을 제시하는 지혜의 보고로 여겼으며 꿈, 공상, 놀이, 예술적 활동의 다양한 경로를 통해 무의식의 메시지에 귀 기울이는 작업을 중시했다. 인지치료는 부정적 감정과 행동에 영향을 미치지만 의식되지 않는 자동적 사고와 역기능적 신념의 자각과 변화에 초점을 맞추고 있다.

게슈탈트 치료는 우리의 몸과 마음에 지금 이 순간 해결해야 할 가장 중요한 과제로서 떠오르는 느낌, 즉 게슈탈트(gestalt)를 자각하고 환경과의 접촉을 통해 효과적으로 해소하는 작업에 초점을 두고 있다.

이고득락을 추구하는 불교의 수행법은 밖으로 향하는 주의를 안으로 되돌려 마음을 살피는 회광반조回光返照를 지향하고 있다. 위빠사나의 마음챙김 수행은 몸과 마음에서 일어나는 다양한 현상들을 세세밀밀하게 알아차려 자각함으로써 무의식에 휩쓸리지 않으면서 우리 존재의 실상에 대한 깨달음으로 나아가는 노력이라고 할 수 있다. 간화선은 화두에 집중함으로써 우리 존재의 실상을 왜곡하는 의식적인 사려분별을 차단하고 무의식적인 정보처리 과정을 활성화하여 깨달음이라는 거대한 직관적 느낌이 떠오르게 하는 수행법이 아닐까 하는 거친 생각을 해본다.

참고문헌

사전류

네이버국어사전(https://ko.dict.naver.com/)

『동아 새漢韓辭典』, 동아출판사, 1995.

『엣센스 국어사전』, 민중서림편집국, 2017.

단행본

곽금주, 『발달심리학: 아동기를 중심으로』, 학지사, 2016.

권석만, 『긍정심리학: 행복의 과학적 탐구』, 학지사, 2008.

______, 『현대 이상심리학(2판)』, 학지사, 2013.

오성주, 『지각의 기술』, 서울대출판문화원, 2019

정옥분, 『발달심리학: 전생애 인간발달』, 학지사, 2004.

Ickes, William, *Everyday mind reading*, 권석만 역, 『마음읽기: 공감과 이해의 심리학』, 푸른숲, 2008.

Young, Jeffrey., Klosko, Janet., & Weishaar, Marjorie, 권석만 외 공역, 『심리도식 치료』, 학지사, 2005.

외국문헌

Adler, Mitchel, & Fagley, N. S.(2005). Appreciation: Individual differences in finding value and meaning as a unique predictor of subjectivewell-being. *Journal of Personality, 73.*

Bargh, John.(1994). The four horsemen of automaticity: Awareness, intention, efficiency, and control in social cognition. In R. Wyer & T. Srull (Eds.), Handbook of social cognition, Hillside, NJ: Lawrence Erlbaum.

Bryant, Fred.(2003). Savoring Beliefs Inventory(SBI): A scale for measuring beliefs about savoring. Journal of Mental Health, 12.

Bryant, Fred, & Veroff, Joseph.(2007). Savoring: A new model of positive experience. London: Lawrence Erlbaum.

Ekman, Paul.(1993). Facial expression and emotion. *American Psychologist, 48.*

Fredrickson, Barbara.(2004). The broaden-and-build theory of positive emotions. Philosophical Transactions of the Royal Society of London(Biological Sciences), 359.

Graziano, Michael.(2016). Consciousness Engineered. *Journal of Consciousness Studies.* 23(11-12).

Grof, Stanislav & Halifax, Joan, *The human encounter with death*, New York: E. P. Dutton, 1977.

Kahneman, Danial & Frederick, Shane.(2002). Representativeness revisited: Attribute substitution in intuitive judgment. In T. Gilovich, D. Griffin, & D. Kahneman (Eds.), *Heuristics and biases.* New York: Cambridge University Press.

Little, Graham.(2014). *The origin of consciousness: Scientific understanding of ourselves as a spirit within a mind within a brain within a body.* Northcote, New Zealand; Institute of Theoretical Applied Social Sciences.

MacLean, Paul.(1990). *The triune brain in evolution: Role in paleocerebral functions.* New York: Plenum Press.

Plutchik, Robert.(1980). *Emotion: A psychoevolutionary synthesis.* New York: Harper & Row.

Russell, James. (1980). A circumplex model of affect. *Journal of Personality and Social Psychology, 39.*

Scherer, Klaus.(2005). What are emotions? And how can they be measured?. *Social Science Information. 44*(4).

Stanovich, Keith, & West, Richard.(2000). Individual difference in reasoning: implications for the rationality debate?. *Behavioural and Brain Sciences, 23.*

Young, Jeffrey.(1990). *Cognitive therapy for personality disorder.* Sarasota, FL: Professional Resources Press.

찾아보기

【ㅂ】

[A~Z]

■ 책을 만든 사람들

박찬욱 (밝은사람들연구소장)

윤희조 (서울불교대학원대학교 불교와심리연구원장)

한자경 (이화여자대학교 철학과 교수)

이필원 (동국대학교 경주캠퍼스 파라미타칼리지 교수)

자현 (중앙승가대학교 불교학부 교수)

한형조 (한국학중앙연구원 인문학부 교수)

양선이 (한국외국어대학교 미네르바교양대학 교수)

권석만 (서울대학교 심리학과 교수)

'밝은사람들연구소'에서 진행하는 학술연찬회에 관심이 있으신 분은 전화(02-720-3629)나 메일(happybosal@hanmail.net)로 연락하시면 관련 소식을 받아보실 수 있습니다.

느낌, 축복인가 수렁인가

초판 1쇄 인쇄 2019년 11월 7일 | 초판 1쇄 발행 2019년 11월 14일
집필 권석만 외 | 펴낸이 김시열
펴낸곳 도서출판 운주사
(02832) 서울시 성북구 동소문로 67-1 성심빌딩 3층
전화 (02) 926-8361 | 팩스 0505-115-8361
ISBN 978-89-5746-583-7 94000 값 20,000원
ISBN 978-89-5746-411-3 (세트)
http://cafe.daum.net/unjubooks 〈다음카페: 도서출판 운주사〉